Hans Dieter Baroth

Anpfiff in Ruinen

Fußball in der Nachkriegszeit und die ersten Jahre der Oberligen Süd, Südwest, West, Nord und Berlin

Klartext

Bildnachweis:
Archiv: S. 37, 40, 42, 52, 76, 78, 84, 85, 86, 87, 88, 89, 90, 93, 95, 97, 99, 101, 103, 105, 107, 109, 111, 113, 114, 116, 117, 118, 121, 124, 127, 140, 142
Droste Verlag: Umschlag vorn
Privat: S. 55, 81
Kurt Schmidtpeter: S. 12, 21, 35, 45, 48, Umschlag hinten
Egon Siepmann: S. 9, 15, 18, 23, 26, 29, 62, 65, 67, 70, 73, 75
Stadtarchiv Dortmund: S. 59, 79
Ullstein Bilderdienst: S. 6, 32, 119, 126, 128, 130, 133, 135

Baroth, Hans Dieter:
Anpfiff in Ruinen : Fussball in der Nachkriegszeit und die ersten Jahre der Oberligen Süd, Südwest, West, Nord und Berlin / Hans Dieter Baroth. – 1. Aufl. – Essen : Klartext-Verl. 1990
ISBN 3-88474-454-2

2. Auflage August 1993
Umschlaggestaltung und Layout: Kornelia Flieher
Satz: Klartext Verlag
Druck: Druckerei Uhl, Radolfzell

ISBN 3-88474-454-2

Inhalt

Der Krieg ist zu Ende

Ein Anfang mit hungrigem Magen

„Da draußen sind sie“, sagt mein Vater sarkastisch. Es ist der 1. April 1945, meine Heimatgemeinde Erkenschwick ist von amerikanischen Truppen eingenommen, „tausend“ Jahre sind nach einem Dutzend um. Meine Mutter stößt die hölzernen Blenden vor den Schlafzimmerfenstern auf. Es ist ein grauer Tag, windstill, die Blätter der Pappeln zwischen den Häusern wirbeln nicht, wie sonst, im Morgenlicht. Symbolisieren die hängenden Blätter Trauer? Draußen sind keine Geräusche zu hören. Eine ängstigende oder befreiende Ruhe, ich vermag es nicht klar einzuordnen. Selbst vom gewaltigen Bergwerk im Zentrum des für die Verhältnisse des Ruhrgebietes kleinen Ortes kommt kein Laut. Hatte es doch sonst, ob in der Nacht oder sogar während der wütenden Angriffe der von alliierten Piloten gesteuerten Bomber, immer einen Brummton über die Gemeinde gelegt.

In der Mitte der von grauen und einheitlichen Bergmannshäusern flankierten Straße, die vielleicht 200 Meter vom Fußballstadion entfernt liegt, ist ein Jeep geparkt. Ein GI, hoch wie ein Basketballspieler, hat sein Bein auf das Auto gestützt, er telefoniert drahtlos. Ich schaue gebannt auf den hakennasigen Mann. Er hat sein Gesicht glatt rasiert, die Uniform ist korrekt gebügelt, ein männlicher Engel der Sauberkeit. Mir wird bewußt, daß ich mir „den Feind“ nie ausgemalt hatte. Soldaten waren bisher nur verdreckt, müde, auch hungrig. Und nun dieses Symbol der Hygiene. Später folgen gewaltige und schwer bewegliche Panzer dem wendigen Jeep, Häuser an beiden Enden der Straße werden besetzt, Nachbarn zu anderen gepfercht. Am Abend des 1. April zieht meine Mutter nicht mehr die Blenden vor die Fenster, ein Gefühl des Glücks überflutet mich in meinem Bett.

Alliiertes Verbot der Fußballvereine

Ich weiß zu diesem Zeitpunkt als gerade achtjähriger Bursche nicht, daß die heimatliche Spielvereinigung Erkenschwick, wie alle Fußballvereine im ehemaligen Deutschen Reich, mit der Übernahme der Regierungsgewalt durch die Alliierten verboten ist. Der von den Kumpeln so geliebte Klub gilt als nationalsozialistische Vereinigung. Das werden so nicht einmal einige der Kicker gewußt haben. Den Deutschen Fußballbund (DFB) gibt es seit 1933 nicht mehr. Er ging in das „Reichsamt für Sport“ ein, Fachamt zwei, wie die Bürokraten es festgelegt hatten. Noch vor dem Krieg wurde dann der Sport der NS-Partei unterstellt, die Jugendarbeit der HJ, deshalb sind zunächst 1945 die Klubs verboten. Später wird das sogar noch festgehalten in dem Kontrollratsbeschluß Nr. 23, dem im Januar 1946 eine Ausführungsverordnung nachgeschickt wird. Das alles weiß ich nicht. Zunächst aber denkt in diesen Apriltagen niemand daran, reguläre Fußballspiele zu organisieren.

Schon Tage nach der Einnahme der Gemeinde arbeiten die Väter und größeren Brüder wieder im Bergwerk. Das Brummen aus den Maschinenhallen und das Surren der Fördertürme liegt wieder über dem Ort.

Die Männer der US-Army verändern das Spielfeld des Fußballstadions. Sie ziehen kleine Karrees, spannen Netze und zelebrieren ein für uns unbekanntes Ballspiel: Sie boxen den Ball über das Netz, er wird nur mit den Händen geführt – wie gräßlich, und dann noch auf „unserem“ heiligen Fußballrasen.

Aber auch die britischen Soldaten, die schon bald den US-Einheiten folgen, „versündigen“ sich. Sie reißen die weißen Fußballtore im heimischen Stadion nieder und bauen stattdessen zwei riesige Holzgestänge auf, die jeweils wie ein H aussehen. Und dann spielen sie mit einem eiförmigen Ball und mit mehr Männern als elf. Wir sitzen mit wenigen Erwachsenen auf den Rängen und begreifen die Regeln nicht. Sind empört, daß die diese Art Ball einfach unter den Arm klemmen, jubeln aber, wenn einer gekonnt gelegt wird. Rutscht er dabei auf die Aschenbahn, wird der Begeisterungsschrei der Kinder um beachtliche Phon erhöht. „Was haben die aus unserem Platz gemacht“, mault mein Vater. Die beiden Vorplätze im riesigen Stadion „mißbrauchen“ die Briten für eine farbige und imponierende Parade. „Das zumindest können sie“, sagt mein Alter, trotz der Empörung über die Beschlagnahme „unseres“ Stadions.

Gelegentlich spielt die frühere Mannschaft, die ihr letztes Spiel des Dutzendjährigen Reiches am 7. Januar 1945 bei SuS Hüls austrug und 1:2 siegte, auf den Dörfern in der Nähe. Hinter unserem Ort be-

Mit Holzgas betriebene Lkws hielten den Verkehr aufrecht.

ginnt schon das Münsterland. Die Spieler dürfen auch, wenn die Engländer sich ausgelaufen haben, ein wenig trainieren.

Der politisch unbescholtene Besitzer eines örtlichen Schuhgeschäftes bekommt vom zuständigen britischen Offizier die Genehmigung, die Spielvereinigung als Verein zusammentrommeln zu dürfen. Jede Mannschaft, die irgendwo wieder den grünen Rasen betritt, hat sich vorher eine Zusage erbeten, erschlichen oder sie durch geschickte Winkelzüge bekommen. Einen Verband gibt es nicht. Es kann auch jeder Kicker ohne Schwierigkeiten wechseln oder für mehrere Klubs spielen. Der Vorstand des Vereins, der im Juli 1945 seinen ersten „Generalversammlungsbeschluß“ in Freiheit faßte, erhält von der Besatzungsmacht eine „Spielgenehmigung für Fußballsportveranstaltungen".

Am 5. August 1945 bauen die Briten in den Vormittagsstunden ihre beiden H's ab, Fußballtore werden aufgestellt. Die beiden früheren Gauligisten Spvgg Erkenschwick und der FC Schalke 04 spielen an diesem Tag gegeneinander. Von Freundschaftsspielen spricht fast niemand, aber es gibt grundsätzlich nur privat vereinbarte Treffen zwischen Fußballmannschaften. Nirgendwo im ehemaligen Deutschen Reich wird zu dieser Zeit um Punkte in irgendeiner Liga gespielt. Es sind 15.000 Menschen, darunter viele fußballbegeisterte Soldaten aus dem Mutterland dieses Sports, die zuschauen. In der Gemeinde leben gerade 16.000 Einwohner, Kleinkinder und Greise mitgezählt.

Es kommt noch zu zwei Ereignissen, die nur in diesem Jahr 1945 möglich sind. Für den 9. September 1945 ist ein Spiel zwischen der heimischen Elf und den Herner Vorstädtern, der Knappenelf vom SV Sodingen vereinbart worden. Am selben Tag hat im Stimberg-Stadion aber die KPD eine öffentliche Versammlung angesetzt, um ihren politischen Einfluß auszudehnen. Es spitzt sich zu auf die Frage: Entweder rote Fahnen auf dem Platz oder schwarzrote Kluften der Spielvereinigung. Der zweite Vorsitzende des alten und neuen Vereins, Kurt Mannheimer, der als Halbjude die Nazizeit überlebt hat, interveniert beim zuständigen britischen Kommandanten für den Bereich Oer-Erkenschwick/Recklinghausen. Am 8. September 1945 wird folgendes Dokument ausgestellt:

Sekretär, Erkenschwick Fussball Verein
Sekretär, Erkenschwick Kommunistische Partei
Die oben angeführten Sekretäre werden aufgefordert – sich morgen Sonntags, den 9. September, um 10 Uhr, beim Kommandanten des 47 R. H. Commando, Erkenschwick, zu melden.
Befor dieser Besprechung darf keinerlei Anlage für diese Kundgebung im Stadion aufgebaut werden.
Unterschrift, Commandant.

Der Brite verbietet die politische Veranstaltung im Fußballstadion. Dem Sport wird der Platz überlassen. Der SV Sodingen verliert 3:2 am Stimberg, der zweite Vorsitzende der Heimelf, Kurt Mannheimer, ist gleichzeitig auch Torhüter. Er hat das Spiel und den Sieg ermöglicht.

Soldatenauswahl springt für Fortuna Düsseldorf ein

Am 28. Oktober 1945 warten gut 10.000 Zuschauer im Erkenschwicker Stimberg-Stadion auf den Deutschen Meister von 1933, Fortuna Düsseldorf. Doch die Männer vom Rhein schafften es nur bis zur Ruhr. In Mülheim meldet der Fahrer des Busses den tatendurstigen Spielern der Fortuna einen Kugellagerbruch. Obwohl die Cracks es durchaus gewohnt sind, den Mannschaftsbus gelegentlich schieben zu müssen, ist die Strecke von Mülheim nach Erkenschwick auch mit solchem Einsatz nicht mehr zu bewältigen. Fortuna Düsseldorf will spielen, kann aber nicht antreten. Unter den erwartungsfrohen und wartenden Zuschauern am Stimberg befinden sich wieder viele britische Soldaten. Einige von ihnen sind ehemalige Profis aus der 1. englischen Liga. Die Besatzer springen für die Fortuna ein. Jedoch erfolglos, sie verlieren gegen die Bergleute am Ball mit 6:1.

In der Zeit des Hungers und der Not ist das Spiel um den Ball, der gelegentlich mühsam geflickt werden muß, eine wichtige Abwechslung. Das Leben ist schwer genug. Ein Spieler erbricht sich auf dem grünen Rasen. Wir Kinder schauen nach dem Abpfiff wißbegierig, was der denn vor dem Fight gegessen hat. Sachkundig ermitteln wir, es waren Steckrüben. Also Oldenburger Ananas. Ein anderer Kicker kommt mit seinem Fahrrad aus Rheine, über 70 Kilometer ist er geradelt mit einem Zentner Kartoffeln auf seinem Vehikel. In der Waschküche hinter dem Bergmannshaus säubert er sich mit kaltem Wasser. Danach hastet er ins Stimberg-Stadion und spielt 90 Minuten quirlig mit.

In diesem Jahr 1945 heißt Fußball auch Überwindung vieler Umstände. Bei uns wird nicht um Punkte gespielt. Nur ganz weit weg von meiner Heimat, in der Oberliga Süd. Aber Namen wie Augsburg, München oder Nürnberg sind so wie London oder Paris – irgendwo in weiter Ferne liegen diese Städte. Daß es Spiele im Süden gibt, ist gelegentlich aus den Sportnachrichten des Rundfunks zu erfahren. Daß es Stalin und Churchill gibt, das höre ich auch nur im Radio, das die meisten immer noch Volksempfänger nennen. – Um Punkte wird erst 1946 wieder gespielt.

Süddeutschland: Die erste Oberliga

Stuttgart: Überreste des Stadions werden zu Brennholz

Februar 1945: Ein schwerer Bombenangriff soll das Daimlerwerk in der schwäbischen Metropole Stuttgart vernichten. Frau Hermann flieht nicht in den nahen Luftschutzbunker, sie bleibt im kaum gesicherten Keller des Vereinsheims des VfB Stuttgart. Die rührige Hausfrau will ihren teuren Apfelkuchen im Backofen nicht im Stich lassen. Sie hat das Gefühl, als würden mehrere voll beladene Kohlenwagen rumpelnd über ihrem Kopf abgeladen. Genau 79 Sprengbomben, die das Autowerk zerstören sollten, fallen auf das Gelände, ohne das Klubhaus mit der Frau darin zu treffen. Zerstört ist aber das Stadion des VfB Stuttgart am Neckarufer. Die Tribüne sowie die Umkleide- und Duschräume sind völlig verschwunden. Auf dem Hauptspielfeld und den Nebenplätzen befinden sich Krater, in die man jeweils ein Einfamilienhaus setzen könnte.

In der Schwabenmetropole gibt es keine Kohlen mehr. Es ist kalt. In diesem Februar 1945 verschwindet das restliche Holz vom Platz des VfB in drei Tagen, wie Fußballfunktionäre mit wehem Herzen beobachten. Stuttgarter kommen mit Handwagen, Äxten, Sägen und Stemmeisen – die dicken Eichenträger, die Stützbalken, Pfosten, die Platzumzäunung, die Kassenhäuschen sowie die Geräteschuppen sind im Nu zersägt, verpackt und wegtransportiert. Das steinerne kleine Klubhaus, in dem Frau Hermann ihren Kuchen rettete, ist die letzte Bleibe der Getreuen des VfB.

Schon drei Tage nach dem Einmarsch der Franzosen und Amerikaner suchen die wenigen Funktionäre in den Trümmerbehausungen die alten Sportfreunde auf. Viele müssen getröstet werden. Der VfB-Funktionär Ernst Schnaitmann legt sich eine blaue Baskenmütze zu, um für einen Franzosen gehalten zu werden. Die erhaltene Stadtwohnung von Frau Hermann in der Stuttgarter König-Karl-Straße wird im April 1945 das Hauptquartier des VfB. Das Vereinsheim liegt verlassen am zerstörten und völlig abgeholzten Platz.

Bei einem Streifzug durch das verkraterte Stuttgart werden die rührigen VfB-Aktivisten Dr. Fritz Walter und Ernst Schnaitmann von den Franzosen gestellt und zum Arbeitsdienst eingeteilt. Doch noch am selben Tag verabschieden sich die beiden auf französisch. In einem von Franzosen besetzten Lebensmittelgeschäft besorgen sie sich Butter, Käse, Eier und Gemüse. Weil Dr. Walter französisch spricht und deren höfliche Umgangsformen beherrscht, merken die Soldaten nicht, daß die VfB-Fans bei ihnen Lebensmittel abführen.

In eine gefährliche Situation geraten VfB-Getreue, die nach der Sperrstunde, gegen 21.20 Uhr, mit einem Handkarren voller Koks vom Platz des Klubs auf der Mercedesstraße unterwegs sind. Sie geraten in die Hände amerikanischer Soldaten. Während einer der illegalen Kokstransporteure mit den Amerikanern in deren Sprache redet, macht der andere einen Fluchtversuch mit der gefüllten Handkarre. Er entkommt. Die Soldaten haben sich am Abend in den Ruinen verfranst, finden nicht mehr zurück. Sie freuen sich, daß ihnen einer den Weg zeigen kann.

Dann sind in dieser spiellosen Zeit aus dem Klubhaus zwei Koffer mit fast neuen VfB-Garnituren verschwunden. Ehemalige sowjetische Gefangene, heißt es, hätten die mitgehen lassen. Da der VfB aber bald wieder eine Mannschaft auf den geflickten Rasen schicken will und Kluften 1945 nicht zu beschaffen sind, wollen die Verantwortlichen mit den Sowjets verhandeln. Den überraschten ehemaligen Gefangenen bieten drei VfB-Unterhändler Kartoffeln für ihre rotweißen Garnituren an. Die Russen zeigen sich stur. Entmutigt wandern die drei am Neckarufer zurück. Plötzlich folgt ihnen ein Rudel von Männern aus dem früheren Lager. Einem von ihnen gelingt die

SV Waldhof Mannheim, März 1947: Schaudt, Lipponer, Rendler, Schall, Glas, Rube, Mayer H., Siffling, Trainer Pahlke, sitzend: Herbold, Fanz, Mayer R., Siegel

Flucht, Ernst Schnaitmann darf ziehen, ihn halten die Russen – wegen der Baskenmütze – für einen Franzosen. Aber Dr. Walter schleppen sie zurück in ihr Lager vor den Toren des Mercedeswerkes. Hier wird er mit Faustschlägen und Fußtritten traktiert und eine Art Schauprozeß veranstaltet. Der sowjetische Dolmetscher ist 18 Jahre alt. Die Argumente im Tribunal versteht der Fußballpionier nicht. Plötzlich heißt es, er könne gehen. Die früheren Gefangenen bilden eine Gasse. Ganz langsam geht der Funktionär Walter hindurch, in der Angst, bald schlügen alle auf ihn ein. Aber keiner hebt die Hand oder gar die Faust. Hundert Meter hinter dem nun geöffneten Lagertor erreicht ihn der Dolmetscher. Er habe für Dr. Walter gesprochen, sagt er, ihm sei es in Deutschland ganz gut ergangen.

Ernst Schnaitmann, der mit der Baskenmütze, wird in den nächsten Wochen aktiv. Der VfB möchte wieder eine Elf in Wettspiele schicken. Dem Mann mit dem Flair eines Franzosen gelingt es, durch Vermittlung des neu ernannten Stuttgarter Polizeipräsidenten Weber zu dem französischen General Schwarz vorzudringen. Mit Überredungskunst und französischem Charme schafft er es, vom Stadtkommandanten eine Spielgenehmigung zu erhalten. Am 15. Juli 1945 kommt es zu einem Vergleichsspiel Cannstatt gegen den VfB Stuttgart. Torreich und gerecht endet das Spiel 4:4. Schon sieben Tage später, am 22. Juli 1945, präsentiert sich Reutlingen in Stuttgart und siegt hier mit 1:3. Am 29. Juli erringt der VfB erstmals nach dem Kriege einen Sieg, er bezwingt Göppingen mit 3:1. Langsam gewinnt die Elf, die von Spiel zu Spiel anders besetzt ist, an Fahrt: Am 5. August gerät Heilbronn mit 8:2 unter die Räder. Beim VfB spielt erstmals Barufka. Am 12. August kommt es am Neckar schon wieder zu dem ewig jungen Vergleich des VfB mit den Kickers. Die Rotweißen des VfB schlagen die Blauen aus Degerloch mit 1:0.

Stuttgarts eingesetzter Oberbürgermeister Arnulf Klett stiftet 1945 einen Ehrenpreis für die lokalen Fußballer. Der Wettbewerb wird vom örtlichen Sportausschuß geleitet und ist so eine Art regionale Meisterschaft. Die ersten Spiele gegen Eintracht Stuttgart gewinnt der VfB mit 11:1 und 12:2. Danach folgen Kämpfe im K.-o.-System. Am 7. Oktober 1945 kommt es zum Endspiel um den Ehrenpreis des Oberbürgermeisters. Wieder stehen sich der VfB und die Kickers gegenüber. Und wieder siegen die Rotweißen über die Blauen mit 1:0.

München: Arbeitsstiefel und Holz verwandeln sich in Umkleideräume

Am 18. Februar 1945 besiegt Bayern München seinen lokalen Rivalen Wacker mit 1:0 und sichert sich die letzte Meisterschaft des Gaues Oberbayern. Die Meisterschaftsspiele sind mit diesem Datum beendet. Doch der Spielverkehr, wie Fußballer Begegnungen nennen, ist noch nicht beendet. In dem vom Krieg gezeichneten München treffen im April 1945 noch einmal die sportlich verfeindeten Mannschaften von Bayern München und 1860 München in einem „Freundschaftsspiel" aufeinander. Der Nachwelt werden die einzelnen Umstände nicht überliefert. Aber das Ergebnis ist festgehalten: Bayern schlägt die Sechziger mit 3:2.

Über den Neuanfang heißt es in einer Chronik des TSV 1860 München lakonisch: „Nach dem Krieg wurde mit viel Fantasie und Engagement wiederaufgebaut. So verwandelten sich 50 Paar Arbeitsstiefel und das Holz für eine Methodistenkirche in die ersten Umkleideräume für die Fußballer an der Grünwalder Straße."

Die Kontrahenten des letzten Meisterschaftsspiels vom 18. Februar treffen am 24. Juni 1945 „in Freundschaft" aufeinander. Diesmal siegt Wacker München über Bayern München mit 4:3. Für beide Mannschaften ist es das erste Spiel in der Nachkriegsära; die Genehmigung dazu erteilten die US-Amerikaner. Beim Rivalen Wacker wird notiert: „Im Rückspiel allerdings mußten Leidenberger; Bader, Sterr; Schwimmer, Huber, Schmid, Leutner, Stöckl, Frank, Becker und Maier auf dem Hypo-Platz mit 1:3 klein beigeben."

Jedes Spiel muß vor dem Anpfiff von der Militärbehörde genehmigt werden. Der erste Nachkriegsvorsitzende des FC Bayern, Xaver Heilmannseder, vergißt dies einmal. Unmittelbar nach dem Fight wird er von Militärpolizisten festgenommen und inhaftiert. Durch eine Intervention des neuen Münchner Polizeipräsidenten kommt er nach 48 Stunden wieder frei.

Mit der vorläufigen Führung des FC Bayern beauftragen die US-Amerikaner Josef Bayer, der die Aufgabe hat, eine neue Satzung auszuarbeiten. Er holt sich Hilfe aus Wien, von dem engagierten Siegfried Herrmann, der schon in der Weimarer Zeit in der Chefetage des Klubs gesessen hatte. Bei der ersten Mitgliederversammlung in den Katakomben des stark zerstörten Gärtnerplatztheaters wird die Satzung einstimmig gebilligt. Hiernach stellt die Vereinsführung den Antrag auf Erteilung einer Lizenz durch die alliierten Behörden. Die trifft zu einem Zeitpunkt ein, als der FC Bayern schon einige Wochen in der Oberliga Süd spielt.

Das fränkische Bamberg ist von den Bombenangriffen und den Zerstörungen des Krieges weitgehend verschont geblieben. Auch in einer der schönsten Städte Deutschlands wird zunächst heimlich trainiert. Am 5. August 1945 traut sich eine mühsam zusammengestellte Elf wieder an die Öffentlichkeit – erster Gegner des 1. FC Bamberg ist an diesem Tag der SV Hallstadt, der mit 2:1 unterliegt. Am 14. Oktober 1945 kommt es zum ersten populären Vergleich – die Elf von Schweinfurt 05 mit den Assen Kitzinger, Kupfer, Gorsky und Lotz spielt in der Nähe des Bamberger Reiters und verliert beim 1. FC mit 5:1. Wirtschaftlich geht es den Franken im wenig zerstörten Bamberg direkt nach dem Krieg etwas besser als den Nachbarn in den zerbombten Städten. Es werden die Spieler Herder und Luther vom 1. FC Nürnberg engagiert, doch prominente Balltreter allein bilden noch keine überdurchschnittliche Mannschaft. Da gelingt den Funktionären des FC Bamberg ein besonderer Coup – Bumbas Schmidt, einer der erfolgreichsten Trainer Deutschlands, der mit Nürnberg als Spieler Deutscher Meister wurde und Schalke 04 als Trainer mehrfach ins Endspiel führte, wird verpflichtet.

Ein im Sportleben bisher unbekannter Herr namens Sackmann läßt sich von der US-Militärregierung eine Lizenz geben, mit der er eine Süddeutsche Verbandsliga ins Leben ruft. Die Auswahl der Mannschaften geschieht willkürlich. Vorher angepfiffene Spiele werden nicht als Wertmesser anerkannt. In Bamberg gibt es Ärger, weil der dortige Klub nicht zu den Auserwählten zählt. Diese wilde Liga überlebt die nächsten Monate nicht, 1946 wird der Unterbau zur Oberliga dann geordnet.

Kassel: Nazifahnen zu Trikots umgenäht

Der 18. August wird ein markanter Tag für den Sport im stark zerstörten Kassel: Die Militärregierung vor Ort gibt ihr amerikanisches Okay für die Wiederzulassung. Aber die Erlaubnis gilt nur für Fuß- und Handball. Die Vereinsnamen der bekannten lokalen Klubs sind verboten. Schon am 19. August 1945 wird das erste Fußballspiel auf dem Sportplatz am Fasanenhof angepfiffen. Die Gegner sind je elf Kicker von rechts und links der Fulda. Zwei Sportpioniere haben die Balltreter nach dieser Fluß-Teilung irgendwie aufgetrieben, was zu dieser Zeit nicht leicht ist, denn die US-Behörden haben die Straßennamen „entnazifiziert“, es ist oft schwer, die Wohnlöcher zu finden, die man sucht.

Gut 3.000 Menschen kommen über Trümmerberge in die Nordstadt zu dem Match. Besonders gelobt wird nach der Auseinandersetzung Torwart Rolf Zimmer vom ehemaligen Traditionsverein SV Kurhessen Kassel, einem Klub, der seine Vergangenheit bis in das Jahr 1844 belegen kann. Das erste Tor in der „Kasseler Sportgeschichte neuer Zeitrechnung“ erzielt ein Stürmer, den ein Berichterstatter in der von der Besatzungsmacht herausgegebenen „Hessischen Post“ Tauber nennt. Er heißt aber Erwin Daubert und wird später noch ein lokaler Fußballheld. Die Kicker von der linken Seite der Fulda schießen zwei Tore, die von der rechten auch. Der erste Oberbürgermeister Kassels nach dem Krieg, Willi Seidel, lädt beide Mannschaften nach dem Schlußpfiff zu einem Revanche-Fight ein. Der wird am 26. August ausgetragen. Die Balltreter vom rechten Ufer des Flusses schießen auf den Waldauer Wiesen drei Tore, die vom linken nur eines. Über diese Begegnungen heißt es in der Schrift „Sport in Kassel“: „Wo der Ball für das Spiel, die Kleidung der Spieler und vor allem das Schuhwerk herkamen, weiß niemand recht zu sagen. Relativ leicht hatten es die Rothosen, die mit den Turnern der Aelteren Casseler Turngemeinde zur Eintracht fusionierten, jedoch an ihrem traditionellen Dreß festhielten. Aus vielen Verstecken tauchten Fahnen auf, deren Grundton rot war und die nun ausgedient hatten. Fleißige Frauen nähten aus dem ‚Jubeltuch‘ der NS-Zeit jene Sporthosen.“

Im September 1945 wird in der nordhessischen Metropole der Freie Volkssportverband Kassel gegründet. Im selben Monat noch, so meldet die „Hessische Post“, spielen um den „Friedenspreis“ die Kombinationsmannschaften Hermannia/Spielverein gegen BC Sport/CSC 03/BV 06. Im Hin- und Rückspiel gibt es ein 1:4 und ein 5:0. Die Militärbehörde scheint beide Augen zuzudrücken, denn die alten Vereinsnamen sind verboten, tauchen jetzt aber sogar schwarz auf weiß in der von ihnen herausgegebenen Zeitung auf.

In Kassel existieren 1945 abenteuerliche Namen. Der frühere BC Sport nennt sich Blau-Weiß, Hermannia Kassel spielt als SG Kassel-Nord, der Casseler SC 03 (CSC) heißt Eintracht. Der frühere SV Kurhessen Kassel und die Casseler Turngemeinde Hessen-Preußen sowie der alte Arbeitersportverein Wassersportvereinigung Cassel firmieren in diesem Winter entweder als Südstadt oder VfL Hessen. Zusätzlich gibt es noch die SG Kassel-West.

Bei Kassel-West kickt der ehemalige Osnabrücker und dann Schalker Torhüter Heinz („Schangel“) Flotho. Neben ihm gibt es noch andere ehemals bekannte Spieler hier. Der neue Verein wird gemanagt von „Schorsche“ Heßler, der jetzt schon in Richtung Profisport denkt. Heinz Flotho kann in Kassel den dortigen Torwart Rolf Zimmer nicht verdrängen, deshalb wird der Allroundfußballer als Stürmer eingesetzt.

Zum Jahresende 1945 kämpft die Mannschaft gegen eine Elf der britischen Besatzung. Torwart Heinz Flotho im Sturm schießt drei der elf Tore zum Sieg. Die Briten können bei Rolf Zimmer nur einmal den Ball ins Netz bringen.

Hanau: Amerikaner spenden Trikots

Beim ältesten hessischen Verein Hanau 93 sind die Trikots und Hosen bei einem Luftangriff verbrannt. Doch die Spieler des Traditionsklubs wissen sich zu helfen – sie nehmen ihre HJ-Blusen, schneiden die Hakenkreuze heraus und laufen in der Trümmerstadt zu einem Fight auf. In Hanau wird notiert: „Angesichts des traurigen Eindrucks der zerschnittenen Trikots zeigten die Amerikaner Erbarmen und spendeten eine Sportgarnitur."

Über die Wiedergeburt des Fußballs heißt es in der Chronik: „Spiele um die Stadtmeisterschaft und eine Veranstaltung um den Dunlop-Pokal auf dem Dunlop-Sportplatz boten weitere Abwechslung und belebten die Anfänge. Das Dunlop-Turnier besaß große Anziehungskraft, denn es gab nicht nur einen schönen Pokal, sondern auch Fußbälle wurden gestiftet, die ... den Himmel auf Erden bedeuteten."

Die Veteranen von Hanau 93 haben große Mühen, das Vereinsschiff wieder in irgendwelche Gewässer zu führen. Den Sportplatz des Klubs wollen die Amerikaner requirieren, gekämpft wird um eine gerechte Eingruppierung bei einem vermuteten Neubeginn. Als größte Sorge drückt, daß kaum eine Mannschaft zusammenkommt. Viele Cracks sind gefallen oder irgendwo verschollen. Auch den hoffnungsvollen Nachwuchs, so die Chronik, „hatte der Krieg fast bis zum letzten Spieler ausgelöscht". Wegen der vor Kriegsende vorgenommenen Evakuierungen und des Hungers bleiben Kicker bei Dorfmannschaften oder wandern dorthin. Hanauer Spieler laufen plötzlich in Gelnhausen oder Somborn oder gar auf Dorfwiesen hinter dem Ball her. Mit völlig neuen, unbekannten jungen Kickern beginnt die neue Ära von Hanau 93.

In die Oberliga Süd wird die Elf, wie die Vereinsführung meint, „unter Verzicht auf sportliche Gerechtigkeit und durch die Inthronisierung" von Nachbarvereinen wie Offenbacher Kickers, FSV und Eintracht Frankfurt, nicht aufgenommen. Das hat unangenehme Folgen: Die Amerikaner beschlagnahmen den Platz des Klubs und vertreiben die Cracks auf die Dunlop-Anlage. In Hanau sind alle Sportfans felsenfest davon überzeugt, daß die US-Behörden diese Enteignung nicht vorgenommen hätten, wäre die Mannschaft in die Oberliga gekommen: „Kaum, daß wir dort ein paar Spiele durchführen konnten, mußten wir das Feld räumen."

Nürnberg 1948: Empfang des Meisters vor dem Sportpark Zerzabelshof

Nürnberg: Ein Korb voll Kirschen oder ein Ballen Stoff als Prämie

Nach nur 13 Tagen Gefangenschaft wird der Nürnberger Friedrich Dorsch, Jahrgang 1919, früher Spieler bei Eintracht Nürnberg, von den Amerikanern nach Wendelstein entlassen. Hier, vielleicht 15 Kilometer von Nürnberg entfernt, lebt seit der Ausbombung 1944 seine Frau. In der von Landwirtschaft geprägten Gemeinde wird „sofort wieder" Fußball gespielt. Aber Friedrich Dorsch schaut bekümmert zu. Man wolle in Wendelstein keine Fremden in der Mannschaft, wird ihm mit fränkisch-provinzieller Härte mitgeteilt. Mit seinem Schwager zusammen darf er in einer Elf des Nachbardorfes kicken. Bei einer Begegnung gegen Wendelstein trennt man sich 2:2, für die Nachbarn ein sehr achtbares Ergebnis und für den Wendelsteiner Verein Anlaß, die beiden Kämpen trotz ihrer Herkunft doch aufzunehmen. Zu den meisten Auswärtsspielen radelt die Elf. Eine Begegnung vereinbart Wendelstein 1945 in Roth. Auf einem Lastwagen mit Holzvergaser fährt ein Unternehmer die Mannschaft nach Roth; es ist die einzige Autoreise zu einem Spiel im Jahr 1945. Es endet 3:3. Der Besitzer des Wagens wird mit amerikanischen Zigaretten entlohnt. Friedrich Dorsch ist inzwischen bei den US-Behörden in Nürnberg angestellt worden und konnte das Zahlungsmittel besorgen.

Im November 1945 zieht Dorsch zurück in das zerstörte Nürnberg, hier streift er die Kluft der Eintracht über. Zu den Auswärtsspielen nach Schwabach oder auch Roth reist die Eintracht in übervollen Zügen, oder, wenn genug Zigaretten gehortet sind, mit einem Laster. Gekickt wird mit einem, wie Dorsch weiß, „amerikanischen Lederball". Der ist genauso groß wie ein in Deutschland üblicher Fußball, aber erheblich leichter. Friedrich Dorsch: „Einen Elfmeter habe ich haushoch über das Tor gesetzt. Der Ball tanzte fast auf dem Wind."

Die in der Nazizeit auf ein Fassungsvermögen von 25.000 Zuschauern ausgebaute Anlage Ronhof in Fürth ist 1945 teilweise arg zerstört. Die Tribüne ist ausgebrannt, weitere Bauten sind von Vandalen verwüstet. Jahre später schreibt ein Vereinschronist über den Zustand des Sportplatzes, er solle „besser nicht mehr ins Gedächtnis zurückgerufen werden". Die Fürther Sportler beginnen unter den deprimierenden Umständen mit dem Wiederaufbau des Vereins und ihrer Anlage. In dem Buch „Die Kleeblättler" heißt es: „Und als am 23. September 1945 das erste Nachkriegs-Fußballtreffen draußen im Ronhof steigt, mit einem hauchdünnen 3:2 zugunsten des Clubs, sind die Weichen neu gestellt, kommt wieder Schwung auf."

Dem Nachbarn aus Nürnberg erging es zunächst noch schlechter: Die eigene Anlage, der berühmte „Zabo", ist von den US-Behörden beschlagnahmt. Seine „Heimspiele" muß der berühmte „Club" aus Nürnberg auf dem Geläuf seines ärgsten Konkurrenten, auf dem Fürther Ronhof austragen. „Altes Zeug vom Platzwart" bekommen die Kicker in Schwarzrot als Kluft. Daran erinnert sich Max Morlock noch 44 Jahre später. Seit 1941, damals war er 17 Jahre alt, spielte er in der Ersten. „Mit einer Genehmigung der Bannjugend", wie er sich zu erinnern glaubt. Vor Ende des Krieges wurde der Spieler Morlock noch eingezogen. „Meine Fußballstiefel habe ich über ein Vierteljahr lang in meinem Tornister mit herumgeschleppt." Max Morlock zwar nicht mit dem Marschallstab, wohl aber mit seinen geliebten Tretern in der Wehrmacht. Nach der Gefangennahme in Dänemark wurde er bald entlassen. Mit seinen durch Mitteleuropa geschleppten Fußballschuhen beginnt er 1945 wieder beim Club. Nach der Arbeit bei Bosch radelt er zweimal in der Woche zum Training. Die berühmten Nürnberger bestreiten gelegentlich statt des Trainings Werbespiele in der Region. In Heroldsberg für einen Korb Kirschen pro Kicker und in Aschaffenburg für einen Ballen Stoff je Spieler. Als Entlohnung gibt es 1945 regelmäßig, auch noch später in der Oberliga, pro Spiel „fünf Reichsmark und einen Bon", mit dem etwas stärkeres Bier bezogen werden kann. „Unser Trainer wetterte aber selbst gegen dieses schreckliche Dünnbier", weiß Max Morlock. Die Schwarzroten reisen in diesen Tagen mit einem Auto, das auf Holzgas läuft.

Als besonders clever „und dem Materiellen sehr zugetan" erweist sich der Club-Kamerad Robert Gebhardt. Der Sohn eines Kneipiers erhält deshalb den Spitznamen „Zapf". Dieser „Zapf" Gebhardt schafft Beziehungen zu den Metzgern des Nürnberger Schlachthofes. Er besorgt ihnen Freikarten für den Club, die wiederum zwacken Fleisch für die Spieler ab. In der Gasthausküche der „Zapf"-Eltern wird es dann gekocht oder gebraten. Bei Reisen nehmen die Kicker Eßpakete mit. „Da konnte man nicht einfach mit dem Wagen anhalten und irgendwo essen", erinnert sich Max Morlock über vier Jahrzehnte später.

Beim „Heimspiel" des Clubs auf dem Fürther Ronhof gegen die Schwaben aus Augsburg sind die Ränge prall gefüllt. „Wie vor dem Krieg", sagt Verteidiger Willi Billmann, Nationalspieler zwischen 1937 und 1941, bevor die Elf in das lädierte Stadion einläuft. Trainiert wird beim Altmeister Nürnberg zweimal in der Woche. Auch Willi Billmann radelt zu den Übungen. Von der Firma Siemens kann er oft erst spät weg. Im Herbst und Winter ist es schon dunkel, wenn er eintrifft. In einer zerstörten Turnhalle, gelegentlich aber auch im Hinterzimmer einer Gaststätte, auf lädiertem Parkett, hält er sich mit Seilspringen für die Spiele fit. Die Kluften des Clubs sind zerschlissen, die Socken der Spieler mehrfach geflickt. In dieser Zeit bekommt der frühere Nationalspieler Willi Billmann zusätzlich einige Lebensmittelkarten zugeschoben: von Sepp Herberger, der als ehemaliger Angestellter des Reichsamtes für Sport Berufsverbot hat. Offensichtlich wird Herberger heimlich gesponsert, und einen ausgesuchten Kreis von meist süddeutschen Nationalspielern läßt er durch die Zusendung von Karten daran teilhaben.

Augsburg: Spiele gegen ehemalige Zwangsarbeiter

Im amerikanisch besetzten Augsburg treffen sich bereits wenige Tage nach der offiziellen Kapitulation im Mai 1945 auf dem oberen Schwabenplatz einige Kicker, um über die Lage zu beraten. Zunächst wollen sie in Form der erfolgreichen Stadtmannschaft von Augsburg, die sich im letzten Kriegsjahr etablierte, weitermachen. Doch dieser Wunsch hält nicht lange. Bei weiteren Gesprächen kommen die alten Rivalitäten zwischen den Klubs wieder hoch. In dieser Zeit kann Schwaben Augsburg mehrere fast gleichwertige Mannschaften aufbieten. Das erste Fußballspiel wird am 1. Juli 1945 angepfiffen. Auf dem Gelände der Arras-Kaserne mißt sich eine deutsche Kriegsgefangenenelf mit der von Schwaben Augsburg. Der Schwabenstar Lehner ist die Attraktion. Mit 7:0 gehen die Gegner unter. Der Schiedsrichter der Begegnung, der später die Festschrift „110 Jahre Schwaben Augsburg“ verfaßt, muß beim Stande von 7:0 ein gellendes Pfeifkonzert über sich ergehen lassen. Das achte Tor der Schwaben, geschossen von Lehner, erkennt er wegen Abseits nicht an.

Noch zweimal fordert die Mannschaft der Gefangenen die Schwaben heraus. Sie verliert gegen die Erste mit 9:1 und gegen die „Schwaben-Fohlenelf“ – so die Bezeichnung 1945 – mit 8:2. Eine Mannschaft aus ehemaligen polnischen „Fremdarbeitern“ – so die verharmlosende Bezeichnung für verschleppte Zwangsarbeiter – verliert gegen die B-Elf mit 4:0. Die im Fußballsport nicht hoch angesiedelten US-Amerikaner fordern ebenfalls die Schwaben heraus. Die Kombinationself aus den USA unterliegt den Deutschen mit 2:11. Gegen weitere Vereinsmannschaften aus der Stadt und Umgebung gewinnen die Schwaben gleichfalls, ihre erste Niederlage beziehen die siegeshungrigen Augsburger mit den meist leeren Mägen am 23. September 1945 gegen Bayern München mit 1:3. Eine Begründung liefert die Festschrift „110 Jahre TSV 1847 Schwaben Augsburg“: „Allerdings war dabei ausschlaggebend, daß Verteidiger Götz bald verletzt wurde und Lehner aus dem Sturm zurückgenommen werden mußte.“ Auswechslungen sind noch nicht möglich.

Die Schwabenchronik hält für die Nachwelt fest: „Kaum eine bayerische Mannschaft kam zu dieser Zeit über ihre engeren Grenzpfähle hinaus. Es fehlte nicht nur an Fahrtmöglichkeiten, sondern auch an Genehmigungen. Trotzdem starten die Schwaben am 14. Oktober mit einem Omnibus nach Stuttgart und besiegten dort den VfB, der vor kurzem den Ehrenpreis der Stadt Stuttgart vor Kickers und Sportfreunde gewonnen hatte. Unsere Mannschaft lieferte in Degerloch … eine wahrhaft glänzende Partie und gewann, vom Publikum immer wieder gefeiert, durch Tore von Lehner, Grünsteudel, Ostertag und Lechner 4:2.“

Mannheim: Auftakt mit Lokalschlager

Die „Military-Government Gazette“ vom 8. September 1945: „VfR Mannheim – SV Waldhof bestimmt am Sonntag. Nach Behebung der Platznot wird das von der Militärregierung genehmigte Fußballtreffen VfR Mannheim – SV Waldhof nun bestimmt an diesem Sonntag, 9. September, 1/2 3 Uhr nachmittags, auf dem VfR-Platze an den Brauereien stattfinden. Man kann sich kaum einen verheißungsvolleren Auftakt der Fußballspiele in Mannheim wünschen als diesen mit dem alten Lokalschlager, der mit großer Spannung erwartet wird.“

Vor 4.000 Zuschauern besiegt Waldhof den VfR mit 1:3. Schon eine Woche später starten die Waldhöfer gegen den VfL Neckerau mit dem ersten Heimspiel nach dem Krieg. Über 3.000 Menschen kommen und sehen den Platzverein mit 2:1 als Sieger. Am 30. September 1945 fährt die Elf des SV Waldhof zu ihrem ersten Spiel außerhalb der zerstörten Stadtmauern – sie besiegt die Stuttgarter Kickers in Degerloch mit 0:2. So richtig in Fahrt gekommen, putzt Waldhof die Elf des VfR Mannheim eine Woche später vor 5.000 Zuschauern mit 8:0.

Am 10. März 1946 soll die Elf von Waldhof Mannheim in Schweinfurt antreten. Auf der Reise zu dem Auswärtsspiel verunglückt der Bus mit der Mannschaft durch einen Bruch des Steuers. Der Wagen verliert die Spur und kommt von der Straße ab. Der erste Eindruck: Die Insassen haben den Unfall alle unverletzt überstanden. Doch 13 Tage später stirbt Waldhofs Keeper Heinz Sohl mit 23 Jahren. Der Fußballtorwart Sohl hatte sich auch als letzter Mann beim Eishockey schon ausgezeichnet.

Hof: Erstes Treffen in der Küche

Willy Schäfer, ehemaliger Spieler des FC Bayern Hof, während des Krieges zusammen mit Sepp Herberger bei Tennis Borussia Berlin eingesetzt, kehrt zurück zur „Grünen Au", dem Platz der Bayern. Dort trifft er im Juni 1945 den Ehrenvorsitzenden der Gelbschwarzen, Karl Spindler. Im Hofer Dialekt spricht der ihn an: „Na, Willy, willst uns net a bißla helfn?" Er will. Von Juni 1945 bis 1947 wird er ehrenamtlicher Trainer aller Mannschaften des FC Bayern Hof.

Zur ersten Versammlung treffen sich die Hofer Bayern-Wiedertäufer im „Weißen Rößl". Doch die amerikanische Militärregierung hat zu diesem Zeitpunkt alle Versammlungen strikt untersagt. Eine Zusammenkunft in der Gaststube ist deshalb nicht möglich. Die rund 20 anwesenden Personen pferchen sich in die Gasthausküche – das ist ein Treffen, keine Versammlung.

Schon am 29. Juli 1945 laufen elf ziemlich magere Hofer Spieler in Gelbschwarz in der „Grünen Au" wieder auf. Erster Geg-

Endspielaufstellung des deutschen Fußballmeisters 1949
VfR Mannheim

Von links nach rechts:
Obere Reihe: Langlotz, Löttke, de la Vigne, Müller, Keuerleber, Henninger;
untere Reihe: Maier, Rößling, Jöckel, Bolleyer, Stiefvater

Aus der Festschrift des VfR Mannheim zur Meisterschaft 1949

ner ist Nachbar ASV Selbitz. Mit 9:1 gewinnt Bayern Hof. In der Chronik wird über das Jahr 1945 festgehalten: „Es war ein Glück, daß der Vereinsvorsitzende ein Bäckermeister war. Er konnte da und dort helfend einspringen, denn es war schwer, Fußballstiefel, Trikots, Fahrzeuge und Treibstoff zu bekommen. Beziehungen waren notwendig, um dies auf irgendeine Weise beschaffen zu können."

Am 2. Dezember des kalten Winters von 1945 beginnt der FC Bayern Hof mit einem Heimspiel die neue Saison. Eingeteilt wurde der Klub in die Bezirksliga I Oberfranken. Erster Gegner ist der VfB Helmbrechts, der knapp mit 3:2 besiegt wird. Der FC Bayern Hof steht vor einer erfolgreichen Saison.

Ulm: Jakob Salzmann erhält Erlaubnis zum Neubeginn

Auf Ulm gehen im April 1945 schwere Bombenangriffe nieder. Das wertvolle Vereinsvermögen der Ulmer Turn- und Sportgemeinde 1846, die seit April 1940 Ulm 1846 heißt, wird vernichtet, darunter sämtliche Chroniken und Überlieferungen des Vereins. Spielplätze und Sporthallen werden ein Opfer der Bomben. Nur die Wagnerturnhalle bleibt unlädiert. Sie wird im Frühjahr 1945 von den Alliierten beschlagnahmt. Schon Mitte Mai nehmen die Fußballer des Vereins vereinzelt wieder Kontakte auf. Trotz der Verbote durch die Amerikaner kommt es zu geheimen Treffen in der kleinen Wohnung des Mitgliedes Krenzke. Einige Male müssen zwölf Männer in der kargen Behausung übernachten, sie haben während der Debatten nicht gemerkt, daß der Zeitpunkt des Ausgehverbotes bereits überschritten ist.

Das Schicksal des SSV Ulm von 1922 beschreibt eine Festschrift: „Ein hoher Blutzoll des SSV Ulm, Schmerz und Leid gingen durch die Daheimgebliebenen. Christian Lindemayer, ein Mann aus dem Volke von hohen Trainerqualitäten, beim Fliegerangriff auf Ulm ums Leben gekommen, Leichtatlethikleiter Specht gefallen, namhafte Spieler und Könner in Gefangenschaft gestorben, oft schwer verwundet als Invaliden zurückgekehrt. Beschlagnahme aller Akten des SSV. Besatzungsbehörden vermuteten SS-Organisation. Wertvolles Archivmaterial aus den zwanziger und dreißiger Jahren nicht mehr ersetzbar."

Der eigene Platz des SSV Ulm ist umgepflügt. Die ersten Spiele werden auf der Anlage Gänsewiese ausgetragen. Zwei lokale Vergleiche gegen Ulm 1846 gewinnt der SSV 1945 mit 2:1 und 3:0. Das erste Ligaspiel findet in Senden statt. Mit Fahrrädern fahren die Kicker des SSV Ulm „nach auswärts". Sie werden, wie Ulm 46, im Herbst 1945 der Landesliga zugeordnet.

Am 12. Juni 1945 lassen sich Offiziere des Sicherheitsdienstes der US-Armee Ulms „Turnvater" Jakob Salzmann vorführen. Ihn befragen sie nach dem Stand der Vereine, die ja im Grunde verboten sind. Am 17. August 1945 wird Salzmann erneut zu den Amerikanern gebeten. Seine Gesprächspartner sind Leutnant Sage und Hauptmann Ohlsen. Beide Offiziere eröffnen dem Sportler, es könne wieder mit den Spielen begonnen werden, auch die alten Vereinsnamen seien wieder zulässig. Und sie setzen nach: Das alles aber ohne Politik.

Der Großverein Ulm 46 wird erst 1970 gegründet. Im Jahr 1945 beginnt der Wiederaufbau der einzelnen lokalen Klubs. So gehen am 22. August 1945 die Fußballer „Mule" Keck und „Bläse" Held zu dem aus dem politischen Exil heimgekehrten Franz Fried, um mit diesem Fußballfreund einen Neubeginn zu wagen. Franz Fried ist Anhänger des Ulmer FV 94, der 1939 in der Ulmer Turn- und Sportgemeinde 1846 aufging. Heimkehrer Franz Fried ist zu diesem Zeitpunkt 67 Jahre alt und muß sich erneut eine Existenz aufbauen. In einem Brief beschreibt Fried die Situation in Ulm: „Als im August 1945 die Sportkameraden Keck und Held an mich mit der Bitte herantraten, die Ulmer Turn- und Sportgemeinde wieder ins Leben zu rufen, war es für mich ein schwerer Entschluß. Nur die Anhänglichkeit an meinen alten Verein UFV 94 und im Bewußtsein, daß ich das Opfer bringen mußte, weil keine andere unbelastete Persönlichkeit zur Verfügung stand, veranlaßte mich, dem Wunsch nachzukommen. Es würde zu weit führen, alle die ungeheuren Schwierigkeiten zu schildern, die die Amerikaner machten. Auch die Wahl der notwendigen Funktionäre war auf einen kleinen Kreis beschränkt."

Mit der Genehmigung von US-Oberleutnant Pollak wird das Ulmer Stadion für Leichtathletik und Fußball zum 26. August freigegeben. Das erste Sportfest nach dem Krieg wird am 30. September 1945 veranstaltet. Vor den Augen eines amerikanischen Generals gibt es Laufwettbewerbe, Frauenhandball, Frauenhockey und Jugendfußball. Der Mann vom Militär ist sehr beeindruckt. In diesem Jahr gründet der

Sportfunktionär Richard Brenner ein Informationsblatt für Fußballspiele mit dem Titel „Sportecho". Es wird später die Vereinszeitung.

Die Fußballelf der Ulmer Turn- und Sportgemeinde 1846 wird 1945 in die zweitklassige Landesliga eingereiht und im ersten Jahr Meister. Zu einem Zeitpunkt, als die Kicker schon wieder Punktspiele absolvieren, kommt es am 15. Dezember 1945 zur ersten Hauptversammlung, in der der förmliche Beschluß gefaßt wird, den Verein erneut zu gründen.

Heilbronn: Stadtmeisterschaft wird abrupt abgebrochen

Am 3. Dezember 1944 wird in Heilbronn das letzte Spiel im Krieg angepfiffen. Die Begegnung lautet Union Böckingen gegen Heilbronner Spvgg. Beide Mannschaften, die sich auf dem Platz des VfR Heilbronn in Freundschaft messen, bringen nur jeweils neun Spieler auf. Einen Tag danach wird die Käthchenstadt durch ein Bombeninferno zerstört.

„Schwer war der Wiederbeginn, ungeheuer die Sorgen und die vielfältige Not. Und doch regte sich selbst unter diesen ungünstigen Aspekten der Wille, mit dem Sport neu zu beginnen. Das war kein leichtes Unterfangen, denn zu jeder Zusammenkunft, wie auch zu den ersten Spielen mußte erst die Militärregierung ihr Ja-Wort geben." So beschreibt ein Chronist von Union Böckingen – deren Heimatort in der Nazizeit zu Heilbronn eingemeindet wurde – das Jahr 1945. Der Platz des Vereins, das Klubhaus und die Tribüne sind schwer beschädigt. Trotz Hunger und Wohnungsnot beginnen die alten Kämpen mit Schaufel und Spitzhacke den Wiederaufbau. Der politisch unbescholtene Richard Brodhag schafft es in schweren Verhandlungen, daß die Union in Böckingen als selbständiger Verein wieder gegründet werden darf.

Das erste Spiel bestreitet die Elf der Union beim VfB Stuttgart. Zur Heimspielpremiere kommt es am 7. Oktober 1945 im völlig zerstörten Heilbronn zwischen der Union und dem VfR Heilbronn. Im Prinzip ist es auch ein Heimspiel des VfR, denn der Klub hat 1945 keine Bleibe – in den nächsten Jahren muß er seine Ligakämpfe auf dem Geläuf der Union Böckingen austragen. Das erste Spiel auf dem zwangsläufig gemeinsamen Rasen gewinnt die Union mit 4:1. Anschließend wird die Stadtmeisterschaft von Heilbronn angepfiffen, aber vier Wochen später abgebrochen – die Oberliga hat ihren Spielbetrieb aufgenommen.

Spielbeginn der Oberliga Süd am 4. November 1945

Funktionäre des VfB Stuttgart, Gustav Sackmann, der Studienrat Dr. Fritz Walter und Ernst Schnaitmann, besprechen sehr früh nach Ende des Krieges die Idee einer einheitlichen Liga für den süddeutschen Raum. In einer Phase, in der die Alliierten die Vereine verboten haben, ein kühner Blick nach vorn. Die Idee ist aber nicht neu. Studienrat Dr. Fritz Walter verwirklichte diese Vorstellung in ähnlicher Form schon in der Nazizeit. Im Jahr 1942 rief er sogenannte Städtevergleichskämpfe ins Leben. Das waren Doppelwettspiele zwischen großen süddeutschen Gemeinden. Schon 1942 traten Kombinationen von Nürnberg und Fürth gegen eine gemeinsame Mannschaft des VfB und der Stuttgarter Kickers an. Ebenso gab es Vergleiche zwischen einer Auswahl des VfR Mannheim und Waldhof mit der Stuttgarter Kombination. Auch 1860 und Bayern München bildeten damals eine Städteelf.

Unter den schwierigen Bedingungen des Jahres 1945 reist Gustav Sackmann zu den Funktionären der anderen Klubs. Oft ist er tagelang unterwegs, meist auf Kohlenzügen oder den Trittbrettern überfüllter Bahnen. Am 13. Oktober 1945 treffen sich dann die Vertreter der traditionsreichen Südklubs in der „Krone" in Fellbach. In der Gaststätte werden an diesem Tag der Süddeutsche Fußballverband und die Oberliga gegründet – mit großzügiger Genehmigung der US-Armee. Vorsitzender der Vereinigung der Oberligavereine wird der Stuttgarter Fritz Walter. Die Klubs erhalten für die Zugehörigkeit in der neuen Eliteliga eine Lizenz. Die Teilnehmer der Zusammenkunft bestimmen ihre Mitgliedschaft zur Oberliga Süd selbst. Qualifikationsspiele gibt es nicht. Aufgenommen in diese oberste Klasse werden drei Mannschaften aus Hessen, sechs Vereine aus den US-amerikanisch besetzten Gebieten Badens und Württembergs sowie sieben Klubs aus Bayern. Der Aufbau des Fußballs im Süden Deutschlands verläuft von oben nach unten.

Verbittert stellt man bei Union Böckingen fest: „Die Großen aber setzten sich im September bereits an einen Tisch und be-

Die Mannschaft von Schwaben Augsburg in der Saison 1950/51

schlossen die Gründung der Süddeutschen Oberliga. Dabei aber vergaß man viele Kleine, die auf Grund ihrer Erfolge auf dem Rasen mindestens dieselben Ansprüche hätten geltend machen können, die man aber geflissentlich übersah.“

Am 4. November 1945 wird unter den abenteuerlichen Bedingungen der Nachkriegszeit die erste Saison der Oberliga Süd angepfiffen. Alle Spiele beginnen pünktlich. In den wenigen, meist sehr dünnen, auf grauem Papier gedruckten Tageszeitungen erscheinen keine Spielberichte, Mannschaftsaufstellungen werden ebenfalls nicht gedruckt. Mitteilungen über die Versorgungslage sind wichtiger. Selbst der Verband besitzt zu dieser Zeit keine vollständigen schriftlichen Unterlagen.

Die „interessanteste Mannschaft des Südens“, wie Radio Stuttgart die Elf von Schwaben Augsburg bezeichnet hat, startet sehr schlecht in die Oberliga Süd. Die in vorherigen Freundschaftsspielen so erfolgreiche Elf um den ehemaligen Nationalspieler Lehner erreicht bei den Stuttgarter Kickers nur ein schmeichelhaftes 2:2. Beide Tore der Schwaben fallen durch Elfmeter. Über 8.000 Zuschauer sehen diesen ersten Dämpfer. Auch am zweiten Spieltag schafft die Lehner-Elf keinen doppelten Punktgewinn. Bei den Bayern in München heißt es zum Schlußpfiff erneut 2:2. Dann starten die Augsburger kurz durch: Der Deutsche Meister von 1910, der Karlsruher FV, wird 3:0 geschlagen und die Spvgg Fürth auf eigenem Geläuf mit 2:1 besiegt. Es folgt ein Hänger. Eine unglückliche 0:1-Niederlage gegen den „Club“ aus Nürnberg zu Hause. Nach dem knappsten aller Siege bei 1860 in München kommen weitere Erfolge: Ein 6:0-Kantersieg gegen den VfR Mannheim, ein 3:2-Ergebnis beim Deutschen Meister von 1909, Phönix Karlsruhe, Schweinfurt unterliegt in Schweinfurt 0:1 und Eintracht Frankfurt in Frankfurt 0:5. Danach erfolgt der Paukenschlag der neuen jungen Saison der Oberliga Süd-Schwaben Augsburg geht mit 7:0 beim VfB Stuttgart unter.

Am 16. Dezember 1945 kommt es zum ersten lokalen Punkteduell in Augsburg: Schwaben gegen BCA. Das letzte Lokalspiel hatten die Schwaben während des Krieges klar mit 6:1 gegen BC Augsburg für sich entschieden. Auch das erste Treffen nach dem Krieg sieht sie wieder als Sieger – das Punktspiel der neuen Oberliga Süd endet 3:0. Am Ende der Vorrunde sehen die Schwaben hinter dem Club auf dem zweiten Platz der höchsten Klasse – es ist der größte Erfolg in der Nachkriegsgeschichte des Vereins.

Unter welchen Bedingungen die Frankfurter am Spielbetrieb der Oberliga teilnehmen, das beschreibt Herbert Neumann in seinem Buch „Eintracht Frankfurt. Die Geschichte eines berühmten Sportvereins“: „Es war die Zeit der Improvisationen. Der Verein besaß kein Domizil. Die Stadt hatte den alten, zerstörten Platz einer Trümmerverwertungsgesellschaft überlassen. Die Mannschaften reisten von Anlage zu Anlage. Wenn sie in jenen Jahren beim FSV am Bornheimer Hang zu Gast waren, mußten sie sich in der kleinen Badeanstalt auf dem Marienplatz an der Bergerstraße umziehen. Auf einem LKW rollte die Mannschaft dann einige Kilometer durch die Stadt zum Sportplatz. Die nächsten Duschen gab es nun einmal erst am Marienplatz.“ Das Training findet mehr schlecht als recht auf dem alten Rosegger-Platz unter primitivsten Bedingungen statt. Die logische Folge: In der Oberliga spielt Eintracht Frankfurt zunächst keine herausragende Rolle.

Bei Altmeister Karlsruher FV notiert man über den schweren Start 1945/46: „In Punkto Ernährung war der KFV im Vergleich zu den bayerischen und württembergischen Vereinen so stark im Nachteil, daß man heute getrost behaupten kann, daß das Ernährungsproblem einen Hauptgrund des späteren Abstiegs bildete. So mußte z.B. die Mannschaft gegen 1860 München eine katastrophale Niederlage einstecken, nachdem sie bei großer Kälte und ohne Essen und Schlaf die ganze Nacht mit dem Omnibus unterwegs war.“

„Die mußten das Spiel gegen uns unbedingt gewinnen, deshalb war deren Ball eine Nummer kleiner“, erinnert sich der Nürnberger Verteidiger Willi Billmann an das Ligaspiel der Männer von der Noris beim Traditionsklub Karlsruher FV. Die Kicker aus Franken in den geflickten Socken protestieren gegen die kleine Kugel. Vergeblich, der Schiedsrichter fordert sie auf, weiter um Punkte zu kämpfen. Nürnbergs Kalb animiert Mitspieler Billmann, das Bällchen zu zerstören. Aber wer läuft schon mit einem Messer oder Korkenzieher unter dem Trikot aufs Feld? Weil Knöpfe rar sind, hat Billmann eine Sicherheitsnadel am Kragen. Nürnbergs Abwehr schießt den Ball auffallend oft über die eigene Torauslinie, so daß Willi Billmann das Leder wiederholt holen muß. Jedesmal sticht er mit der Nadel in die Nähte. Ganz langsam verläßt die Luft die kleine Kugel. Erneuter Protest des früheren Deutschen Meisters beim ganz früheren Deutschen Meister – Karlsruhe hatte den Titel 1910 geholt – und diesmal hat der Schiri ein Einsehen. Doch der Karlsruher Gastgeber hat keinen zweiten Ball. Da wird der etwas dickere der Nürnberger ins Feld geworfen – der Kampf mit der Nadel ist gewonnen.

Die schwarz-rote Elf des Rekordmeisters 1. FC Nürnberg zieht in diesen Hungerjahren die Massen in die notdürftig hergerichteten Stadien. Das Gastspiel des Clubs am 28. April 1946 bei Waldhof Mannheim bringt für die Region einen Zuschauerrekord – 33.000 Menschen sehen die Waldhofbuben mit 2:1 siegen. Die Schützen: Herbold und Franz sowie Winterstein für den 1. FC Nürnberg.

„Die Kickers haben den besten Sturm,

der weit und breit herumläuft." Das sagt, mit verklärtem Blick, der Trainer von Bayern München, der ehemalige Nationalspieler Josef Pöttinger. Es ist Januar 1946. Vor 32.000 Zuschauern haben die Blauen aus Degerloch im Stuttgarter Neckarstadion mit 7:3 den Bayern soeben die Lederhosen heruntergezogen. Die wohl beste Elf der Kickers in der Nachkriegsära: Jahn; Oßwald, Vetter; Sing, Sälzer, Schmeißer; Kronenbitter, Lauxmann, Conen, Schaletzki, Sosna.

In einer 1953 erstellten Festschrift des VfB Stuttgart wird das Jahr der Oberligapremiere kurz und nüchtern abgehandelt. „Die erste Runde 1945/46 gestaltete sich zu einem starken Duell zwischen Altmeister 1. FC Nürnberg und VfB Stuttgart. Die Nürnberger holten z. B. bei den Kickers drei Punkte, während wir uns mit dem sich hart in der Spitzengruppe haltenden Ortsrivalen fifty-fifty teilten. Dafür besiegte unsere Elf die wackeren Waldhöfer im Vor- und Rückspiel, während der Club sich in Mannheim-Waldhof geschlagen geben mußte. Ganz knapp war der Vorsprung der beiden Spitzenreiter Club und VfB, und erst das letzte Spiel, der Rückkampf VfB – Club sollte über die Meisterschaft entscheiden. Nürnberg lag mit einem Punkt vor Stuttgart, ein Unentschieden hätte den Nürnbergern den Meistertitel gebracht. Im Neckarstadion rang unsere Elf den 1. FC mit 1:0 nieder, revanchierte sich damit für die 0:3-Vorspielniederlage und wurde der 1. Süddeutsche Meister der Nachkriegszeit, der 1. Meister der Südliga."

Die Mannschaft des VfB Stuttgart von 1945/46: Kraft, Schlienz, Luik, Richt, Schmid, Steimle, Bökle, Lehmann, Langjahr, Barufka und Läpple. Torschützenkönig der ersten Saison der obersten Liga des Südens wird Robert Schlienz. Er hat mit 45 Toren beinahe die Hälfte aller Treffer des VfB erzielt. Das bleibt einsamer Rekord. Bis 1963 schafft das kein Stürmer, die anderen, später gegründeten Oberligen in Deutschland mit einbezogen – weder einer der Walter-Brüder in Kaiserslautern noch Uwe Seeler vom Hamburger SV.

Das Finish der Mannschaften im Frühjahr 1946: VfB Stuttgart, 1. FC Nürnberg, Stuttgarter Kickers, SV Waldhof Mannheim, Schwaben Augsburg, FC Bayern München, FC Schweinfurt 05, BC Augsburg, 1860 München, FSV Frankfurt, Eintracht Frankfurt, Kickers Offenbach, Spvgg Fürth, VfR Mannheim, Phönix Karlsruhe, Karlsruher FV.

Kassel: Erster Anlauf zum Profifußball

Am 2. Januar 1946 wird der Kasseler Fußball-„Manager" „Schorsche" Heßler als „schwere Belastung für den demokratischen Wiederaufbau des Sports" aus dem dortigen Freien Volkssportverband ausgeschlossen. Er verstieß gegen die Amateurbestimmungen dieser Zeit. Danach darf ein Vereinswechsel nur realisiert werden, wenn „amtlicherseits" ein Wohnortwechsel bescheinigt wird.

Heßler strebt seit 1945 die Gründung eines Berufsfußballklubs mit Namen Rapid Kassel an, doch die Alliierten lassen das nicht zu. Nach dem Ausschluß aus dem Verband meldet er am 18. Januar einen Fußballklub Kurhessen an und erhält von der örtlichen US-Behörde hierfür die Lizenz. Neben Borussia Fulda wird die Kurhessenelf aus dem Bereich Ost- und Nordhessen in die Landesliga Großhessen aufgenommen. Gegner sind Hanau 93, Hanau 1860 oder auch Viktoria Aschaffenburg. Der VfL Hessen, der sich als Nachfahre des Traditionsvereins Kurhessen empfindet, läßt eine Erklärung in der Zeitung veröffentlichen; er moniert, daß „hier der Name des ehemaligen Sportverein Kurhessen benutzt wird, um Verwirrung zu stiften und diesen Namen für Zwecke seines Gründers dienstbar zu machen."

Schlitzohr „Schorsche" Heßler, Manager und Trainer des Klubs aus der Retorte, arbeitet 1946 schon mit modernen Methoden. Er lädt den mehrfachen Deutschen Meister Schalke 04 ins zerbombte Kassel. Seine Spieler werden als Verkäufer eingespannt. Jeder von ihnen erhält eine Rolle mit Eintrittskarten. Wer gute Umsätze hat, bekommt eine saftige Prämie, wer weniger wendig ist, schaut mit hungrigem Magen in die leere Bratröhre.

Das Abenteuer FK Kurhessen ist aber schon im Mai 1946 am Ende. Es hagelt Spielverbote, Sperren werden verhängt, Weigerungen verwirklicht, gegen den Proverein anzutreten. Die Truppe fällt auseinander. Einige Kicker schließen sich dem VfL Hessen Kassel an. Heßler bastelt weiter an dem Modell Berufsfußball. Er verläßt Kassel und siedelt nach Stuttgart über.

Unterhalb der Oberliga Süd kommt es zu chaotischen Zuständen. Auf dem Verbandstag für die bayerischen Klubs wird am 2. März 1946 beschlossen, daß alle bisherigen Ligaspiele ungültig seien und nicht be-

1947: Schalke 04 um Ernst Kuzorra vor dem Spiel in Nürnberg gegen den Club: Endstand 1:2

wertet würden. Private Veranstalter hatten eine Landesliga zusammengestellt und ließen sie spielen. Einen Monat später, am 6. April, wird vom selben Verband das Gegenteil beschlossen, alle bisherigen Spiele werden gewertet.

Bamberg: Jubiläumsspiel gegen Schalke 04 mit Hindernissen

In der Nachkriegszeit hilft der Fußball mit Benefizspielen. Aus der zerstörten Stadt Würzburg richtet der Oberbürgermeister einen Hilferuf an den FC Bamberg, er möge in seinem Stadion gegen eine Würzburger Stadtauswahl spielen. Die Einnahme wird in der alten Frankenstadt für wohltätige Zwecke gespendet, das Geld aus dem Rückspiel in Würzburg kommt dem dortigen Wiederaufbaufonds der Stadt zugute.

Trotz der wirtschaftlich schwierigen Zeit feiert der FC Bamberg 1946 sein 45jähriges Bestehen. Das altersschwache Stadion wird aufgerüstet. Die Sportler bringen dafür 50.000 Reichsmark auf. Attraktiver Geburtstagsgast soll der Lieblingsklub der Nazis und der Massen, Schalke 04, sein. Es ist aber nicht sicher, ob die Königsblauen aus dem Revier alle Widrigkeiten der Anreise in das unzerstörte Bamberg überwinden können. Die Funktionäre aus Franken schalten sogar die US-Behörden ein, um einen Omnibus für die Kicker aus dem berühmten Gelsenkirchener Vorort chartern zu können. Sollte Schalke aufgrund der umständlichen Verkehrslage nicht zum Spiel antreten können, springt Schweinfurt 05 mit seiner Elf ein, so die Abmachung. Es warten 25.000 Zuschauer auf die Königsblauen aus dem Revier. Um die Wartezeit zu überbrücken, unterhält man die Menschen auf den Rängen zunächst mit einem Handballspiel zwischen VfL München und Bamberg. Bis 16 Uhr trifft die Mannschaft um Ernst Kuzorra nicht ein. Die gutbesetzte Elf von Schweinfurt 05 zaubert vor den enttäuschten Zuschauern. Erst um zwei Uhr nachts erreichen die Kicker aus dem Kohlenpott die alte Bischofsstadt. Die Begegnung wird auf einen Werktag angesetzt, mit auswärtigen Zuschauern ist deshalb kaum zu rechnen. Obwohl es zudem noch stark regnet, kommen 12.000 Interessierte, die den alten Meister mit einem hervorragenden Hans Klodt im Tor 2:0 siegen sehen.

Bälle sind Mangelware

Wie umständlich und strapaziös eine Tour zu einem auswärtigen Gegner im Frühjahr 1946 sein kann, ist in den Annalen von Hanau 93 festgehalten: „Bald wurde auch die erste weite Reise durchgeführt. Hessen Hersfeld, ein starker Gegner im Kampf um die Gaumeisterschaft Hessen vor dem Zweiten Weltkrieg, hatte Hanau 93 eingeladen. Die Fahrt dahin war ein gewagtes Unternehmen. Ein Fahrzeug, Modell zwischen altem Bus und LKW alter Zeiten mit Holzvergaser, wurde aufgetrieben. Am Distelrasen mußte alles aussteigen und feste anpacken, damit sich das Gefährt hochstottern konnte. Mit reichlicher Verspätung begann die Vorstellung in der Lullusstadt. Die Spieler waren wie gerädert. Hersfeld schoß elf Tore. Vom Abend bis in die Frühe des Morgens gegen 6.00 Uhr währte die Heimfahrt."

Die Offenbacher Kickers verpflichten Paul Oswald zum Trainer der Oberligaelf. Zum ersten Training bringt der neue Mann den Ball mit, den er 1932 als Trainer der Frankfurter Eintracht nach dem Finale gegen Bayern München als Geschenk bekam. Sein Kommentar: „Bälle sind in dieser Zeit Mangelware." Einige Spieler haben zunächst Hemmungen, gegen dieses historische Leder zu treten. Ein Jahr nach der Wiedergründung haben die Offenbacher Kickers schon wieder 650 Mitglieder.

Nürnberg: Schweinehälften und Hausbrandkohle

Der 1. FC Nürnberg spielt wieder in der Noris, doch unter kläglichen sanitären Bedingungen. Nach dem Training kann unter einem dünnen Wasserstrahl nur notdürftig gebraust werden. Max Morlock: „Wir mußten zum Duschen einzeln eintreten."

Der Verein mit dem großen Namen unternimmt weite Reisen, um seine Auftritte lohnenswert zu machen. „Hier in der Gegend haben die Leute doch alle selbst nichts", analysiert Ex-Nationalspieler Willi Billmann die Lage. Der Club tritt deshalb in Altötting an, als Belohnung für das Spiel ist eine Sau vereinbart. Nach dem Auftritt essen und trinken die Männer aus Nürnberg kräftig, vor der Abreise verlangen sie die Aushändigung des Schweins. Die tote Sau ist in zwei Hälften zerschnitten. In Handtücher verpackt werden die beiden Teile in die Mitte des Busses gelegt, feuchtfröhlich beginnt die Heimfahrt. Und sie endet in der Gaststätte der Eltern des Kickers „Zapf" Gebhardt. Keiner der Spieler ist von Beruf Metzger. Jeder säbelt unfachlich und ungelenk an dem Fleisch herum und versucht, eine gehörige Portion abzubekommen. Die Reste der beiden Hälften sehen aus, als sei das Tier von einem Traktor ins Jenseits geschleift worden.

Über den Spieler Stephan von Schwarz-Weiß Essen wird ein Gastspiel der Nürnberger in der Ruhrmetropole vereinbart – als Lohn erhalten die Franken einen Waggon Kohlen. Korrekt liefert Essen die Hausbrandkohlen zu einem lokalen Händler in Nürnberg, jeder Spieler bekommt 20 Zentner ins Haus. Es sind riesige Brocken dabei, einige wiegen fast einen Zentner. Mit der Hacke müssen die Nürnberger das schwarze Gold von der Ruhr ofenklein machen. „Und der Händler hat auch noch dabei seinen Schnitt gemacht", meint Willi Billmann rückblickend.

Das Fußballspiel prägt das Eheleben des Friedrich Dorsch von Eintracht Nürnberg. Bei Heimspielen wird zu Hause zwischen zehn und elf Uhr „zu Mittag gegessen". Der Frau ist es recht. „Dann habe ich mehr vom Sonntag." Zu den Auswärtsspielen seiner Mannschaft nimmt Dorsch „wie ein Arbeiter in die Fabrik" einen kleinen „Essenkübel" mit auf die beschwerliche Tour. An der Sammelstelle sind die Spieler an ihren Henkelmännern zu erkennen. Versuche, Spiele zu manipulieren, gibt es auch. Denn erst kommt das Fressen, dann die Moral. Hintermänner der TSV Burgthann bieten den Cracks von Eintracht Nürnberg eine halbe Sau, wenn sie sich schlagen lassen. Kicker Friedrich Dorsch ist mißtrauisch. Die müsse bis zur Halbzeit geliefert werden, sonst werde normal gespielt, droht er. Während der ersten 45 Minuten schauen die Nürnberger wiederholt auf ihre Begleiter an den Seitenlinien. Die heben ständig die Schultern. Burgthanns Funktionäre erklären, sie wüßten auch nicht, warum die halbe Schweineleiche noch nicht herange-

1. FC Nürnberg, Januar 1946: Billmann, Knoll, Kennemann, Uebelein I, Morlock, Gebhardt, Uebelein II, Herbolzheimer, Lindner, Uebelein III, Pöschl (knieend von links)

schafft sei. Beim Wiederanpfiff zur zweiten Halbzeit liegt das halbierte tote Tier nicht am Platz. „Da haben wir denen die Bude vollgehauen", erinnert sich Mittäter Friedrich Dorsch.

Das „große Schwabentrio" aus Augsburg, Lehner, Lechner, Dziarstrek, wird in der lizenzierten Presse der Nachkriegszeit über den Klee gelobt. Am 24. März 1946 treffen in Stuttgart Süddeutschland und Westdeutschland aufeinander. Augsburgs Lehner ist Rechtsaußen der Süddeutschen Auswahl, und der junge Fritz Walter kickt als Halblinker. Die Westdeutschen sind mit wenigen Ausnahmen nur Schalker, Szepan und Kuzorra die bekanntesten. „Lehner zeigte Kabinettstückchen, die, wie es in der Presse hieß, das Publikum zu Beifall auf offener Szene hinrissen", vermerkt eine Festschrift von Schwaben Augsburg. Süddeutschland schlägt Westdeutschland 3:0. Das Rückspiel am 30. Juni 1946 in Köln kann die Südauswahl nach dramatischem Kampf mit 4:3 für sich entscheiden. Der

Augsburger Lechner erzielt beim Stande von 3:3 das 4:3.

Im August feiern die Ulmer Bürger das 100. Stiftungsfest ihres ältesten Vereins mit einigen Sportveranstaltungen. Prominente Fußballklubs der Zeit sind eingeladen: Der 1. FC Nürnberg und Schwaben Augsburg. Rund 1.000 Mitwirkende werden bei dem Sportfest gezählt. Zu dem Leichtathletikvergleich zwischen Ulm 1846, VfL Heidenheim, Stuttgarter Kickers und 1860 München kommen über 2.500 Zuschauer ins Stadion. Die erste Fußballmannschaft wird Meister der Landesliga und schafft damit den begehrten Aufstieg in die Oberliga Süd.

Der Aufstieg von Ulm 1846 schwächt den SSV Ulm, denn einige Leistungsträger aus der Landesligaelf des Unterlegenen wechseln zu dem lokalen Oberligisten. Die beiden Rivalen treffen sich noch einmal zu einem Jubiläumsspiel anläßlich des 100. Wiegenfestes der 46er, das SSV Ulm knapp mit 2:3 verliert.

Auch der 1. FC Pforzheim begeht ein Fest: 50 Jahre wird er 1946 alt. Die Jubiläumsfeier findet auf dem Hoheneck statt, im einzigen Lokal, das die Zerstörung der Stadt an der Enz überstanden hat. Der Verein hat schon wieder 300 Mitglieder, darunter 130 Jugendliche. Aber enttäuscht sind die Pforzheimer, weil alle Versuche, als Traditionsverein in die Oberliga Süd aufgenommen zu werden, scheitern. „Die Gründe für die Nichtaufnahme waren keineswegs idealer Natur und hingen mit der totalen Zerstörung Pforzheims und dem dadurch bedingten Bevölkerungs- und vermeintlichen Zuschauerrückgang zusammen. Er wird der Landesliga Gruppe Süd zugeteilt, in der außer Germania Brötzingen … kein ehemaliger Spitzenclub, aber viele Landvereine seine Gegner sind. So zieht der Club wieder einmal auf die Dörfer."

Großstadtvereine wieder attraktiver

Spitzenvereine beginnen in diesem Jahr schon wieder, gute Spieler zu ziehen, wie die Chronik von Hanau 93 bemerkt: „Waren es 1945 Landvereine, die Fußballer aus den Städten verlockend anzogen, so hat sich dies ins Umgekehrte gewandelt, indem jetzt Großvereine ihre Netze auswerfen und wertvolle Fische ans Fußball-Land ziehen."

Nicht einmal der Ostsektor von Berlin ist reizlos – grau ist es überall noch in den Städten. Der Spieler Richard Strehlow verläßt gut gesättigt 1946 nach einem Jahr die Dorfmannschaft im bayerischen Alburg und kommt zurück zur „Eisernen" Union Oberschöneweide. Die hat ihre Heimat im sowjetischen Sektor. Seine Heimatelf steht in Berlin vor einem großen Durchmarsch.

Für die Fußballinteressierten ist der 6. November 1946 ein wichtiger Tag – in Nürnberg erscheint die Zeitschrift „Sport" als Ersatz für den „Kicker", der nach den Kontrollratsgesetzen zunächst nicht erscheinen darf. Der Fußball spielt in der Berichterstattung eine dominierende Rolle. Die Zeitschrift wird – aufgrund einer Intervention der in Zürich erscheinenden „Sport" – später in „Sportmagazin" umbenannt. Die erste Ausgabe des „Kicker" liegt am 22. November 1951 in den Verkaufsstellen.

Spielzeit 1946/47: Fußball im Hungerwinter

Das Spieljahr 1946/47, bald schon von den Journalisten wegen der vielen Teilnehmer als das mit einer Mammutliga bezeichnet, läßt den 1. FC Nürnberg zum neuen Stern des Südens werden. Mit einem Vorsprung von 13 Punkten wird er am Ende die 19 anderen Mannschaften fast deklassieren. Auch der Vorjahressieger VfB Stuttgart kann dem Club in diesem kältesten Hungerwinter seit Menschengedenken nicht auf den Fersen bleiben. Die Rotweißen aus Stuttgart verlieren in dieser Saison ihren Läufer Karl Barufka, denn „Kalli" verlegt im November 1946 aus beruflichen Gründen seinen Wohnsitz in das zerbombte Pforzheim. Fahrten von Pforzheim nach Stuttgart zum Training oder zu Spielen sind angesichts der miserablen Verkehrslage 1946 nicht möglich.

Angepfiffen wird die zweite Saison der Oberliga Süd mit ihren 20 Mannschaften am 22. September 1946; in zwei vorgezogenen Spielen begegnen sich der FC Bamberg und der Karlsruher FV (2:0) sowie 1860 München und der Altmeister Spvgg Fürth (2:1). Immer noch bringen die dünnen Tageszeitungen selten Spielberichte oder die Aufstellungen der Mannschaften.

Aufsteiger FC Bamberg ist im besten Mannesalter – im 45. Jahr seines Bestehens gehört er zur süddeutschen Elite. Der Neuling hat sich intensiv vorbereitet, mit Spielen gegen den Duisburger Spielverein und die Spvgg Fürth. Die Eröffnung eines neuen Platzes des 1. FC Stadtsteinach nutzt der neue Oberligist nicht nur zu einem Gastspiel, die Mannschaft bleibt gleich zwei Tage in dem Frankenwaldstädtchen und futtert sich gut durch. Zwar startet der FC Bamberg großartig mit vier Siegen in Folge, doch die Strapazen der umständlichen Reisen und die schlechte Ernährungslage holen die Elf rasch in den Alltag der Oberliga zurück. So dauert etwa die Reise zum Oberligaspiel nach Karlsruhe im Autobus 31 Stunden.

Waldhof Mannheim verzeichnet für die Saison einen lokalen Zuschauerboom. Schon beim Auftaktspiel am 29. September 1946 gegen FSV Frankfurt kommen 10.000 Zuschauer. Gegen 1860 München sind es 17.000, Schwaben Augsburg und der VfB Stuttgart locken jeweils 14.000 Fans in das Waldhof-Stadion. Einen Saisonrekord gibt es wieder beim Gastspiel des 1. FC Nürnberg – es sind am 20. Oktober 1946 über 22.000. Im April desselben Jahres waren es jedoch erheblich mehr, die diese beiden Mannschaften sehen wollten. An die Waldhöfer erinnert sich Jahrzehnte später der Verteidiger des früheren Deutschen Meisters aus Nürnberg, Willi Billmann, gar nicht gern. „Wenn ich über die Spiele der alten Oberliga Süd nachdenke, dann sind mir eigentlich alle gegen Waldhof als schlimm im Gedächtnis geblieben. Obwohl wir ansonsten immer in feinen Hotels übernachteten, schliefen wir aus Tradition bei unseren Begegnungen gegen Waldhof stets in Privatunterkünften.

Trotzdem ging es anschließend immer hart zur Sache. Da war alles so verbissen. Das war schlimmer als unsere Kämpfe gegen Schalke 04. Da ging es jeweils immer um was, doch in Waldhof war es stets um viele Grade verbissener. Nach einem Oberligaspiel kam es zu einer Prügelei zwischen Zuschauern und Spielern, das war einfach fürchterlich. Da haben uns ehemalige estländische Soldaten, die nach dem Krieg nicht mehr in ihre Heimat zurück konnten, in Waldhof vor den Zuschauern gerettet. Völlig anders war es beim VfL Neckarau. Der Verein war hervorragend geführt. Nach dem Meisterschaftsspiel in der Oberliga erhielt jeder Spieler von uns einen Aschenbecher geschenkt. Das war ja in dieser Zeit der Not was."

Auch Max Morlock erinnert sich 41 Jahre später an die Gastspiele in Waldhof. „Bei denen machte unser Rechtsaußen Herbolzheimer die Quartiere." Waldhofs Buben erweisen sich in dieser kargen Zeit als großzügige Gastgeber. Die in Privatquartieren untergebrachten Franken werden mit badischem Wein verwöhnt – mit mehr als jeder einzelne Spieler vertragen kann. „So was sind wir unserer Gegend nicht gewöhnt gewesen", sagt Max Morlock 1989. War die großzügige Weingabe der Waldhöfer eine unsportliche List? Am Tag darauf siegen die verkaterten Nürnberger dennoch vor 22.000 Zuschauern mit 1:8. „Nie mehr gebe ich euch vorher Wein zu trinken", faucht ein Gastgeber nach dem Spiel am 20. Oktober 1946 die Franken an.

Südmeister VfB Stuttgart bleibt in dieser Saison zunächst dem Altmeister aus der Noris auf den Fersen. Doch eine „etwas leichtfertige Heimniederlage gegen die Augsburger Schwaben" (Stuttgarter Vereinsschrift) wirft die Württemberger zurück. Am 5. Januar 1947 kommt es zur Begegnung der Hinserie zwischen dem VfB und dem Club. Es ist eisig kalt. Die Spielfläche des Stuttgarter Neckarstadions gleicht einem Eisparkett. Schlittschuhläufer hätten mehr Chancen als Kicker. Das Match wird aber trotzdem angepfiffen. Der Altmeister besiegt den Neumeister mit 1:2. „Ohne Brecher und Vollstrecker erstarb der Angriff der Rotweißen in Schönheit. Bökle und Binkert jonglierten mit ihren technischen Künsten so umständlich, daß sie selten zum Schuß kamen." So ein Chronist. Die Statistiker halten fest: 32.000 Zuschauer; Torschützen: 0:1 Herbolzheimer in der 47. Minute, 1:1 Bökle in der 78. Minute; schon 120 Sekunden später, in der 80. Minute, schießt wiederum Herbolzheimer den Club mit 1:2 in Führung.

Der Tabellenführer der Hinserie, die üblicherweise vor Jahresschluß endet, trägt den inoffiziellen Titel des Herbstmeisters. In diesen Aufbaujahren gelingt es den Organisatoren der Punktspielrunde aber nicht, termingerecht abpfeifen zu lassen. Daraus ergibt sich das Kuriosum, daß der sogenannte Herbst- oder auch Halbzeitmeister erst nach dem Jahreswechsel ermittelt wird. „Herbstmeister" 1946 ist am 2. Februar 1947 der 1. FC Nürnberg mit einem Vorsprung von sechs Punkten vor 1860 München, danach rangieren Schwaben Augsburg, VfB Stuttgart und Eintracht Frankfurt.

Ohne Pause geht es schon am 9. Februar in die Rückrunde. Im Hungerjahr 1947 eilen die Nürnberger den anderen davon. Vorjahresmeister VfB Stuttgart verliert auch das zweite Duell gegen die Männer um Max Morlock glatt mit 3:0. 38 Spiele je Mannschaft in dieser Mammutliga verlangen den Aktiven eine besondere Energieleistung ab. Der Schlußpfiff der zweiten Saison der Oberliga Süd erfolgt am 19. Juli 1947 mit zwei Nachholspielen. Am Ende heißt es:

1. FC Nürnberg, Waldhof Mannheim, Eintracht Frankfurt, 1860 München, Kickers Offenbach, VfB Stuttgart, Kickers Stuttgart, Schwaben Augsburg, FC Schweinfurt 05, Spvgg Fürth, Bayern München, VfR Mannheim, Ulm 46, FSV Frankfurt, Viktoria Aschaffenburg, VfL Neckarau, BC Augsburg, FC Bamberg, Karlsruher FV, Phönix Karlsruhe.

„Fußball in aller Munde"

Wahrscheinlich diktiert die schlechte Ernährungslage auch die Ausdrucksweise. Bei Ulm 1846, dem Süddeutschen Oberligisten, wird festgehalten: „Fußball in aller Munde". Die Elf hat als Aufsteiger den 13. von 20 Plätzen erringen können.

Am 1. Juni 1947 treffen in der „Grünen Au" der FC Bayern Hof und Wacker München vor 10.000 Zuschauern aufeinander. Es ist ein Aufstiegsspiel für die dominierende Oberliga Süd. Die Gäste aus München „brillieren mit einer ausgefeilten Technik, decken messerscharf und sind zielstrebiger und schneller" (Hofer Chronik), sie siegen 3:4.

Beim Rückspiel in München strömen wiederum 10.000 Menschen ins Stadion. Wacker schlägt Bayern Hof jetzt klar mit 4:0. Der Münchner Traditionsklub ist wieder ganz oben. Hofs Mann der ersten Stunde, der Trainer Willy Schäfer, bekommt ein Angebot von Deutschlands populärstem Klub: Schalke 04.

Das Fellbacher Spielsystem

Erneut tagen die Vertreter der Oberligaklubs im Juli 1947 in der „Krone" in Fellbach, um über die Zukunft nachzudenken. Acht Stunden diskutieren und beraten die Fußballfunktionäre; sie beschließen trotz der Einwände gegen die Größe der Oberliga durch eine Abstimmung mit 11 gegen 9 Stimmen, in der kommenden Saison 1947/48 wieder mit 20 Vereinen zu starten. Es wird aber auch beschlossen, daß nach Beendigung des Spieljahres 1947/48 sechs Vereine ab- und zwei aufsteigen werden, um die Oberliga Süd auf 16 Teilnehmer zu reduzieren. Dieser Beschluß des Massenabstiegs geht in die Lederballhistorie ein unter dem Begriff „Fellbacher Spielsystem".

Während der leidenschaftlichen Diskussion bei dünner Suppe verlangen die Absteiger Bamberg, BC Augsburg sowie Phönix Karlsruhe und der Karlsruher FV, die beiden großen Traditionsklubs des Südens, zwischen der Ober- und der Landesliga eine II. Division einzuführen. Der Antrag wird abgelehnt.

Der Versuch des Ballfunktionärs Ernst Sackmann, in Süddeutschland eine Runde von Berufskickern ausspielen zu lassen, scheitert an dem Einspruch der Vereinsvertreter, aber auch der staatlichen und kommunalen Behörden. Um den Befürwortern des Profifußballs das Wasser abzugraben, gründen die Oberligavertreter in Fellbach einen Berufsspieler-Ausschuß. Vorsitzender und federführender Mann wird Curt Müller vom VfB Stuttgart. Wenige Tage nach der Tagung in der „Krone" von Fellbach legt Müller ein Statut für Vertragsspieler vor. Es soll die Bezahlung der Cracks in Grenzen halten und der Vielzahl der Amateurvereine einen gewissen Schutz geben. Es gibt viele Einwände gegen die Idee des „Vaters des Vertragsspielerstatuts", doch sie setzt sich – zunächst im Süden – durch.

Max Morlock 1950

Kaufbeuren: Eckfahne bricht beim Elfmeter

Im Raum Kaufbeuren erblickt ein Verein das Licht der Fußballwelt, dessen Vorläufer 1919 in Gablonz, in der Tschechoslowakei, gegründet wurde. Der Ball-Spiel-Klub (BSK) Gablonz spielte seit 1920 sehr erfolgreich im Deutschen Fußballverband der damaligen CSR. Im Jahr 1946 wurde die deutschstämmige Bevölkerung aus Gablonz ausgewiesen. Es soll die größte lokale Vertreibung nach dem Zweiten Weltkrieg gewesen sein. Tausende von Gablonzern lassen sich bei Kaufbeuren nieder. In einer ehemaligen Munitionsfabrik beginnen sie im selben Jahr, wie zu Hause an der Neiße Schmuck herzustellen und Glas zu blasen. Unter den Ausgewiesenen befinden sich viele Fußballspieler, die sich den hier ansässigen Vereinen anschließen. Doch 1947 wollen einige der Männer einen eigenen Verein. Der TSV Olympia Kaufbeuren kommt den „heimatlosen" Balltretern entgegen. So wird, extra für die Gablonzer, während einer Sitzung im „Hofbräuhaus" eine Fußballabteilung gegründet. Die Gablonzer in Kaufbeuren sind arm. Sie haben keinen eigenen Sportplatz, keine Kluften und Fußballstiefel. Zu den Auswärtsbegegnungen hecheln die Kicker und ihre wenigen Anhänger auf klapprigen Fahrrädern. Das erste Spiel bestreiten die ehemaligen Fußballer des BSK Gablonz im bayerischen Blonhofen. Sie radeln mit nur sieben gemeldeten Spielern zum Gegner, siegen aber dort mit 1:4.

Beim ersten „Heimspiel" der Gablonzer in Kaufbeuren auf dem Sportplatz in der Jordananlage stellt sich nach kurzer Spielzeit heraus, daß die Torstangen angesägt sind. Ist die Feindschaft einiger Einheimischer der Grund?

Ihren Fußballstart beginnen sie in der untersten Klasse. Hier kommt es zu einem in der Fußballgeschichte wohl einmaligen Ereignis: Bei einem Elfmeter trifft ein Ex-Gablonzer als Spieler des TSV Olympia Kaufbeuren die Eckfahne so heftig, daß sie abbricht. Augenzeuge ist Peter J. Kindler. Genau 42 Jahre nach dem Ereignis ist er für die SPD Mitglied des Stadtrates von Kaufbeuren. „Es war so, wie wir es in einer Festschrift festgehalten haben. Der gegnerische Torwart stand völlig bewegungslos in seinem Kasten und starrte den Schützen an." Und dann relativierend: „Das waren 1947 noch kleine Behelfsplätze. Die waren nicht so breit, und die Eckfahne stand nicht so weit ab vom Tor."

Drei Jahre, bis 1950, spielen viele der Vertriebenen bei Olympia Kaufbeuren, andere in der Gablonzer Sport-Gemeinschaft (GSG). Die GSG löst ihre Sparte Fußball auf, und am 21. Oktober 1950 wird dann ausgerechnet im Gasthaus „Zur Wahrheit" der Nachfolger des Ball-Spiel-Klubs Gablonz in Bayern neu gegründet. Die Kicker von Olympia Kaufbeuren schließen sich dem neuen alten Verein an. So erhält er den Titel BSK Olympia Neugablonz. In Bayern gibt es einen Fußballverein, der seine ursprüngliche Heimat im Sudetendeutschen Fußballverband hat.

In Bingen kommt es 1947 zu einem Vergleich, der ein Jahr später eine offizielle Neuauflage erhält – als Endspiel um die erste „Deutsche" nach dem Krieg. An der Mündung der Nahe in den Rhein treffen sich auf der Anlage von Hassia Bingen der 1. FC Nürnberg und der 1. FC Kaiserslautern zu einem Freundschaftsmatch. Die Spieler beider Mannschaften sind privat bei Familien in Bingen untergebracht. Einige schlafen auf Vorkriegssofas, andere in den Betten Bingener Bürger, die ihre für die Cracks freigemacht haben. Es kommt am Vorabend der Auseinandersetzung zu einem exzessiven Umtrunk, an dem beide Teams aktiv beteiligt sind. „Kaiserslautern war für unsere Begriffe noch nicht so stark. Wir schlugen die glatt mit 3:0", sagt der Nürnberger Verteidiger Willi Billmann 1989 in der Rückerinnerung.

Die Stadt München beginnt mit dem Wiederaufbau des Stadions an der Grünwalder Straße. Zum FC Bayern kehrt im Sommer 1947 ein Mann zurück, der dem Klub in der Weimarer Republik ein modernes Gesicht gab – Kurt Landauer. Von Januar 1919 bis 1933 prägte er ihn. Aus „rassenpolitischen" Gründen floh Landauer 1933 vor den Nazis in die Schweiz. Nach seiner Rückkehr aus der Emigration übernimmt er wieder die Kommandobrücke – ab dem 19. August 1947 ist er erneut der Vorsitzende.

Spielzeit 1947/48: Vereinswechsel werden häufiger

Am 6. und 7. September 1947, nach einer sehr kurzen Sommerpause, geht es in die zweite, aber auch gleichzeitig letzte Mammutrunde der Oberliga Süd mit insgesamt 38 Ligaspielen pro Elf.

Bei 1860 München beginnt ein Westfußballer, „Jupp" Lammers von Preußen Münster, Bocholter von Hause aus, seine Saison in der Eliteliga. Er wird Vertragsspieler bei den Löwen. „Da waren viele starke Gegner“, erinnert er sich über 40 Jahre später: „Fürth war stark, der Club aus Nürnberg und der VfR Mannheim. Bei Ulm spielte Toni Turek im Tor, der später als Düsseldorfer Weltmeister wurde. Wir reisten 1947/48 hauptsächlich noch mit der Bahn zu Auswärtsspielen. Grundsätzlich in den Frankfurter Raum, Stuttgart sowieso. Wenn es nach Augsburg ging, dann fuhren wir mit dem Bus. Ich erinnere mich an einen Fight beim VfL Neckarau in Mannheim. Da hat der Rundfunkreporter Ludwig Maibohm eine Reportage gemacht. Die Mannheimer verloren zwei Spieler durch Platzverweis. Den Anhängern des VfL Neckarau schien der Bericht von Maibohm zu schlecht, so daß sie ihn nachher angegriffen haben. Die haben aber unseren Obmann mit dem verwechselt. So bekam der Obmann von 1860 die Schläge für einen Sportreporter. Neckarau galt als ein heißes Pflaster. Wegen der Prügel für den Falschen kamen wir erst Stunden später dort weg und waren erst morgens um fünf Uhr in München. Wenn wir so früh am Bahnhof einliefen, ging es per Fahrrad nach Hause in die Wohnung, die Straßenbahn fuhr noch nicht so früh.

1860 war 1947/48 ein korrekt geführter Verein. So erinnere ich mich, daß wir bei einem Naturalienspiel in Saarbrücken Schuhe mit Kreppsohlen bekamen. Nicht direkt nach dem Spiel. Als ich dann bei 1860 aufgehört hatte, schickte der Verein mir noch Wochen später die Schuhe nach, die stünden mir zu. Ein Mannschaftsfoto mit Widmungen war auch noch dabei.

Besonders spannend waren die Lokalkämpfe in München. Die waren damals jeweils ausverkauft. Das Stadion an der Grünwalder Straße war die Hauptkampfbahn in der Stadt. Wenn wir um drei Uhr sonntags spielten, war das Stadion um elf schon voll. Aber auch wenn Nürnberg kam, war die Bude grundsätzlich voll.

Jeder Spieler mußte zu der Zeit einen Beruf haben. Ich bin in Münster von der Uni einfach abgehauen an die Isar, ohne groß etwas zu sagen. Ich hatte inzwischen bei 1860 einen Stammplatz und bemühte mich um eine Immatrikulation an der dortigen Uni. Es war für einen Preußen in dieser Zeit jedoch nicht möglich, in München an der Universität zugelassen zu werden. Der Verein hatte Beziehungen. Mit Geld war nichts zu machen, Geld gab es genug, aber keine Waren dafür. Die Sechziger versuchten mich irgendwie an die Uni zu bringen. Da warnte mich einer von Bayern München, die paßten genau auf, was der andere Verein mache. Die Bayern würden dazwischenfunken, wenn 1860 der Coup gelingen sollte. Wenige Tage nach der Warnung von Bayern war der Verwalter der Uni plötzlich wegen Schiebereien verhaftet. Der hatte genehmigt, daß ich Gasthörer sein konnte. Für einen Fußballer ging der Beruf vor, ich sagte mir, du mußt wieder zurück nach Münster. In der Westfalenmetropole war ich aber inzwischen exmatrikuliert. Tausende warteten dort auf einen Studienplatz. Aber innerhalb von 14 Tagen hatte ein Rechtsanwalt aus dem Vorstand Preußen Münsters mit dem Dekan der philosophischen Fakultät das Ding gedreht, ich kam wieder auf die Uni, erhielt ein Zimmer, einen Eßplatz im Lokal mittags und abends und ein Fahrrad.“

Wacker München ist erstmals Mitglied des süddeutschen Fußballadels. Bei der Gründung 1945 wurde, davon sind Wacker-Funktionäre fest überzeugt, ihre Aufnahme in die Oberliga von den örtlichen Neidern 1860 und Bayern hintertrieben. Die „Blausterne“ von Wacker haben sich auf die neue Saison intensiv vorbereitet. Sie beteiligten sich an einem Turnier in Berlin und wurden gegen Hertha und Prenzlauer Berg Sieger. Zur Eröffnung kommt nun der Nürnberger Club in das Stadion an der Grünwalder Straße. „Nur der Wacker-Kassierer strahlte“, heißt es in einer Festschrift. Der Altmeister schlägt den anderen bayerischen Traditionsklub, Wacker, an der Isar mit 1:6. Auch in der 20er-Liga ist die Luft dünn.

In der Tabelle des ersten Spieltages der Saison 1947/48 wird der Club an der Spitze geführt, Wacker ist hinter dem VfB Mühlburg aus Karlsruhe Letzter.

„Erstmals mußte das Waldhof-Stadion polizeilich gesperrt werden, als am 20. September 1947 etwa 20.000 Zuschauer das Schlagerspiel gegen den Altmeister 1. FC Nürnberg miterleben wollten. … Unentschieden gegen den VfR Mannheim im jeweils ausverkauften Waldhof-Stadion“. So die Chronik des Vereins.

Der dritte Mannheimer Verein in der Oberliga, der VfR Neckarau, hinterläßt beim Kapitän des Clubs, Max Morlock, keine guten Erinnerungen. 1989 sagt er: „Das war ein gefährliches Pflaster, und das Publikum war unheimlich fanatisch.“ Vereinskamerad Willi Billmann im selben Jahr ebenfalls über den VfR Neckarau: „Das war ein vorbildlich geführter Verein.“

In der Schwabenmetropole Stuttgart star-

Spvgg Fürth, Süddeutscher Fußballmeister 1949/50: Goth, Vorläufer, Frosch, Helbig, Schade, Sieber, Nöth, Hoffmann, Plawky, Appis, Brenzke, Göttinger (von links)

ten die Blauen aus Degerloch furios und belegen bis zum 6. Spieltag die Tabellenspitze. Der Club aus Nürnberg kommt schwerer aus den Startlöchern. Da sich die Verkehrsverhältnisse etwas gebessert haben, kehrt Anfang November 1947, „Kalli" Barufka von Pforzheim zum VfB Stuttgart zurück. Er spielt nun im Sturm halblinks. Bei seinem ersten Einsatz schießt er eines der vier Tore gegen die Fürther Kleeblättler. Dieser 4:0-Triumph ist der erste Auswärtssieg des VfB Stuttgart in der neuen Saison.

Ernst Lehner, die legendäre Spielerpersönlichkeit von Schwaben Augsburg, trägt beim Anpfiff der Saison 1947/48 nach vielen erfolgreichen Jahren nicht mehr das violette Trikot – er ist nach Aschaffenburg „abgewandert". Magnet für die Kassierer der verhältnismäßig wertlosen Reichsmark ist der Club. So verzeichnet Schwaben Augsburg bei dem Meisterschaftsspiel zu Hause gegen den 1. FC Nürnberg mit 23.000 Zuschauern einen Vereinsrekord. Da Nürnberg am Ende der Saison Deutscher Meister wird – wie auch 1920, jeweils der erste nach dem Krieg – werden Punktgewinne gegen diese Elf in den Chroniken der Vereine besonders hervorgehoben. Daß Schwaben Augsburg in der Saison 1947/48 als einzige Elf zweimal Unentschieden gegen den 1. FC Nürnberg spielt (1:1 und 0:0), wird stolz in die Annalen des Vereins eingetragen.

Die im Vergleich zu Nürnberg nicht mehr so berühmte Truppe der Spielvereinigung Fürth hat bei Heimrecht Schwierigkeiten mit Schwaben Augsburg – wieder verlieren die Fürther am Ronhof mit 3:4 torreich. Das Verhältnis dieser beiden Klubs ist geschichtsträchtig: Als der MTV Augsburg, der Vorläufer der Schwaben, 1907 seine eigene Spielanlage am „Galgental" eröffnete, lud man die Spielvereinigung Fürth als ersten Gast ein. Der bei Schalke und Dortmund so erfolgreiche „Bumbas" Schmidt trainiert die Schwaben.

Trainer des VfB Stuttgart wird zu Beginn dieser Saison Georg Wurzer, der nach dem Krieg die Elf von Ulm 46 zum Aufsteiger machte. Er steht vor erfolgreichen Jahren beim VfB. Als Neuzugänge – Vereinswechsel sind nun häufiger, auch während der laufenden Saison – werden Stopper Herberger vom Karlsruher FV gemeldet sowie als Außenstürmer der Spieler Juert, den der Trainer von Ulm mit an den Neckar bringt. Dazu kommt das Jungtalent Erich Retter, der, wie es in einer Chronik des VfB Stuttgart heißt, „in Plüderhosen" entdeckt wurde.

Die beiden sehr gut besuchten Lokalduelle gegen die Stuttgarter Kickers in der Saison 1947/48 gewinnt der VfB – einmal 3:4 und dann 1:0. Robert Schlienz vom VfB und Edmund Conen von den Stuttgarter Kickers sind bei Halbzeit der Saison mit je 16 Treffern die Torschützenkönige. Vom VfB Stuttgart kehrt Stopper Feth in die heimatlichen Gefilde zurück und spielt ab März 1948 beim VfL Neckarau in Mannheim.

„Herbstmeister" 1947 wird am 1. Februar 1948 der 1. FC Nürnberg vor Bayern München. Torschützenkönige sind zur Halbzeit Conen von den Stuttgarter Kickers und Schlienz vom Nachbarn VfB mit jeweils 16 Treffern.

Auch bei Duellen gegen den Abstieg strömen die Fans in die Arenen. Unten krebsen der mehrfache Deutsche Meister Spvgg Fürth und Münchens Nummer drei, Wakker. Am 13. Januar 1948 sehen 18.000 Zuschauer das Abstiegsduell zwischen Wakker München und Fürth. Die Landeshauptstädter siegen 4:0.

Der Ausklang der Spielzeit 1947/48 ist für Altmeister Spielvereinigung Fürth handfest und schrill. Über das Spiel gegen den Abstieg beim badischen Vertreter VfB Mühlburg (Karlsruhe) vom 13. Juni 1948 schreiben die „Nürnberger Nachrichten" am 16. des Monats: „Als Mühlburg nach der von Fürth vorher erzielten 2:0-Führung das Anschlußtor errungen hat, dringen im Verlauf der zweiten Halbzeit wiederholt Zuschauer in das Spielfeld ein. Sie würgen und drosseln bei diesen Gelegenheiten den Schiedsrichter Eberle (Stuttgart), der nicht den Mut findet, durch Abbruch des Treffens die Konsequenzen zu ziehen. Hoffmann wird von vier Zuschauern, darunter zwei Ordnungsleuten (!), während des Spiels niedergeschlagen, Niemann durch Steinwürfe in seiner Torhüterarbeit beeinträchtigt, wobei u.a. der Ausgleich fällt. Das Siegestor wird zwei Minuten nach Ablauf der Spielzeit erzielt. Nach dem Schlußpfiff schlägt die auf das Feld stürmende Menge auf Fürther Spieler und Schiedsrichter Eberle ein, der unter Schutz des Überfallkommandos ins Krankenhaus gebracht werden muß. – Einen Kommentar zu diesem Skandal ersparen wir uns, bis die Spruchbehörde der Oberliga zu den Vorkommnissen Stellung genommen hat."

Drei Tage später, am 19. Juni 1948, berichtet dasselbe Blatt: „Im überfüllten Geismannsaal und vor Tausenden weiterer Zuhörer auf der Straße, über Rundfunkwagen, nahm vorgestern abend die Leitung der Spielvereinigung Fürth öffentlich Stellung zu den Mühlburger Vorkommnissen. Nach Schilderung der Einzelheiten durch Spielausschußmitglieder und den Mannschaftskapitän Heiner Popp nahm die Versammlung, im Beisein von Oberbürgermeister Dr. Hans Bornkessel, zwei Resolutionen an die Süddeutsche Oberliga an, in denen schärfste Vorkehrungen gegen Wiederholungen eines solchen Skandals gefordert werden." Weiter heißt es: „Laut Meldung der Nachrichtenagentur DENA teilte der VfB Mühlburg mit, es sei unbegreiflich, daß Fürth solch sinnentstellende und unwahre Dinge der Presse habe übergeben können. Terroristische Eingriffe würden abgelehnt werden. Verletzungen Fürther Spieler seien ohne Zutun Außenstehender erfolgt. Und Spielleiter Eberle sei nicht ins

Krankenhaus gebracht, sondern unter Polizeischutz zum Bahnhof geleitet worden, wo er Mühlburg seinen Dank ausgesprochen habe."

Der zuständige Ausschuß der Oberliga Süd verwirft später den Fürther Einspruch. Der geschichtsträchtige Verein muß die oberste Klasse verlassen. An diesem Wochenende ist der Streit der Fürther mit den Mühlburgern jedoch nur von lokaler Bedeutung, denn am 20. Juni bekommt jeder Bürger 40 nagelneue Mark ausbezahlt.

Im März 1948 kommt es in der Oberliga Süd zu einem Lokalkampf zwischen den seit Monaten sieglosen Sportfreunden Stuttgart und den Stuttgarter Kickers, die den erfolgreichsten Sturm der Liga ins Feld schicken. Die Sportfreunde haben sogar auf ihr Heimrecht verzichtet. Auf dem Papier ist der Sieg der Kickers eine ausgemachte Sache. Doch ein Fußballspiel läßt sich nicht vorher ausrechnen. Die Blauen aus Degerloch sind so überlegen, daß ihr Torwart Helmut Jahn meist an der Mittellinie des Feldes steht. Endergebnis: Die Sportfreunde Stuttgart kommen nur dreimal vor das Tor der Kickers und siegen trotz des verkauften Heimrechts 0:3. Diese Niederlage und die Siege des VfB Stuttgart über die Kickers kosten am Ende die Meisterschaft, obwohl die Blauen mit 113 Treffern einen absoluten Oberligarekord aufstellen. Dennoch müssen die Stuttgarter Sportfreunde am Ende der Saison absteigen, so daß nur noch zwei Vereine aus der Schwabenmetropole in der höchsten Liga verbleiben.

Im letzten Spiel der Saison schießt Robert Schlienz drei Tore und überflügelt damit um eines den bisher führenden Max Morlock vom Club. Mit 31 Treffern wird er Torschützenkönig des Südens. Über ihn schreibt 1989 in dem Buch „Der VfB Stuttgart" der berühmte Sportautor Hans Blickensdörfer: „Wie ein Spürhund hat er das Tor gerochen, und wenn er aus fünf Chancen nicht drei Tore machte, hatte er seinen schlechten Tag, was allerdings höchst selten passierte. ... Er war im Strafraum des Gegners eine noch größere Gefahr als Uwe Seeler und Gerd Müller." Der Torwart des VfB Stuttgart, „Gummi-Schmid" genannt, stand bei allen 38 Spielen im Tor und ließ nie mehr als drei Treffer zu.

Die ganze Saison über hieß es auf den Plätzen der Oberliga Süd: Erbarmen, die Kickers kommen. Am Ende der Spielzeit 1947/48 stehen die Blauen aus Degerloch mit 113 Treffern im Buch der Rekorde. Der legendäre Sturm mit über 100 Treffern geht nicht nur in die Annalen des Vereins ein, auch in die Sportgeschichte. Trotz des Triumphes stehen die Blauen am Ende mit langen Gesichtern in Stuttgart-Degerloch: Hinter dem 1. FC Nürnberg und 1860 München belegen die Stuttgarter Kickers nur den undankbaren dritten Platz.

Die letzte Auseinandersetzung der Mammutliga findet am 29. August 1948 statt. Der Zieleinlauf der dritten Spielzeit: 1. FC Nürnberg, 1860 München, Stuttgarter Kickers, Bayern München, VfB Stuttgart, Waldhof Mannheim, FSV Frankfurt, VfR Mannheim, Kickers Offenbach, Eintracht Frankfurt, Schwaben Augsburg, Ulm 46, Schweinfurt 05, VfB Mühlburg, Spvgg Fürth, VfL Neckarau, Viktoria Aschaffenburg, Rot-Weiß Frankfurt, Wacker München, Sportfreunde Stuttgart.

Freundschaftsspiele als Einnahmequelle willkommen

Am 3. April 1948 wird in Nürnberg eine gesamtbayerische Landesliga gegründet. Ihr gehören die ersten sechs Klubs der bisherigen Landesligen Süd- und Nordbayern sowie die Absteiger aus der Oberliga an. Mit Wacker München, Spvgg Fürth, Jahn Regensburg und dem FC Bamberg sind klangvolle Fußballnamen dabei.

„Schorsche" Heßler aus Kassel, der 1946 den FK Kurhessen als eine Art Profiklub gegründet hatte und damit scheiterte, gibt 1948 seinen Plan endgültig auf, den Berufsfußballer in den Westzonen einzuführen. Seine von ihm gemanagte „Interessengemeinschaft" löst in diesem Jahr ihr Stuttgarter Büro auf.

Der ruhmreiche Karlsruher FV, Deutscher Meister von 1910 und danach mehrere Jahre Süddeutscher Meister im Abonnement, wird erstmals in seiner Vereinsgeschichte drittklassig. 1947 steigt die Mannschaft aus der Oberliga Süd ab. Fünfzehn Kicker kehren dem KFV den Rücken. Mit einer jungen Elf bestreitet der Altmeister die Saison 47/48 in der zweitklassigen Landesliga. Doch die Nord- und Mittelbadische Gruppen fusionieren zu einer Staffel, nur die jeweils sieben Erstplazierten gehören dazu. Der Karlsruher FV als Achter steigt in die neugegründete Bezirksklasse ab.

Unmittelbar nach der Währungsreform schalten die Männer im Steuerhaus des 1. FC Bamberg um in Richtung Gewinne mit

FC Bayern München 1950: Streitle, Siedl, Seemann, Maier H., Bachl, Grziwok, Mayer Th., Osswald, (knieend:) Witt, Jirasek, Schweizer (von links)

hartem Geld. Sofort wird der Club aus dem nicht zu weiten Nürnberg verpflichtet, weil Freundschaftsspiele finanziell lukrativ geworden sind. Die Schwarzroten aus der Noris kommen. Ebenso lädt man die Elf der Spvgg Fürth in die alte Bischofsstadt ein. Aber auch nach der Währungsreform funktioniert noch nicht alles wieder perfekt: Die Kleeblättler aus Fürth starten in einem betagten Bus, dessen Motor in Erlangen streikt. In Bamberg warten die verärgerten Zuschauer. Die klapprige Kiste wird jedoch wieder flott gemacht – Automechaniker sind die wahren Künstler in dieser Zeit – verspätet kann das Freundschaftsspiel angepfiffen werden: das Geschäft ist gesichert. Und weil die Einheimischen 5:3 siegen, verlassen am Ende die Besucher guter Stimmung das Bamberger Stadion.

Die überalterte Mannschaft von Schalke 04, in der Oberliga West als Zuschauermagnet gern gesehen, als Gegner aber weniger gefürchtet, gastiert am 15. August 1948 bei Schwaben Augsburg. Auch im Süden zieht der Name Schalke noch – 15.000 Zuschauer zahlen in begehrter D-Mark und sehen die Vorortler aus Gelsenkirchen in Augsburg mit 2:0 als Sieger vom Platz gehen. Doch auch zu einem Privatspiel der lokalen Rivalen Schwaben und BC kommen in diesem Jahr über 15.000 Zuschauer. Die Kontrahenten trennen sich 1:1.

Aber auch der Gelsenkirchener Vorortklub und Schalker Rivale STV Horst-Emscher ist zu dieser Zeit populär. 1860 München lädt im Sommer 1948 die Emscher-Husaren zu einem Freundschaftsspiel nach Garmisch-Partenkirchen ein. Im dortigen Olympia-Stadion sehen 15.000 Zuschauer das Match.

Die Oberliga Süd führt den Vertragsspieler ein

Am 1. August 1948 treffen sich die Vertreter der Oberliga Süd wiederum in der „Krone" in Fellbach. Hier wird an diesem Tag das Vertragsspielerstatut „ratifiziert". Der VfB-Funktionär Dr. Fritz Walter wird zum Vorsitzenden des Vertragsspielerausschusses gewählt.

Jahre später, 1953, schreibt Kurt Müller aus Stuttgart in der Chronik des DFB zu dessen 50jährigem Bestehen über die Entwicklung des Professionalismus im deutschen Fußball: „Nach dem Kriege wurden also die Amateurgesetze praktisch aufgehoben und zwar, das muß hier eindeutig hervorgehoben werden, in allen Klassen. Jeder zahlte eben, soviel er konnte. Daneben spielte der Lebensmittelmangel in den Jahren 1945 bis 1948 eine unheilvolle Rolle. Gute Spieler in den Städten zeigten plötzlich eine besondere Liebe für die Landvereine, und mit Lebensmitteln ließ sich restlos alles machen. In der obersten Klasse gingen die Zuschauerzahlen ... sprunghaft in die Höhe. Als nicht gewollte Folge dieses Geldstromes erhöhten sich die Forderungen der Spieler. ...

Bei der Legalisierung des Professionalismus war nicht entscheidend, ob der Spieler selbst mehr oder weniger erhalten darf. Erfolg konnte die ganze Aktion aber nur haben, wenn das zu schaffende Gesetz eingehalten wurde. Es war auch für das Ziel der Reinigung ohne Bedeutung, ob man einen Vertragsspieler oder Vollprofi einführt. Eine Scheidung zwischen Amateurismus und Professionalismus war mit allen Arten des Berufsspielertums möglich.

Für die Entscheidung zwischen dem Vertragsspielerwesen und dem Vollprofi waren ausschließlich wirtschaftliche und sportliche Gründe maßgebend; nicht zuletzt zwangen steuerliche Gründe zu dem Weg, den wir eingeschlagen haben.

Den Kritikern, die mit einer gewissen Verachtung den Vertragsspieler als Halbprofi bezeichnen und dabei das Halb besonders betonen, sei gesagt, daß der Vertragsspieler genauso ein Berufsspieler ist wie der englische Profi. Der Vertragsspieler ist nichts anderes als der für deutsche Verhältnisse passende Berufsspieler."

Die meisten Vertragsspieler wissen 1948 aber nicht, daß sie eigentlich Berufsspieler sind. Die anderen Oberligen führen in diesem Jahr den Profi respektive Vertragsspieler noch nicht ein.

Richard Kirn, ehemaliger KZ-Häftling und nun Mitglied des Redaktionsstabes der amerikanisch lizenzierten Zeitung „Frankfurter Neue Presse": „Just in dem Augenblick ... kommt die Nachricht, daß man in Stuttgart die ersten Berufsfußballer lizenziert hat. Auch so etwas ist im Fußball schon dagewesen. Einmal schien die Entscheidung gefallen, die Ehrlichkeit auf die Spitze getrieben, der DFB mit seiner puritanischen Strenge in tödliche Verlegenheit gebracht: als nämlich Schalke 1930 vor einer ungeheuren Zuschauermasse das erste Profispiel austrug. Die ganze Herrlichkeit stürzte jäh zusammen. Vielleicht gab es auch gewisse Verhandlungen, die zu einer reuigen Heimkehr der verlorenen Söhne führten. Die Zeit für den Berufsfußball war noch nicht reif. Ist sie es jetzt? ... Unsere guten Spieler sind heimliche Profis. Es kann keinen Grund geben, dies zu verheimlichen. Sie bekommen bares Geld. ...

Es gibt noch keine Deutsche Meisterschaft. Das allein ist kein Unglück. Die schwersten Zeiten bringen mitunter die überraschendsten Verwirklichungen alter Träume. Als im Süden Deutschlands noch fast alle Bahnlinien mühsam zusammengeflickt werden mußten, die Kolonnen der Flüchtigen endlos über die Straßen zogen, das Telephon sich erst von Ort zu Ort tastete, kaum der Postverkehr wieder hergestellt war, wurde über Nacht die süddeutsche Liga geboren. Ein Gedanke, dem einige der besten Männer im Fußball jenseits des Mains immer nur als einem Phantom nachjagten. In der Zeit der Expreßzüge und der wohlbestellten Speisewagen war seine Verwirklichung nicht möglich; jetzt, in der Zeit der Verzweiflung, wurde er Tatsache.

Noch viel wunderbarer war, wie er sich bewährte. Zehntausende strömten zu diesen Spielen. Die Mannschaften traten auf die Minute an. Man kam in Omnibussen, man brachte Nächte auf der Bahn zu, aber wenn die Schiedsrichter anpfiffen, standen die Mannschaften auf dem Rasen. Die alte Magnetkraft wirkte."

Die Schlacht von Regensburg

Am 5. September 1948 kommt es zwischen Jahn Regensburg und dem FC Bayern Hof in der bayerischen Landesliga an der Donau zu einer denkwürdigen Begegnung. Als die „Schlacht von Regensburg" geht sie in die Fußballgeschichte ein. In einer Hofer Chronik ist das Spiel so beschrieben: „Bei Halbzeit lagen die Bayern bereits mit vier Toren vorne. An ihrem Sieg schien es keinen Zweifel zu geben. Doch in der zweiten Hälfte steigerten sich die Regensburger, vom Gros der zahlreichen Zuschauer angefeuert, in einen Spielrausch. Sie überschritten dabei öfters auch die Grenzen des Erlaubten, was die Hofer mit fünf Verletzten bezahlen mußten. Der Schiedsrichter drückte häufig beide Augen zu. Die Bayern waren darüber maßlos enttäuscht und sehr deprimiert, als sie kurz vor Schluß noch den Regensburger Siegestreffer zum 5:4 hinnehmen mußten."

Nach dem Ende der Oberligasaison 1947/48 unternehmen die Kicker von Ulm 1846 eine Reise in die britische Zone: Die Mannschaft siegt in Schalke 3:1, bei Rot-Weiß Oberhausen 2:1; eine Stadtelf von Bonn wird 4:2 geschlagen, Siegburg mit dem Handballergebnis von 6:5. Beim Finale der Tour verlieren die Ulmer gegen den Westdeutschen Altmeister Duisburger Spielverein mit 4:2.

Wacker München und Bayern treffen seit ihrer ersten Begegnung 1905, als die Rothosen mit 12:0 gewannen, zum 100. Lokalderby aufeinander. Am 19. Oktober 1948 schlägt der FC Bayern in seinen traditionell roten Hosen die „Blausterne" von Wacker mit 3:1.

„Laut Polizeibericht drängten sich etwa 25.000 Zuschauer am 17. November 1948 im Waldhof-Stadion beim Freundschaftsspiel gegen den 1. FC Kaiserslautern." Gastspiele von Spitzenmannschaften aus den anderen Oberligen locken in der Nachkriegsära gelegentlich mehr Zahler in die Stadien als zu Ligakämpfen.

Spielzeit 1948/49: Club von der Tabellenspitze verdrängt

Am 11. September 1948 startet die Oberliga mit 16 Mannschaften. Siege gegen den Club sind immer noch etwas Besonderes, daher tragen die Waldhöfer stolz in ihre Vereinschronik ein: „Zu Beginn der Saison 1948/49 sorgte Waldhof mit einem 0:1-Sieg in Nürnberg für eine Überraschung. Ossy Rohr war der Torschütze." Dieses Ereignis wird vom lokalen Geschichtsschreiber höher gewertet als der Auftaktsieg der Waldhöfer am 11. September 1948 beim BC Augsburg. In Nürnberg gewannen die Mannheimer am achten Spieltag vor 12.000 überraschten Zuschauern. Das entscheidende Tor fiel schon in der 14. Minute.

In Süddeutschland wird etwas gefeiert, was manche Fußballer ein Wunder nennen. Im Oktober 1948 ist das Neckarstadion satt gefüllt. Gegner des heimischen VfB im Oberligaspiel ist 1860 München. Aber nicht um die Bayern zu sehen, strömen die Menschen durch die schmalen Durchlässe: Bei diesem Heimspiel des VfB feiert der Torjäger Robert Schlienz sein nicht erwartetes Comeback. Er hatte am 14. August 1948 einen schicksalsschweren Tag. Wegen einer Verspätung, die Kameraden waren bereits zu einem Pokalspiel nach Aalen/Württemberg abgereist, lieh ihm ein Freund einen Opel-Pritschenwagen aus der Vorkriegszeit. Die rasende Fahrt endete in einem gewaltigen Schlagloch in der Landstraße, das Auto kippte um und zermalmte seinen Arm, den er wegen der sengenden Hitze aus dem Fenster gelehnt hatte. Der Arm mußte amputiert werden. VfB-Trainer „Schorsch" Wurzer nahm sich seiner jedoch an und baute den Torjäger systematisch wieder auf. Er änderte sogar die Taktik, Schlienz spielt nicht mehr direkt in der Spitze. Er wird später sogar noch Deutscher Meister, und dreimal vertritt er in der DFB-Auswahl die (bundes)deutschen Farben.

Fußball zieht die Massen in die Stadien der Oberligen. Zum alten, aber ewig jungen Duell zwischen BC Augsburg und Schwaben Augsburg kommen in der Frühphase der Saison 1948/49 über 20.000 Zuschauer. Der BCA unterliegt auf eigenem Platz den violetten Schwaben mit 0:4. Es folgt im Jahr 1948 noch ein weiterer Schwabenstreich: Am 5. Dezember 1948 treten die Augsburger nahe dem ehemaligen Gelände der Reichsparteitage der Nationalsozialistischen Deutschen Arbeiterpartei

Vor vollbesetzten Rängen: Morlock klärt gegen die anstürmenden Fürther. (Begegnung am 6.11.1949 in Fürth; Endstand 2:1)

(NSDAP) beim ersten Deutschen Meister nach dem Krieg, 1. FC Nürnberg, an. Durch Tore von Lemm und Groß besiegt Schwaben Augsburg den Meister. Die Aufstellungen dieser denkwürdigen Begegnung: Der Club: Niemann; Uebelein I, Knoll; Schober, Kennemann, Gebhardt; Reiser, Herbolsheimer, Morlock, Winterstein, Hagen. Die Schwaben: Süßmann; Meßmer, Struzina; Schmuttermair, Helbig, Lehmann; Lemm, Hampel, Groß, Lechner, Grünsteudel. Auch im Rückspiel geht der Deutsche Meister im Schwabensturm unter. Mit 3:0 siegen die Augsburger vor 15.000 Zuschauern – immerhin weniger als beim Lokalduell Schwaben gegen BC.

Auch in der verkleinerten Liga kann der „Herbstmeister" erst im Winter 1949 ermittelt werden. Die Saisonhalbzeit wird am 16. Januar 1949 mit fünf Nachholspielen abgepfiffen. Primus in der Tabelle sind die Kickers aus Offenbach vor 1860 München. Der amtierende Deutsche Meister und Titelverteidiger, der Club aus Nürnberg, liegt an zehnter Stelle mit 16 Punkten hinter Offenbach. Selbst der Zweite, 1860 München, hat einen Abstand von zehn Punkten.

Um den Verbleib in der Oberliga Süd kämpfen am Ende wegen Punktgleichheit Ulm 1846 und der BC Augsburg gegeneinander. Das Entscheidungsspiel wird am 29. Mai 1949 im Frankfurter Waldstadion ausgetragen. Aus Ulm reisen über 2.000 Schlachtenbummler in die Mainmetropole. Schon nach zwei Minuten führen die Augsburger. Diesen Vorsprung halten sie bis zum Schlußpfiff. Ulm 1846 steigt 1949 ab in die Landesliga, wird aber noch im selben Jahr württembergischer Pokalmeister.

Meister werden die Offenbacher Kickers. Es folgen am Abrechnungstag, dem 29. Mai 1949: VfR Mannheim, Bayern München, 1860 München, SV Waldhof Mannheim, VfB Stuttgart, Schwaben Augsburg, Stuttgarter Kickers, VfB Mühlburg, FC Schweinfurt 05, 1. FC Nürnberg, FSV Frankfurt, Eintracht Frankfurt, BC Augsburg, Ulm 46, FC Rödelheim. Im Laufe der 30 Spiele ist der FC Rödelheim durch die gesamte Tabelle gesackt, denn am ersten Spieltag war er Erster. Der Auf- und Absteiger Rödelheim schlug in diesem Jahr den Deutschen Meister 1. FC Nürnberg sehr deutlich mit 4:1. Insgesamt 14mal verließ die überalterte Elf des Clubs in der Saison geschlagen den grünen Rasen. Bei fünf Spielen gab es eine Punkteteilung. Trotzdem deklassierte der 1. FCN mitten in einer deprimierenden Folge von Niederlagen den Spitzenreiter und souveränen Meister Offenbacher Kickers mit 8:1.

Ins Endspiel um die zum zweiten Mal nach dem Krieg ausgetragene Deutsche Meisterschaft kommt Kickers Offenbach nicht. In der Zwischenrunde schaltet der VfR Mannheim in Gelsenkirchen die Lederstädter mit 2:1 aus. Die Vertreter der beiden stärksten Ligen befinden sich im Finale – VfR Mannheim und Borussia Dortmund, die Oberliga Süd stellt erneut den Meister.

Spielzeit 1949/50: Aufsteiger Fürth wird Meister

Für Überraschungen ist in der neuen Saison der SV Waldhof Mannheim ein Garant. Mit 0:6 unterliegt am 9. Oktober 1949 am Bieberer Berg der Vorjahresmeister Offenbacher Kickers den Waldhofbuben. Die Waldhöfer sind nach dem ersten Spieltag Erster, Eintracht Frankfurt ist am Ende der Tabelle.

Am 6. November empfängt der Deutsche Meister von 1949, der VfR Mannheim, seinen Lokalrivalen auf eigenem Geläuf. Mit 22.000 Zuschauern ist das Stadion des Platzvereins überfüllt. Die Männer aus der Vorstadt schlagen den amtierenden Meister auf dessen Rasen mit 2:3. Stets legten die Waldhöfer ein Tor vor, der VfR konnte jeweils nur ausgleichen.

Am selben Tag messen sich in Franken zwei ehemalige Deutsche Meister auf dem „Zabo“ in Nürnberg. Die Spvgg Fürth ist nach einem Jahr Abwesenheit wieder erstklassig. Vor 32.000 Besuchern besiegt der Club seine Fürther Rivalen mit 2:1.

Im Süden wiederholt es sich, daß der „Herbstmeister“ erst im Winter des folgenden Jahres ermittelt werden kann. Aufsteiger und Ex-Meister Spvgg Fürth ist nach 15 Runden am 8. Januar 1950 Erster in der Tabelle, vor dem SV Waldhof Mannheim. Der 1. FC Nürnberg würde absteigen, wäre die Spielzeit schon beendet – er ist Drittletzter.

Im Januar 1950 kommt es bei den Stuttgarter Kickers zu einer besonders farbigen Auseinandersetzung. Zur Halbzeit führen die Degerlocher, deren Platz oberhalb der schwäbischen Metropole liegt, gegen Schwaben Augsburg bereits sicher mit 4:1. Doch die Gäste starten eine nicht erwartete Aufholjagd. Am Ende steht es gegen die etwas blamierten Kickers 4:4.

Im Januar 1950 verläßt ein weiterer der drei Großen aus dem Schwabentrio, das zwischen 1945 und 1947 Furore machte, den grünen Rasen: Willi Dziarstek. Schwaben Augsburg steht auf einem Abstiegsplatz, als der VfR Mannheim kommt. Der Meister wird vor 12.000 Zuschauern mit 4:3 geschlagen. Beim Lokalkampf BC Augsburg gegen Schwaben (1:1), wird Fußballdenkmal und Spielführer Lechner für sein 500. Spiel im violetten Trikot der Schwaben geehrt. Der Senkrechtstarter der ersten Saison, der Zweite hinter dem Herbstmeister Nürnberg des Jahres 1945, Schwaben Augsburg, rutscht sogar ans Ende der Tabelle und übernimmt erstmals die rote Laterne.

Fünf Spiele hintereinander verliert der bisherige Letzte plötzlich nicht mehr. Auch Bayern München fährt 2:1 besiegt an die Isar zurück. Die Vereinsfestschrift: „Ganz Süddeutschland sprach damals von dem unglaublichen Endspurt der Schwaben. Das war die Mannschaft, der dieses Husarenstück gelang: Süßmann; Frisch, Schuler; Schmuttermair, Struzina, Meßmer; Kindl,

Bestle, Lechner, Hampel, Harlacher.“ Schwaben Augsburg beendet die Saison 1949/50 noch als Elfter in der Tabelle.

Am 14. Mai 1950 erlebt Aufsteiger Spvgg Fürth seinen größten Triumph der Nachkriegsära – die Mannschaft wird Süddeutscher Meister. Ihr folgen in der Tabelle der Oberliga: VfB Stuttgart, Kickers Offenbach, VfR Mannheim, FSV Frankfurt, SV Waldhof Mannheim, VfB Mühlburg, 1860 München, 1. FC Nürnberg, Schwaben Augsburg, BC Augsburg, Bayern München, FC Schweinfurt 05, Eintracht Frankfurt, Jahn Regensburg, Kickers Stuttgart.

Vorjahresabsteiger Ulm 46 bleibt in 23 Spielen in der Landesliga unbesiegt und pocht wieder an die Tür zum Fußballoberhaus. Die Württemberger aus Ulm tragen gegen die Badener, den VfL Neckarau aus Mannheim, das notwendige Entscheidungsspiel in Böckingen (Heilbronn) aus. Die Ulmer vermerken: „Bei starker Benachteiligung des Schiedsrichters Meissner aus Fürth knapp verloren.“

Der Süden verschafft dem Lager der Vertragsspieler einen Unterbau und führt die II. Division ein. In den meisten Verbänden heißt die bisherige Oberliga seit 1950 deshalb I. Division. Die englische Sprache gewinnt immer mehr Einfluß auf die deutsche. Die Zweite Liga Süd, so der umgangssprachliche Ausdruck, umfaßt 18 Mannschaften. Altklub 1. FC Pforzheim nimmt nur zwölf Kicker unter Vertrag. Prominentester Verein der zweiten Klasse: Kickers Stuttgart. Die mit der größten Tradition: Wacker München und der FC Freiburg.

Roman Metz, Publikumsliebling beim FC Bayern München

Südwestdeutschland: Zögernder Beginn

Das Leben ist ein Roman

Am 8. Mai 1945 übergibt Oberst Hermann Graf, Kommodore des berühmten Jagdgeschwaders „Rote Jäger“, das gespickt ist mit bekannten Fußballern, die Truppe auf böhmischen Boden an die Amerikaner. Der Journalist Bernhard Gnegel beschreibt Jahre später in dem Buch „Fritz Walter: Die Geschichte eines Sportsmannes“ den Chef des Luftwaffenverbandes folgendermaßen: „Oberst Hermann Graf, ... Träger des Ritterkreuzes mit Schwertern, Eichenlaub und Brillanten, Fußballspieler aus Leidenschaft.“ An diesem 8. Mai 1945 glauben er und sein berühmter Mitgefangener Fritz Walter, daß sie auch künftig in den Händen der US-Amerikaner bleiben. Schon am 16. Mai 1945 spielen die „Roten Jäger“, unbefangen und sorglos, gegen eine andere Lagerelf und schlagen diese 14:0. Doch am nächsten Tag werden die ehemaligen deutschen Soldaten der Roten Armee übergeben. Sibirien, Hunger, Schwerstarbeit, Schnee und Eis, und das über das gesamte Jahr – so die Ängste der Gefangenen. Der deutsche Fußballer Fritz Walter findet sich Tage später unter 40.000 anderen ehemaligen Landsern im Lager der Bierstadt Budweis wieder.

Über die folgenden Tage liefert Bernhard Gnegel eine dichte Schilderung: „Volle 16 Tage saßen Fritz Walter und seine Kameraden in der stickigen Luft eines Güterwagens eng beieinander, bis endlich das Lager Marmara-Szigett in der Karpartho-Ukraine erreicht war. Auf der trostlosen Fahrt rollte der Gefangenenzug an den Städten Preßburg, Wien und Budapest vorbei. Preßburg, Wien und Budapest: Der Fritz vergrub sein Gesicht in die Arme, er konnte die Erinnerungen nicht ertragen. Preßburg, Wien und Budapest: Hatte man da nicht noch vor wenigen Jahren in noblen Hotels im Kerzenschimmer an weißgedeckten, mit Silber und Blumen bedeckten Tischen gesessen? War man nicht im Nationaldreß durch die Stadien dieser Städte als freier und umjubelter Mann gestürmt?“

Für den Pfälzer Ballkünstler ist das Kriegsende, wie für viele andere auch, nicht leicht. Es ist Juni 1945. Schon in Budweis hat er wieder einen Malariarückfall erlitten. Während er im Lazarett lag, wurden die anderen „Roten Jäger“ bereits weiter gegen Osten transportiert. Der Genesene landet nach langer und qualvoller Fahrt in dem Durchgangslager Marmara-Szigett. Hier beginnt die Breitspur der sowjetischen Eisenbahn. Die Gefangenen werden entlaust, kahl geschoren und umgeladen für die Fahrt ins weit entfernte Sibirien.

Das Leben ist oft farbiger als ein Roman: Fritz Walter wartet in einer langen Kolonne; kurz vor seinem Aufruf ist wieder eine Gruppe von 100 Landsern zusammengestellt. Der verbliebene Rest, darunter Fritz Walter, soll bis zum nächsten Tag warten. Es herrschen Angst und Langeweile. Vor den Augen der Gefangenen spielt eine Elf der Wachmannschaft gegen Männer aus der Küche, der Bäckerei und dem Lazarett. Geführt wird das Lager von sowjetischen Offizieren, das Personal aber rekrutiert sich aus Ungarn und Slowaken, die im Kriege auf Seiten der UdSSR standen. Fritz Walter steht interessiert am Spielfeldrand und unterhält sich fachkundig mit einem vom Wachpersonal, der begrenzt deutsch spricht. Der Ball rollt dem Fritz aus der Pfalz vor die Füße. Trotz der schweren Kommißstiefel gelingt es ihm, mit dem Ball zu zaubern.

Am nächsten Tag fighten die Wachen gegen die Männer des Lazaretts. Fritz Walter wird aufgefordert, bei der Wachmannschaft mitzuspielen. Das Hemd der „Roten Jäger“ besitzt er noch, ebenso die leichten Laufschuhe – Fritz Walter spielt an diesem Tag ums Überleben. Zur Halbzeit schießt er schon drei Tore für seine Mannschaft. Plötzlich erkennt ihn ein Ungar. Großer Jubel bei den Slowaken und Ungarn. „Nix Transport“, erklärt der sowjetische Lagerkommandant. Der Mann aus Kaiserslautern bekommt einen Platz in der Lagerelf. Ihm werden auch Sonderrationen zugeschoben.

Zwei Wochen später wird Bruder Ludwig Walter in dasselbe Lager gebracht. Der ist kriegsverletzt, am Bein. Fritz macht seinem Bruder Ludwig klar, daß er trotz dieser Behinderung Fußball spielen muß. Der Lagerchef bleibt einige Tage mißtrauisch. Er will dem Fritz nicht glauben, daß der andere sein Bruder ist. Solche Zufälle hält er nicht für möglich. Die beiden Walter-Brüder spielen gegen Lagermannschaften aus vielen Nationen. Und der Kommandant baut sein Mißtrauen ab und ist schließlich auch von den verwandtschaftlichen Bindungen überzeugt.

Franzosen, Luxemburger und Niederländer werden auf Listen gesetzt. Das heißt: fertigmachen zur Heimreise. Der Spielführer der international besetzten Elf der Wachmannschaft fragt den Kommandanten nach dem Schicksal der Walter-Brüder. „Wo sind die her?“ Sie seien aus der französischen Zone. Das heißt für den Chef des Lagers so viel wie aus Frankreich. Sie kommen auf die Liste der Freiheit.

Die Reise der beiden geht über Wien. Rapid hat inzwischen schon wieder eine spielstarke Elf. Fritz Walter erhält das Angebot, an der Donau zu bleiben. Er lehnt ab. Der Mann will zurück in die Pfalz, in die französische Besatzungszone.

Acht Jahre später, 1953, schreibt Bernhard Gnegel über die Heimkehr des berühmten Fußballsohnes nach Lautern: „An einem Oktobertag 1945 sahen Fritz und Ludwig endlich wieder die Heimatstadt vor sich liegen. Der erste Anblick trieb dem Fritz die Tränen in die Augen. Trostlos war der Anblick. War das noch die alte Stadt? Verbrannt und verwüstet, mit kalten Fabrikschornsteinen und hungernden Menschen. Und doch war es die Heimat. Wenige Tage später stand Fritz zum ersten Male wieder auf dem Betzenberg. Auch der Platz sah nicht gut aus. Von Panzern und schweren Lastern, die hier geparkt hatten, aufgewühlt. Es gab keinen 1. FC Kaiserslautern mehr und nur eine Handvoll der alten Kameraden. Der Verein mußte erst wieder auf die Beine gestellt werden, mußte bei der fremden Besatzung mühsam um seine Anerkennung kämpfen und dann ganz klein wieder anfangen.“

Franzosen am Betzenberg

Am 21. März 1945 werden die letzten beiden Städte des Saarlandes, Neunkirchen und Saarbrücken, von US-Einheiten eingenommen. Am 9. Juli 1945 erläßt Saarbrückens Oberbürgermeister Wahlster folgende Bekanntmachung: „An die Bevölkerung von Saarbrücken! Am Dienstag, den 10. Juli 1945 wird das Saargebiet von französischen Truppen besetzt. Damit hat der ungewisse Zustand über die Besatzungsfrage ein Ende gefunden. Frankreich, vertreten durch die französische Militär-Regierung in Saarbrücken, wünscht mit der Saarbevölkerung eine gute Zusammenarbeit.“

Neuer Chef des Saarlandes ist der französische Oberst Gilbert Grandval. Am 8. September 1945 übernimmt er auch das Amt des „Délégué supérieur de la Sarre“, er ist damit Gouverneur des Saarlandes. Die französische Politik ist, das Montangebiet an der Saar von ihrer sonstigen Besatzungszone langsam zu trennen.

Die Franzosen beschlagnahmen auch den zerstörten Betzenberg, der einen anderen Namen erhält. Nach dem Befehlshaber der französischen Besatzungsstreitkräfte, General Goislard de Monsabert, heißt er offiziell „Stade Monsabert“. Die Bürger und Sportler der Stadt entwickeln ein eigenes Französisch – der Volksmund behauptet, Mon laute in der anderen Sprache ähnlich wie Mont, also Berg, somit müsse Sabert Betzen heißen: Stade Monsabert heiße deshalb immer noch Betzenberg.

Sportverbot bis Oktober in Mainz

Die alte Stadt Mainz ist geteilt – das rechte Rheinufer gehört zur amerikanischen Besatzungszone, der linksrheinische Kern der Kommune zur französischen. Schon wenige Tage nach dem Zusammenbruch des Faschismus treffen sich alte „05er“, um über die Wiedergeburt ihres geliebten Klubs zu beraten. Doch bis Oktober 1945 untersagt die Militärregierung – mit einer Ausnahme – jede sportliche Tätigkeit. Erst im November des Jahres gibt sie einige Spielstätten frei und erklärt, sie werde einen sinnvollen, vom Geist echter Demokratie getragenen Wiederaufbau des Sports fördern. Es kommt zu einer „Gründungsversammlung“ des FSV Mainz 05. Das erste Spiel wird gegen den TV 1817 an der Pariser Straße angepfiffen; es endet 1:1. Auf einem an-

deren Gelände ist danach der Lieblingsverein des späteren Sportreporters Ernst Huberty, TuS Neuendorf, Gast. Die Koblenzer Vorstädter siegen in Mainz mit 1:6.

Die Bedingungen nicht nur für den Fußball des Jahres 1945 beschreibt Bernhard Gnegel, der in Mainz in dieser Zeit beim Aufbau einer Zeitung aktiv ist: „In der ganzen Innenstadt stand kaum noch ein Haus aufrecht. Die Menschen hausten in den Kellern. Im Keller standen auch wir bei der Arbeit vor einigen alten, listig geretteten Maschinen. Der Magen knurrte, der Kopf mühte sich brennend um Auswege aus tausend Schwierigkeiten, wir schrieben mit klammen Fingern, schlugen die Mantelkragen hoch und sahen zuweilen das Wasser fußhoch in die Keller rinnen. Die Verhältnisse waren entmutigend. Nach drei Tagen kam Heiner Decker, der alte Waldhöfer Bub und exzellente Mittelläufer aus guten Tagen der Mainzer Ligamannschaft zu mir: Morgen spielen wir in Oppenheim. Fahr mit! Unterwegs packte der seine Brote aus, der andere hatte ein Stückchen Käse, der dritte eine Zigarette, der vierte eine Flasche Wein. Alles ging reihum."

Im benachbarten Pirmasens ein ähnliches Bild des Elends – die ehemalige Rasen-

Fritz Walter, Kapitän des 1. FC Kaiserslautern und der deutschen Nationalelf, im Jahr 1953

fläche des Stadions vom FK Pirmasens, der schon im Juli 1943 aufhörte zu spielen, ist von Bombenkratern zerwühlt, das Klubhaus, 1912 erbaut, zerstört. Erster Mann an Bord des gesunkenen Schiffes FK ist ein Doktor Fries, der als politisch integer gilt. So sehen ihn auch die französischen Offiziere, die über die Zukunft des Vereins entscheiden. Wegen dieses Mannes darf der FK Pirmasens 1945 mit einem Neuaufbau beginnen. Hier rollt aber zunächst nicht das runde Leder, in den Monaten bis weit in das Jahr 1946 hinein werden auf dem Platz die Trümmer abgetragen.

Singen: Vor dem Spiel Baumstämme entfernt

In Singen, der Stadt mit dem Sitz der Firma Maggi, nahe der Schweizer Grenze, im Schatten des Hohentwiel, herrscht bis Oktober 1945 sportlich gesehen absolute Stille. Die Heimat von Singen 04, die Waldeck-Arena, ist von den französischen Besatzungstruppen im doppelten Sinne des Wortes eingenommen – sie allein spielen darauf. Deutschen ist der Zutritt nicht gestattet. In aller Stille formieren aber zwei alte Funktionäre des Vereins aus den verschiedensten Jahrgängen eine neue Mannschaft. Trainieren kann sie nicht. Spät im Oktober reist die zusammengewürfelte Truppe ins nahe Arlen und spielt dort gegen eine Kombination Rielasingen/Arlen und unterliegt 1:3 – den Singenern fehlt die Kondition.

Das erste offizielle Nachkriegsspiel von Singen 04 wird erst am 2. Dezember 1945 in Konstanz angepfiffen. Die Seestädter schicken „eine friedensstarke erste Garnitur“ auf den winterlich Rasen. Konstanz hat die Elf aus den beiden früheren Klubs FC 1900 und VfR zusammengestellt.

Da die Bahnverbindung von der Maggi-Stadt nach Konstanz sehr schlecht ist, fahren Spieler, Funktionäre und Fans mit einem alten Lastkraftwagen. Mehr als 50 Singener Schlachtenbummler, die ihre Mannschaft begleiten wollen, bleiben zurück. Nur ein Lkw ist im Einsatz. Bevor dann in Konstanz gegen das Leder getreten werden kann, muß ein Pferdegespann noch gefällte Baumstämme vom Spielfeld am Tannenhof wegschleifen. Die Singener Notelf verliert ihr erstes Spiel in Konstanz an diesem kalten 2. Dezember 1945 mit 12:0.

Namensverbot für „Borussia“ Neunkirchen

„Henner“ Theobald, früherer Spieler von Saar 05 Saarbrücken und ab 1931 bei Borussia Neunkirchen, hat 1944 das letzte Kriegsspiel der Stahlstädter gegen den FV Speyer als Mannschaftskapitän noch mitgemacht. Danach ruhte in Neunkirchen der Ball. Nach der Gefangennahme 1945 durch US-Einheiten im Fränkischen läßt sich Kicker Theobald nach Bad Kissingen entlassen. Seine Frau war hierhin evakuiert worden. Einen Entlassungsschein für das damalige Saargebiet hätten ihm die Amerikaner wohl nicht ausgestellt. Als jedoch ein Neunkirchener Eisenbahner im Juni 1945 seine Familie aus Ochsenfurt heim an die Saar holt, nutzen „Henner“ und seine Frau die Beziehungen und fahren mit nach Neunkirchen. Es ist der 29. Juli 1945. Er hat das Saarland unter amerikanischer Besatzung somit nicht erlebt. Der Fußballer ist total ausgebombt. Er hat nichts mehr. Sein zehnjähriger Sohn wurde bei einem der letzten Bombenangriffe auf die Bergbau- und Stahlstadt getötet. „Es ist ja schlimm“, sagt er mehrere Male vor dem Bahnhof von Neunkirchen. In der Stadt wird schon wieder Stahl gekocht. Im Pech hat der Kicker Glück. Bei einem Metzger in der Zweibrücker Straße bekommt er ein Zimmer, aber ohne Mobiliar. Spieler von Borussia Neunkirchen helfen sich untereinander. Einer, von Beruf Drechsler, schreinert ihm Möbel. Dafür erhält er Wurst, die der Metzger, ein Fußballfan, klammheimlich beiseite geschafft hat.

Borussia Neunkirchen darf den alten Namen nicht mehr tragen: Die Alliierten haben das Land Preußen aufgelöst und ein gebildeter französischer Offizier weiß, daß Borussia Preußen heißt. Als VfB Neunkirchen entsteht der Verein neu. Das unzerstörte Ellenfeldstadion beschlagnahmen die Franzosen. Die Stahlstädter dürfen auf dem geliebten Rasen nur spielen, wenn die Besatzungsmacht ihn großzügig freigibt. Am 26. August wird das erste Spiel nach dem Krieg im Ellenfeld angepfiffen. Gegner Spiesen geht mit 10:0 unter. Auch „Henner“ Theobald zieht im neuen Klub den alten Dreß über. Der VfB Neunkirchen tritt grundsätzlich nur für ein Essen auswärts an. Gern fahren, trotz der umständlichen Anreise, die Neunkirchener Spieler in die Gegend von Eppelborn. Es lautet die Parole: Da gibt es noch alles. Bald schon stellt

die Firma Menesa jeweils einen Lieferwagen für die Kicker ab. Die Autos haben Planen, ein Luxus in diesem Jahr.

Einer zerkraterten Mondlandschaft gleicht der Sportplatz der Sportfreunde 05 Saarbrücken an den Saarwiesen im Bergbaustadtteil Burbach. Auch die Kicker dieses Traditionsvereins müssen zunächst zwangsläufig auswärts antreten. Ihre Heimspiele tragen sie in den benachbarten Orten Gersweiler und Altenkessel aus. Sportliche Vergleiche werden 1945 an den Arbeitsplätzen vereinbart. Man redet an der Werkbank oder in der Waschkaue der Zeche miteinander und stellt fest, daß in den Dörfern wie Kleinbollenbach zehn, manchmal sogar elf „Fubber" wieder zusammen sind. Die Männer der Sportfreunde 05 spielen gern auf dem Lande. Verträge werden per Handschlag besiegelt.

Am 9. September 1945 kommt es zum ersten Spiel der Sportfreunde Saarbrücken. Gegen Riegelsberg siegen die Gäste im ersten Match unter französischer Aufsicht 3:4. Am 16. September gastieren sie in Altenwald und gewinnen dort 1:2.

Ein Ball aus Lederresten

Im November 1945 vereinbaren die Funktionäre der Sportfreunde 05 als erster Saarlandklub ein Gastspiel beim 1. FC Kaiserslautern. Am 2. Dezember wird das Match

Otmar Walter,
1. FC Kaiserslautern, 1953

auf dem Erbsenberg in Kaiserslautern angepfiffen – den Betzenberg gaben die Franzosen dafür nicht frei. Der Gast wird mit 12:1 fast gedemütigt. Die Saarländer tragen in ihre Vereinschronik ein: „Auf dem nassen glatten Rasen hatten unsere Spieler mit ihrem schlechten Schuhwerk einen schweren Stand."

Drei Wochen später, Stunden vor Weihnachten, tritt die Walter-Elf zum Rückspiel in Saarbrücken auf dem Sportplatz am Schlachthof an. Die Gastgeber gerieten Tage vor der Eröffnung des Kampfes in Not, sie hatten keinen Ball. Das treue Vereinsmitglied Matz Schäfer schneidert aus Lederresten eine Art Fußball zusammen. Leder ist in dieser Zeit ein begehrtes Tauschobjekt. Die Gäste bringen den unregelmäßig rollenden Ball viermal ins mühsam geflickte Netz der Saarländer. Die Stürmer der Sportfreunde 05 Saarbrücken schaffen kein Tor.

Saarbrücken: Wassersportler wird Fußball-Vorsitzender

Die Wiedergeburt der sportlichen Nachbarn verläuft unter ähnlichen Umständen. Im Juni 1945 hängt an der Mauer eines zerstörten Hauses im Saarbrücker Stadtteil Malstatt ein Zettel, auf dem die ehemaligen Mitglieder des Fußballvereins Saarbrücken aufgefordert werden, sich bei einem bestimmten Sportfreund zu melden. Die Anhänger der blauschwarzen Farben haben sich völlig aus den Augen verloren. Paul Müller ist der Verfasser der Notiz. Genau zwölf Vereinsmitglieder treffen sich am 19. August 1945 im „Römerbrünnchen" und beraten, wie es unter diesen Bedingungen weitergehen soll. Eine Mitgliederversammlung ist diese Zusammenkunft nicht, denn eine solche müßte von der französischen Militärbehörde genehmigt werden. Erster kommissarischer Vorsitzender der zwölf Vereinsapostel wird Hans Helmer, der sich eigentlich wenig für Fußball interessiert und früher nur zu großen Spielen der Blauschwarzen kam. Er ist Wassersportler. Politisch völlig unbelastet, kann er die Aufbauarbeiten für den späteren 1. FC Saarbrücken beginnen. Hans Helmer will für drei Monate den Vorsitzenden, wie er sagt, „mimen". Er ist es noch 1950.

Die ersten Bälle beschafft in diesem Jahr Nikolaus Maubach. Niemand fragt, woher sie sind. Die Bälle haben keine Blasen. Bald schon melden sich zwölf Spieler zurück, einige kommen aus der Gefangenschaft. Der Sportplatz im Ludwigspark ist zerstört. Die Kicker des Fußballvereins Saarbrücken weichen aus auf den dortigen Kieselhumes. Schon am 19. September 1945 wird der kommissarische Vorstand erweitert. Das Vereinsleben blüht im Herbst 1945 in den Trümmern auf wie ein Maiglöckchen im April. Der erste Gegner in der späteren Landeshauptstadt des Saarlandes ist der VfB Neunkirchen, der nicht mehr Borussia heißen darf. Die „Neue Saarbrücker Zeitung" vom 11. September 1945: „Der saarländische Fußballsport zeigt wieder neues Leben. Nachdem die einzelnen Vereine vom früheren Nazieinfluß gründlich gereinigt worden sind, haben einige von ihnen von der Militär-Regierung bereits die Genehmigung zur Austragung von Freundschaftsspielen erhalten. Das erste große Treffen für Saarbrücken findet am kommenden Sonntag um 3 Uhr auf dem Sportplatz Kieselhumes statt. Dort spielt der Fußballverein Saarbrücken gegen eine neu aufgestellte Mannschaft des Vereins für Bewegungsspiele Neunkirchen, der aus den früheren Borussen hervorgegangen ist. Eine Reihe Vereine aus den Landgemeinden hatten ihren Spielbetrieb schon vor einigen Wochen aufgenommen."

Im November stehen für den FV Saarbrücken schon wieder vier Mannschaften auf dem lädierten Rasen – zwei Senioren- und zwei Jugendmannschaften. Am 4. November 1945 wird im von Bombentrichtern befreiten Saarbrücker Ludwigspark das erste Spiel in der alten Arena angepfiffen. Gegner Altenkessel unterliegt mit 3:0. Der Kieselhumes gehört von nun an wieder der örtlichen Konkurrenz.

Am 25. November findet die erste außerordentliche Mitgliederversammlung des FV Saarbrücken statt. Den erfreuten Versammelten teilt der Vorsitzende mit, daß die Franzosen schon am 30. August 1945 die Genehmigung erteilten, „den Sportbetrieb wieder aufzunehmen". Es müsse aber eine Versammlung den Vorstand demokratisch wählen, so eine Auflage. Punkt eins der Tagesordnung: Auflösung des FVS laut Anordnung der Militärregierung vom 6. Oktober 1945 und Neugründung des 1. Fußball-Club Saarbrücken. Einstimmig löst die Versammlung den FV Saarbrücken auf und gründet ebenso einstimmig den 1. FC Saarbrücken. Einigen Anwesenden fällt es schwer, sich von dem Namen des seit 1903 bestehenden Vereins zu trennen.

Der Verein lädt am 23. Dezember zur ersten Weihnachtsfeier nach der Nazidiktatur ein. Der Vorstand bettelt einige Gaben zusammen. Dem Protokoll kann man entnehmen, daß die Zusammenkunft mit einem halben Pfund Bohnenkaffee, Kerzen, Rasierapparaten, Taschenmessern, Briefpapier, Rauchmaterial und 65 Flaschen Wein verschönert wurde. „Kuchen ist leider nicht zu beschaffen", heißt es bedauernd im Protokoll des Klubs.

Auf Anweisung der französischen Militärregierung gibt es auch im saarländischen Völklingen 1945 nur einen Großverein. „So wurde aus dem einst so blühenden Sportverein 06 die große Spiel- und Sportgemeinde Völklingen", schreibt Klubchronist Franz Knoblauch in einer Festschrift des Sportvereins Röchling Völklingen 06. „An der Spitze dieses Vereinsmonstrums hatte man als Vorsitzenden damals Gruhle berufen. ... Leider war es mehr ein Gegeneinander als ein Miteinander, was sich da alles so tat. So herrschte in dieser Notgemeinschaft auch in der Tat eine gewisse Not. ... Kein Wunder, daß bald nur noch wenig funktionierte. Man litt an der Überorganisation. Die Sparten waren eifersüchtig aufeinander. Man beargwöhnte sich gegenseitig. Es war also ein ungutes Klima, in welchem sich unsere Fußballer da bewegen mußten. Hinzu kam ein chronischer Geldmangel."

Zunächst tingeln die Fußballer von Völklingen in den ländlichen Gemeinden der Region und spielen dort ausschließlich für Naturalien.

Zum Jahresende verhandeln die Parlamentäre der früheren Oberliga- und Gauligavereine der Räume Hessen, Pfalz und Saar mit dem Ziel, 1946 wieder eine Punktrunde durchzuführen. Daran sollen im kommenden Jahr teilnehmen: 1. FC Saarbrücken, VfB Neunkirchen, FK Pirmasens, VfR Frankenthal, Phönix Ludwigshafen, Wormatia Worms, SV Mainz, 1. FC Kaiserslautern und Westmark Trier.

Freigabe des Stadions am Betzenberg

Die Franzosen geben im Winter 1945/46 den beschlagnahmten Betzenberg zurück. In der Zwischenzeit hat der platzlose 1. FC Kaiserslautern ein paar Freundschaftsspiele auf der Anlage des VfR ausgetragen, die Erbsenberg heißt – und das in dieser Hungerzeit. Der politisch unbescholtene Paul Karch übernimmt den Vorsitz des 1. FC Kaiserslautern, den es nach einem Dekret der Alliierten gar nicht gibt. Er schafft es, von dem zuständigen französischen Kommandanten eine Genehmigung einzuholen, wonach der alte Verein neu gegründet werden darf. 46 Jahre nach der Gründung erfolgt die offizielle Wiedergeburt des 1. FC Kaiserslautern, der aber schon vorher eine muntere Elf spielen ließ.

Nach der Freigabe des Betzenbergs ist der Platz zunächst nicht zu bespielen. So wie bei Schalke der ehemalige Nationalspieler Ernst Kuzorra seine Kameraden zu freiwilliger Aufbauarbeit animiert, macht es in Kaiserslautern Fritz Walter. Er treibt auch eine Elf zusammen. Der alte Keeper Jung hütet den Kasten. Verteidiger sind Kohlmeyer, Ludwig Walter, Martin und Oskar Hankel. Als Läufer agieren die Gebrüder Ernst und Werner Liebrich, Thines und Hammel. Im Sturm sehen die Zuschauer Fritz Walter, Baßler, Grewenig, Rödler und Baum. Außerhalb der Pfalz dürfen die späteren „Roten Teufel" vom Betzenberg in den ersten Wochen des Jahres 1946 zunächst nicht spielen. Die französischen Behörden achten darauf, daß der Reiseradius eng bleibt.

„Quantelspiele"

Ein Vereinshistoriker schreibt über 1946 im Jahr 1950: „Viele der Besten waren auf den Schlachtfeldern geblieben oder kamen für den Rest des Lebens gezeichnet zurück oder waren in Gefangenschaft. Dann folgten die ersten Spiele gegen lokale Gegner und schließlich wagte man sich auch nach auswärts." Ihre Auftritte in den Dörfern nennen die Lauterer Quantelspiele. Da wird für frische Trikots, einen Sack Kartoffeln oder nur für einen neuen Ball gegen diesen getreten.

Am 12. Januar 1946 läßt die „Fachschaft" Fußball im Saarland in der „Neuen Saarbrücker Zeitung" einen Beschluß veröffentlichen: „Um einen ordentlichen Spielbetrieb in Zukunft zu gewährleisten, werden ab sofort sämtliche Fußballspiele überwacht. ...

Mit Wirkung ab 20. Januar müssen alle Fußballspiele aktiver Mannschaften dem Beauftragten für die Spielüberwachung, Herrn Peter Fixemer in Saarbrücken, schriftlich gemeldet werden. ...

Ab 21. Januar ist das gegenseitige Ausleihen von Spielern untersagt.

Bis zum 25. Januar müssen sich alle Spieler schriftlich erklärt haben, bei welchem Verein sie in Zukunft spielen wollen. ... Bei Vereinswechsel ab 26. Januar tritt sofortige Spielsperre ein."

Zwei Szenen aus dem Endspiel um die Deutsche Meisterschaft 8.8.1948: 1. FC Nürnberg – 1. FC Kaiserslautern 2:1

Erste Punktespiele ab 20. Januar 1946

Die im Dezember 1945 verabredeten Punktspiele der ehemaligen Gauligisten der Region werden am 20. Januar 1946 erstmals angepfiffen. In Anlehnung an die Oberliga Süd schreiben einige Zeitungen bei dieser Runde von der Oberliga Südwest, die es offiziell aber nicht gibt. Beim 1. FC Kaiserslautern wird über die bedrückenden Umstände vermerkt: „Diese Fahrten waren bei den gegebenen katastrophalen Verkehrsverhältnissen wahre Abenteuer, denn was mußte eine Mannschaft im Jahre 1946 alles auf sich nehmen, um zu einem auswärtigen Gegner zu gelangen!" Über die Pflichtspiele wird beim 1. FC Saarbrücken notiert: „Unendliche Schwierigkeiten stellten sich einem geordneten Spielbetrieb entgegen. Zu dem ersten Spiel in Mainz, das schon im Januar ausgetragen wurde, mußte unsere Mannschaft in einem Lastkraftwagen fahren. Ein Unternehmen, das von allen Beteiligten bei der herrschenden Winterkälte viel Idealismus verlangte."

Kontinuierliche Spielstärken sind in dieser Zeit noch nicht zu erkennen. So verliert Borussia Neunkirchen, nun VfB, ein Ligaspiel im heimischen Ellenfeld gegen den FK Pirmasens mit 1:3, beim Rückspiel in der Schuhstadt gehen die Kicker aus Neunkirchen dann aber als 1:8-Sieger vom Geläuf. Die Rückkehr von Kriegsgefangenen verstärkt die eine oder andere Elf innerhalb einer Woche.

Bis zum 16. Juni dauert im nördlichen Südwesten die erste Punkterunde nach dem Krieg. Meister wird der 1. FC Saarbrücken, der am 3. August diesen Erfolg feiert. Saarbrückens Vorsitzender Hans Helmer stichelt in seiner Rede: „Oft schon feierten wir eine Meisterschaft, aber keine, die eine solche Anteilnahme bei der Bevölkerung gefunden hätte, als diese letzte. Aber was hat alles dazu gehört, diese zu erringen? Soll ich Ihnen alle Schwierigkeiten aufzählen, die zu überwinden waren, Ihnen aufzählen, welche Hindernisse uns die saarländischen Behörden in den Weg legten, um unsere Vorhaben unmöglich zu machen? Ich glaube, diese Herren haben sich inzwischen eines Besseren belehren lassen."

Gegen den Meister der Südgruppe, den SV Rastatt, müssen die Saarbrücker um die französische Zonenmeisterschaft kämpfen. Im Ludwigspark besiegen sie die Badener mit 5:0, das Rückspiel endet torreich 4:4 – die Saarländer haben die erste Krone. Weil Reisen aufwendig sind, nutzt die Elf des 1. FC Saarbrücken den Aufenthalt in Baden und spielt auch noch in Freiburg. Dort siegt sie 7:0.

Singen: Verstärkung durch Kriegsgefangene

„Die offizielle Gründung eines Vereines war nur mit Genehmigung des Gouvernement Militaire unter Vorlage eines Satzungsentwurfes möglich und dies nur mit sehr einschneidenden Beschränkungen. Singen, als Stadt mit weniger als 30.000 Einwohnern, durfte nur einen Sportverein unterhalten. Es blieb also für sämtliche früheren Klubs kein anderer Ausweg als sich zu einem Omni-Sportverein zusammenzuschließen. Man schrieb Anfang Mai 1946, als dieser Zusammenschluß nach langen Vorbereitungen greifbare Formen annahm." So erinnert eine Festschrift von Singen 04 im Jahr 1954 an die Nachkriegsära unter französischer Hoheit.

Der neue, am 1. Juli 1946 gegründete Großverein bekommt den Namen Sportvereinigung Singen. Unter dem Namen FC Singen 04 nahm aber schon seit dem 10. Februar 1946 eine Mannschaft an Meisterschaftsspielen teil. Zum Ende der Saison, am 7. Juli 1946, wird der FC Singen 04 Vierter in der Tabelle.

Der Fußballfunktionär „Schorsch" Haas aus Singen/Hohentwiel hat den Spitznamen „Verpflegungsminister". Er schafft es immer wieder, gegen Naturalien prominente Gegner an die Schweizer Grenze zu locken. Für Geld reist kein Klub an. Für Essen und einige andere Beigaben spielen im Sommer 1946 in der Maggi-Stadt Singen Waldhof Mannheim und der 1. FC Kaiserslautern mit Fritz Walter. Waldhof siegt 0:3 und die Pfälzer gewinnen mit 3:7. „Mit jedem Gegner wuchs die Stärke der Einheimischen", vermerken die Singener in ihrer Vereinschronik.

Bei Anpfiff der Saison 1946/47 der Oberliga Ost – Südbaden, das ist die zweite Klasse unter der Zonenliga Südwest Gruppe Süd, verstärkt sich Singen 04 auf eine zeitgemäße Art. Auf dem Gebiet der Kommune liegt ein Lager mit deutschen Kriegsgefangenen. Die Franzosen lassen eine Lagermannschaft spielen. Sie hat die gleiche Spielstärke wie Singens Erste. Aus der Mannschaft der Gefangenen holt sich Singen 04 im Jahr 1946 so starke Spieler, daß es triumphal von Sieg zu Sieg eilen kann und ein Torkonto von 76:6 erreicht.

Die zweigeteilte „Zonenliga"

Im Sommer steht schon fest, daß es ab Herbst innerhalb der französischen Besatzungszone zwei Gruppen einer obersten Liga geben wird. Ihre Bezeichnung ist in diesen Monaten nicht einheitlich. Sie heißt mal Zonenliga, mal Oberliga, auch Ehrenliga. Die Nordliga soll die Gebiete Pfalz, Saar, Rheinhessen und Rheinland umfassen, die südliche Südbaden, Südwürttemberg und Hohenzollern, soweit es in der französischen Besatzungszone liegt. Das Land Baden-Württemberg existiert noch nicht.

Doch es kommt dann anders. Eine Beteiligung der Saarmannschaften an der Zonenliga gestatten die Franzosen im Herbst 1946 zunächst überraschend nicht. In einer Saarbrücker Chronik wird für die Sportwelt festgehalten: „Das Spielsystem der neuen Saison, dessen Zusammenstellung abhängig war von der Auffassung der Sportbeauftragten der Militärregierung, ließ es im Herbst 1946 nur zu, daß im Saarland eine Ehrenklasse gebildet wurde, die in zwei Gruppen den Meister ausspielen sollte."

Neben der Oberliga Süd existiert nun auch eine Oberliga Südwest, jedoch geteilt in zwei Gruppen. Sie umfaßt die französische Besatzungszone und geht auch als Zonenliga in die Geschichte ein. Gründungsvereine der Gruppe Nord sind im Herbst 1946 der FSV Trier, Phönix Ludwigshafen, Borussia Neunkirchen, TuS Neuendorf, Mainz 05, 1. FC Saarbrücken, Wormatia Worms und der 1. FC Kaiserslautern.

Für die Gruppe Süd haben sich als Gründer qualifiziert: SV Schwenningen, VfL Friedrichshafen, VfL Freiburg, SV Biberach, SSV Reutlingen, VfL Konstanz, Spvgg Offenburg sowie FC Rastatt 04.

Auch in den unteren Gruppen beginnen im Februar 1946 wieder Meisterschaftsspiele. Die zweite Liga im Saarland heißt Landesklasse Saar. Ihr werden zugeschlagen die Sportfreunde 05 Saarbrücken, SV Saarbrücken, TSV Dudweiler, SV St. Ingbert, Homburg, Völklingen, Rot-Weiß Sulzbach, Quierschied, Merchweiler, Ensdorf, Höcherberg, Saarlouis-Roden und Güdingen. Es geht zu Beginn drunter und drüber. So muß die Elf der Sportfreunde 05 Saarbrücken in den ersten drei Spielen immer auswärts antreten. Und das bei der Translage. Im Laufe des Jahres wird die ehemals zerstörte Platzanlage an den Saarwiesen neu bezogen.

Im „Sport-Echo" vom 20. August 1946 schreibt Ludwig Knerr über die Situation um den Verein Sportfreunde Saarbrücken: „Erschreckend wenig hat der Krieg vom Stadtteil Burbach übrig gelassen. Von der Malstatter Banngrenze bis in die halbe Höhe der Bergstraße und vom Hüttengelände bis zum Waldfriedhof nur ausgebrannte Ruinen. Die Menschen, in der Liebe zur heimatlichen Scholle trotz aller Not tagaus, tagein den Anblick der Trümmerstätte ertragend, vegetieren, in Kellern und notdürftig hergerichteten Schuppen. Aber unterkriegen lassen sie sich nicht.

Am allerwenigsten läßt die sporttreibende Jugend den Kopf hängen. Aus dem Schanzeinsatz vom RAD und von der Wehrmacht heimkehrend, fanden die Burbacher Buben sich bald mit den gnadenlosen Zuständen ab und – die Götter wissen, wo sie die Bälle organisiert haben – im Sommer vorigen Jahres bereits bildeten sie Straßenclubs und veranstalteten frischweg Wettspiele."

Am 6. Oktober 1946 treffen sich in Sulzbach bei Dünnbier und Wassersuppe die Vertreter von 183 südwestdeutschen Fußballvereinen. Es wird über die vergangene improvisierte Saison geredet. Politisch erhärten sich die Bestrebungen, das Saarland vom ehemaligen Deutschen Reich zu trennen.

Die Stahlstädter des VfB (Borussia) Neunkirchen schauen zufrieden zurück: In der Saison 1945/46 verbuchten sie in 49 Spielen ein Torverhältnis von 251:61. Darunter sind jedoch nur 18 Pflichtspiele.

Der Neunkirchner Kurt Gluding, soeben erst von den Franzosen entlassen, begleitet seine Elf als Fan zu einem angesetzten Auswärtsspiel nach Worms. Die Mannschaft fährt auf einem offenen Lastwagen ins Rheinland, ein anderer, ebenfalls nicht mit einer Plane geschützter Lkw voller Zuschauer befindet sich in Sichtweite dahinter.

Den Anschluß an das vordere Auto zu halten ist schwer, denn es regnet intensiv. Naß wie „a Katz" erreichen Kicker und Fans die Kaiserstadt Worms – doch die Begegnung fällt wegen Unbespielbarkeit des Platzes aus. Meldungen über Absagen von Spielen nach den Rundfunknachrichten sind 1946 noch nicht üblich. Kurt Gluding wird Jahre später Präsident von Borussia Neunkirchen.

Saarmannschaften in der Oberliga spielberechtigt

Ab Januar 1947 dürfen die Saarmannschaften wieder in vertrauter Umgebung um Punkte kämpfen. Die Zeit der „Ehrenliga" ist zunächst einmal überwunden, sie wird aber noch einmal kommen. Gekämpft wird in der Nordgruppe der Zonenliga. Die Saar, die Pfalz und das Moselland gelten wieder als eine Einheit – zumindest hinsichtlich des Fußballsports. Für den Meister der französischen Zone, den 1. FC Saarbrücken, ist der Betzenberg bei der Titel-

1. FC Kaiserslautern – Meisterschaftsfinalist 1948

verteidigung zu hoch. Zwar unterliegen die „Roten Teufel" aus Lautern an der Saar mit 2:1, doch beim Rückspiel schlagen sie die Blauschwarzen mit 6:0. In einer Chronik des 1. FC Saarbrücken heißt es: da „mußten unsere Jungens ... ins Gras beißen."

Der FSV Mainz 05 hat Mut – ausgerechnet zum Fastnachtsamstag 1947 lädt er den 1. FC Kaiserslautern zu einem Gastspiel an den Rhein. Trotz der närrischen Tage kommen 9.000 ins Stadion am Mainzer Bruchweg und sehen hier den Favoriten gegen die Gastgeber mit 3:1 untergehen. Für viele Mainzer war die Nacht vom Samstag auf Sonntag eine sehr fröhliche. Trotz der schlechten Zeit.

Fünf Sack Kartoffeln für den Trainer

Der Neunkirchener Spieler „Henner" Theobald hat für die Saison 1946/47 einen Nebenjob als Trainer in Bliesen angenommen. Sonntags kickt er für den VfB Neunkirchen, mittwochs reist er mit der Bahn aufs Land, um die dortige Bauernelf zu trainieren. Die Bliesener lockten ihn mit dem Versprechen, ihn nach einem Jahr mit Kartoffeln zu honorieren; wieviel, darüber hatten sie sich ausgeschwiegen. Für eine Saison gilt das Geschäft. Zum Ende der Meisterschaft 1946/47 laden die Ballkünstler aus Bliesen fünf Zentner Kartoffeln in den Zug nach Neunkirchen. Theobald bekommt noch einen Klaps auf die Schulter, denn er war auf dem Lande als Trainer recht erfolgreich. Und dann dampft er am Abend an der Bergbau- und Stahlkulisse vorbei nach Hause. Der Zug fährt mit quietschenden Bremsen in des Trainers Heimatbahnhof ein. „Henner“ Theobald wuchtet die fünf Säcke auf den Bahnsteig und bleibt ratlos stehen. Eine Gepäckaufbewahrung gibt es nicht. Irgendwelche Transportmittel sind nicht zu mieten. Hastet er nach Hause, sind die Kartoffeln weg und damit der Ertrag der Trainerarbeit. Theobald beginnt ein Gespräch mit einem Wartenden. Wo er denn wohne? Der wiederum will wissen, ob an diesem Abend noch ein Zug einlaufe? Wohl nicht. Dann komme seine Frau heute nicht mehr zurück, denn sie sei auf dem Lande hamstern. Eine mühsame Verhandlung beginnt. Wenn er sein „Handwägelsche“ hole, bekomme der Mann einen Zentner ab. „Henner“ Theobald wolle auch auf der hügeligen Tour durch Neunkirchen „hinten drücke“. Schieben ist gemeint. Der Wartende ohne Frau ist glücklich. Am Ende hat „Henner“ Theobald zwar nur vier Zentner, ist aber trotzdem zufrieden, denn es standen fünf Sack auf dem Spiel.

Pirmasens: Spielbericht in Versen

Die Erfolge des FK Pirmasens in den Pflichtspielen sind für die Klubmitglieder so erlebnisreich wie die beschwerlichen Bustouren zu den Gegnern. Eine Reise unternehmen zu können bedeutet nach einem vollen Magen das höchste Glück. Diese neue Lebensfreude wird sogar durch ein Gedicht in pfälzischer Mundart der Nachwelt überliefert. In einem Ligaspiel tritt der FK Pirmasens bei Hassia Bingen an und siegt dort mit 0:8. „Lui“ Kiefer, FK-Fan seit Kindestagen, verfaßt in der Stimmung des Reiseglücks Heimatlyrik.

Loss mich mol heit e Liedche singe
vum Rhei, vum Woi, vum Dortschgefiehl
vun äänre luscht che Fahrt no Binge
un vumme schääne Fußballschbiel.

Es losst sich nix vom Himmel zwinge
de Fußballplatz leit unna Schnee
unn wie die Leit uffs Schbielfeld schbringe
iss alles weiß – bis uff de Klee

Un um die Platz geht jetzt e Raune,
die Bingemer sin heit komplett,
die Bärmasenser wärre schtaune
sie wärrn geschlaa, was gilt die Wett.

Unns Bällche rollt, oft bleibt er schdecke,
noch wääs ma net, s iss alles drinn,
die Schbieler passe, schiesse, decke,
de Reich Schläwres losst nix ninn.

Jetzt laaft er raus und schmeißt die Haxe,
de Weiß vun Binge kummt allä
es Tor scheint fertig, nix zu maxe
de Schläwres fahrt em in die Bää.

Un glich druff widder, Dunnerlittche
de Schläwres schmeißt sich wie e Fusch
Un hat de Balle am Schlafwittche
ganz braddeliöss notiert de Kusch.

Beim Schläwres is heit nix zu mache,
schtabiel schdeht die Verteidigung,
jetzt dreht de Rohr paar schäne Sache,
un a de Erich kommt in Schwung.

De Berger laaft, de Buwi schnippelt,
de Günther wiehlt im diefe Schnee,
de Rohr leet vor, de Weber drippelt,
un alles überschbielt de Klee.

Do kommt vum Berger Lui e Flanke,
de Erich zieht de Ball eweck,
e Schuß, e Krach – wie e Gedanke,
de Balle sitzt em hoche Eck.

E Mäschderschuß, mir sinn in Fiehrung,
mit sitze schtolz uff de Tribün,
de Sondinger kämpft mit de Rührung,
er sieht schunn unsern Wääze bliehn.

Die annre fange a zu wiehle,
do wärd uff ämol fescht gebolzt,
die Bärmesenser awer schbiele,
es nitzt nix, daß de Gechner holzt.

Die zwätte Halbzeit wärd schunn schänner,
do schnellerts bloss so in die Heh,
die Bingmer wärre immer klänner,
bei uns do wachst bloß so de Klee.

Bis sich die Bingemer besinne,
do ruschelts viermool in de Kischt,
die Klub iss jetzat am gewinne
der Schtorm der schbielt wie e Gedicht.

Selbst ohne Ossi gebts kää Pause,
vier Schtärmer laafe wie die Reh,
de Werno faßt e beeses Krause,
es kracht bloss so: K-L-E-E.

Was helfts daß Binge jetzat mauert,
acht Doore sinn e schääne Schdratz,
es Spiel is aus un Bunge trauert,
mir awer ziehe schtolz vum Platz.

Im Auto sitze paar un singe,
unn hann die Flasche schunn am Hals,
de Woi zum Feire liwwert Binge,
grad wie die Punkte, jedenfalls.

Die Fahrt no Bärmasens war schaurig,
unn länglich, ma erläbtse kaum,
de Erich lehnt im Polschter traurig,
er pischbert leis als mol im Traum.

Mir hann die Punkte jetzt im Ranze,
wär mirs bloss nät so aarich weh,
ich ging heit omd a noch zum Danze,
umsunscht häss ich nät Erich Klee.

Dehäm do sinn die Däner fleissich,
mir schuckle traurig dorch de Schnee
unn dänke Dreimolhunnertdreiunddreißich
danzt heit dahäm de FKP.

Die dete jetscht noch annerscht danze
un dete juchze wie noch nie,
un wäre aussem Heisel wannse
das Schbiel in Binge hätten g'sieh.

Macht bloß die Klub in däm Schbiel weiter,
not hammers sicher ball geschafft,
dann simmer glicklich Schbitzereiter
unn mache a die Mäschderschaft.

Beim Nachbarn der Pirmasenser, dem 1. FC Kaiserslautern, wird an einer technisch versierten Elf gefeilt. Der Klubchronist über 1947: „Der junge Berndt hütete anstelle von Jung das Tor, Kohlmeyer, der Allroundsportler, stand in der linken Verteidigungshälfte und der schwarze schlagkräftige Huppert assistierte ihm zur Rechten. Die Läuferreihe hatte ein anderes Gesicht bekommen, der junge Rotschopf Werner Liebrich versah den Mittelläuferposten und war zusammen mit seinem Bruder Ernst und dem zugewanderten Heinz Klee das Mittelfeld beherrschend. Der Sturm aber wurde das Glanzstück der Mannschaft. Mit Grewenig auf dem rechten Flügel, Fritz Walter als Sturmmotor auf Halbrechts, mit Ottmar Walter, der inzwischen aus der Gefangenschaft zurückgekehrt war, als Vollstrecker in der Mitte, dem wuchtigen und schußgewaltigen Baßler auf Halblinks und dem kleinen blonden Christmann auf Linksaußen, war die Elf geschaffen, die in der Folge fortwährend das Spielgeschehen in der französischen Zone diktierte."

Auf dem Lauterer Betzenberg steigen Sonntag für Sonntag die Zuschauerzahlen. Die Anmarschwege, die treffend so heißen, weil die Fans zu Fuß in Stadion kommen, sind zu schmal und bereiten viel Ärger. Die Funktionäre des 1. FC Kaiserslautern registrieren einen beachtlichen Boom. Auch Bürger, die früher für diesen Sport kein Interesse zeigten, werden Anhänger der „Roten Teufel". An der Stiftskirche versammeln sich täglich in der Frühe schon die Oberfanatiker und eröffnen ihre lokale Börse. Privat werden Wetten auf die kommenden Spiele abgeschlossen oder die wenigen Sportzeitungen ausgetauscht.

Meister der Gruppe Nord der Oberliga Südwest wird am Ende der Saison 1946/47 der 1. FC Kaiserslautern. Es folgen Wormatia Worms, 1. FC Saarbrücken, Mainz 05, Phönix Ludwigshafen, Borussia Neunkirchen, TuS Neuendorf und der FSV Trier.

In der Gruppe Süd liegt der VfL Konstanz an der Spitze. Ihm folgen SSV Reutlingen, VfL Friedrichshafen, Spvgg Offenburg, FC Rastatt 04, SV Schwenningen, VfL Freiburg und SV Biberach.

Zonenmeister werden die Lauterer nach einem 8:1-Heimsieg gegen den VfL Konstanz und einem weiteren Erfolg von 4:8 am Bodensee.

Saarbrücken: Erste internationale Begegnung nach Kriegsende

Am 27. April 1947 kommt es im Saarland zur ersten internationalen Begegnung nach dem Ende des Krieges. Auf dem Kieselhumes der Saarmetropole unterliegt der 1. FC Saarbrücken vor 20.000 Zuschauern Stade Reims mit 2:5. Der Klub spielt inzwischen nicht mehr in seinem Heimatstadion. In der Vereinschronik heißt es: „Das Umkleidegebäude im Ludwigspark, das in großen Ausmaßen zerbombt war, konnte nur notdürftig zurechtgeflickt werden. Der Platz selbst, dessen Drainage durch Bombentreffer zerstört war, verlangte immer wieder Mittel und persönlichen Einsatz von Funktionären, um ihn zum Spiel herzurichten. In dieser Zeit brachte auch das Sportamt der Stadt die Rede darauf, daß unser Ludwigspark als Schutt-Abladeplatz größeren Umfangs verwendet werden soll. Allerdings wurde uns damals fest versprochen, daß auf dem aufgeschütteten Schutt spätestens innerhalb von sechs Monaten ein neuer Platz hergerichtet würde. Doch im Laufe der Zeit mußten wir uns eines anderen belehren lassen."

„Einladung: Wir erlauben uns, Sie zu der Sonntag, 19. Okt. 1947, 20 Uhr, in der Turnhalle Völklingen, anläßlich des Aufstiegs in die Zonenliga unserer 1. Fußballmannschaft stattfindenden Meisterschaftsfeier herzlichst einzuladen. Sportgemeinde Völklingen." Den Klub Röchling Völklingen 06 gibt es zu diesem Zeitpunkt noch immer nicht. Die Franzosen haben die Zügel straff in der Hand. Über die vorangegangenen Spiele um den Aufstieg in die Nordzonenliga schreibt ein Klubbiograph: „Aber außer der nunmehrigen Zugehörigkeit zur Liga hatte das dem Verein nichts gebracht als 7 Verletzte, denn die Spiele waren äußerst hart geführt worden." Die Saison 1947/48 kann die Elf von Völklingen jedoch nicht bis zum Ende durchstehen.

Von der Reichsmark über Saar-Mark zum Franc

Am 16. Juni 1947 kommt es zu einer weiteren politischen und wirtschaftlichen Abspaltung des Saarlandes von den anderen Teilen der französischen Besatzungszone – die abgegriffene graue Reichsmark wird abgeschafft und als neue Währung eine sogenannte Saar-Mark eingeführt. In 900 Wechselstellen wird das alte Geld im Verhältnis von 1:1 gegen das neue getauscht.

Eine Tagung der Fußballfunktionäre des Südwestens im September 1947 in Mainz verläuft recht stürmisch. Die Herren haben inzwischen gelernt aufzubegehren. Beschlossen wird nach einer leidenschaftlich geführten Debatte, die Zonenliga von bisher zehn auf 14 Mitglieder zu erhöhen.

Am 26. Oktober 1947 beginnt die Serie der zunächst noch zweitklassigen Landesliga des Saarlandes, die einige auch „Ehrenklasse" nennen – in Anlehnung an die auf Anordnung der Militärbehörde zunächst gebildete Spielklasse nach Wiederaufnahme des Spielbetriebs. Ihr gehören an: Sportfreunde 05 Saarbrücken, Ludweiler, Dudweiler, Merchweiler, Hühnerfeld, Püttlingen, Homburg, Brebach, Ensdorf und Blieskastel.

Gegen die Stimmen der Kommunisten verabschiedet der Landtag des Saarlandes am 8. November 1947 eine neue Verfassung. In der Präambel wird die Loslösung von Deutschland proklamiert. Am selben Tag lesen die Saarländer in der Zeitung, daß sie bald dem französischen Wirtschaftssystem angeschlossen werden und erneut eine andere Währung eingeführt werden soll.

Am 20. November 1947 wird das Währungssystem im Saarland erneut umgestellt. Die Saar-Mark gehört der Geschichte an, der französische Franc ist offizielles Zahlungsmittel, das industrialisierte Saarland wird dem französischen Wirtschaftssystem angeschlossen. Die Abfertigungen an der Grenze zwischen dem Saarland und den französisch besetzten Teilen des ehemaligen Deutschen Reichs dauern immer länger. Oft erreichen die Mannschaften nicht rechtzeitig den Spielort. Beim 1. FC Saarbrücken heißt es lapidar, daß die „notwendigen umständlichen Formalitäten beim Grenzübertritt" es fast unmöglich machten, „die Spiele ordnungsgemäß ablaufen zu lassen".

Saarfußball erneut eigenständig

Den Saarländern geht es wegen der Angliederung an das französische Wirtschaftssystem etwas besser als den Nachbarn in der Pfalz. Kurt Gluding vom VfB (Borussia) Neunkirchen reist seinem Verein nach zu einem Spiel in Kaiserslautern. Der Grenzübergang erfolgt, wie immer, in Homburg. Wegen der zeitraubenden und schikanösen Kontrollen fährt der Zug verspätet ab und trifft nicht pünktlich im Zielort ein. Der Betzenberg ist proppenvoll, das Spiel läuft bereits. Fußballfan Gluding zückt einen Flachmann, der mit französischen Schnaps gut sichtbar gefüllt ist und reicht auf der Gegengeraden dem jeweils über ihm stehenden Zuschauer das Fläschchen zu einem Schluck. So gelingt es ihm, eine ansehnliche Höhe auf dem Betzenberg zu erklimmen. Der wirtschaftliche Vorteil hilft dem pfiffigen Saarländer nur halb – das Stadion ist so überfüllt und Gluding derart eingekeilt, daß er nur eine Hälfte der Spielfläche sehen kann.

Im Mai 1948 ist die Ausklammerung der deutschen Vereine von der Saar amtlich. Die Zeitung „Sport" in ihrer Ausgabe vom 5. Mai 1948: „Der französische Fußballverband tagte unter Vorsitz seines Präsidenten Jules Rimet und in Anwesenheit von Vertretern der saarländischen Regierung und des saarländischen Sports am Freitag in Paris, wobei folgende Entscheidungen getroffen wurden:

1. Ab 20. Mai dürfen keine Freundschaftsspiele mehr zwischen saarländischen und deutschen Fußballmannschaften ausgetragen werden.
2. Ab sofort können alle saarländischen Vereine völlig frei mit französischen Fußballmannschaften Freundschaftsspiele austragen.
3. Die 4 saarländischen Fußballvereine, die in der Zonenliga Nord spielen, dürfen die Meisterschaft zu Ende führen, allerdings nur bis Ende Juni.
4. Ab 1. Juni können die Saarvereine im Einverständnis mit dem französischen Fußballverband mit allen Ländern, die dem Internationalen Fußballverband angeschlos-

sen sind, Freundschaftsspiele austragen.

Weiterhin wurde auf der Sitzung beschlossen, eine gemeinsame französisch-saarländische Kommission zu bilden, deren Aufgabe darin besteht, die künftigen Sportbeziehungen zwischen beiden Ländern zu regeln."

Als Folge dieses politischen Schnitts wird am 25. Juli 1948 nach einer über neunstündigen Debatte in Sulzbach der „Saarländische Fußballbund" (SFB) gegründet. Die Chronik der Sportfreunde 05 Saarbrücken: „Die Zeitverhältnisse zwangen zu einem Abbruch des Pflichtspielverkehrs zum Osten, so daß Neunkirchen, SV Saarbrücken und Völklingen wieder in der saarländischen Liga spielten, die nun als Landesklasse 14 Mannschaften besaß."

Beim VfB (Borussia) Neunkirchen heißt es lapidar: „Die Ehrenklasse Saargebiet war ein Provisorium, und ein reizloses dazu, bedingt durch die politische Grenzziehung. Gegner waren nun Ensdorf, Merzig, ... Ludweiler, Merchweiler, Marpingen, Püttlingen, Brebach, Dudweiler und andere." Genau 41 Jahre später sagt Kurt Gluding, der Vorsitzende des Saarländischen Fußballverbandes: „Im Grunde haben wir ein Jahr privatisiert. Wann immer es ging, haben wir bei uns gegen bekannte deutsche Gegner gespielt. Die kamen auch, um den Kontakt zu uns aufrechtzuerhalten. Besonders gern erinnere ich mich an die Aktivitäten bei der Spielvereinigung Fürth. Die

Karl Adam, Torhüter bei TuS Neuendorf und 1. FC Kaiserslautern, wehrt hier vor Kasperski (Borussia Dortmund) ab.

spielten oft kostenlos bei uns. Denn wir brauchten Geld, um unsere Mannschaft unterhalten zu können."

Aus der Chronik des Sportvereins Röchling Völklingen 06: „Die Verbandsspiele in der Nordzonenliga konnten 1948 nicht zu Ende gespielt werden. Die Schwierigkeiten, mit denen damals der Grenzübertritt verbunden war, wurden immer stärker – und so schieden die Vereine des Saargebietes aus. Die Völklinger Spieler der Spiel- und Sportgemeinde, Sparte Fußball (also die 06er), hatten bei der Auflösung den viertletzten Platz der Tabelle. ... So standen wir also da mit unseren Talenten."

Saarbrücken: Teilnahme an der französischen Meisterschaft

Tiefe Depressionen beim 1. FC Saarbrükken. Die Teilnahme an der Ehrenliga würde die Spielkultur der Mannschaft nicht heben. Der Großverein hat in allen Sportarten inzwischen über 800 Aktive. Es wird gerechnet und gerechnet. Aber es gibt nur ein Ergebnis – es kämen zu wenig Franc ein, um diesen Klub aufrechtzuerhalten. Doch dann überholt die Wirklichkeit die Phantasie eines Romanschreibers: Der Verein Angoulême ist aufgrund lokaler Schwierigkeiten nicht in der Lage, am Spielbetrieb der zweiten französischen Liga teilzunehmen. Die Funktionäre des deutschen 1. FC Saarbrücken fragen beim französischen Verband an, ob nicht ihre Mannschaft einspringen könne. „Diesem Antrage wurde stattgegeben unter der Einschränkung, daß unsere Mannschaft als Gast, also inoffiziell, an dieser Spielreihe teilnehmen konnte."

Die Teilnahme an der Runde im benachbarten Frankreich setzt jedoch voraus, daß die Saarländer den Berufsfußball einführen. Am 26. Juli 1948 treffen sich 280 Mitglieder des 1. FC Saarbrücken und ändern die Satzung. „Die Aufgaben des Clubs bestehen in der planmäßigen Pflege der Leibesübungen, im besonderen aller volkstümlichen Sportarten unter Innehaltung des allgemein gültigen Amateurprinzips. Lediglich eine Berufsfußball-Mannschaft wird neben der Amateur-Fußball-Abteilung so in dem gesamten Geschäftsrahmen des 1. FC Saarbrücken unterhalten, daß sämtliche aus dem Betrieb dieser Mannschaft sich ergebenden Überschüsse in die Amateur-Abteilung fließen. Der Verein lehnt Bestrebungen und Bindungen klassentrennender, politischer und konfessioneller Art ab."

Dieser Schritt des 1. FC Saarbrücken isoliert den Verein in der Region. Man wettert gegen den Profifußball. Dahinter steht aber auch die Verärgerung über die zu enge Verbindung mit dem Nachbarn Frankreich. Betroffen sitzen die Männer aus der Führungsriege des Vereins zusammen und beraten über die Kritik. „Gegen alle Angriffe ist die beste Waffe eine klare, korrekte und zielbewußte Arbeit in allen Abteilungen und in der Verwaltung." Das liest sich wie Selbstbeschwörung. Der 1. FC Saarbrücken wird im Herbst 1948 antreten gegen 19 französische Mannschaften, jeweils in Hin- und Rückspielen. Gegner werden sein Bordeaux, Lens, Rouen, Le Havre, Alès, Nîmes, Besançon, Nantes, Monaco, Angers, Lyon, Béziers, Toulon, Le Mans, Amiens, Valenciennes, Troyes, C.A. Paris und Douai.

Südwest: Kaiserslautern vorn

In der Oberliga Südwest, Gruppe Nord, die als spielstärker gilt als die südliche, wird der 1. FC Kaiserslautern erneut Sieger. Ihm folgen nach dem Abpfiff der Saison 1947/48 der 1. FC Saarbrücken, der wie die anderen Saarklubs zu Ende spielen durfte, TuS Neuendorf, Borussia Neunkirchen, Wormatia Worms, FK Pirmasens, VfL Neustadt, FSV Mainz 05, Saar 05 Saarbrücken, Phönix Ludwigshafen, SV Völklingen, SG Gonsenheim, VfL Trier und Spvgg Andernach.

Die Gruppe Süd sieht Rastatt 04 vorn. Danach kommen die Spvgg Offenburg, Eintracht Singen, VfL Konstanz, Fortuna Freiburg, VfL Schwenningen, SSV Reutlingen, VfL Friedrichshafen, VfL Freiburg, SV Biberach, SV Trossingen und SV Laupheim.

Der in der Pfalz beheimatete 1. FC Kaiserslautern wird zum zweiten Mal Zonenmeister im Besatzungsbereich der Franzosen. Und diese erlauben inzwischen auch schon mal Reisen in den deutschen Machtbereich der Briten und Amerikaner. Bayern München, durch die Oberliga Süd geschliffen und gestählt, lädt die Pfälzer Elf des Fritz Walter in das Stadion an der Grünwalderstraße. Die mit Reichsmark zahlenden 25.000 Zuschauer haben schon einiges von dieser neuen Elf aus der Weinbaugegend gehört, doch einen Sieg trauen sie den Gästen nicht zu. Dann haben die Fans allen Grund zum Staunen; die bayerischen Spieler auf dem Rasen aber auch, denn die Lauterer im roten Dreß spielen witzig, leicht, körperlos, technisch brillant – sie erobern die Herzen der Zuschauer trotz einer deprimierenden Niederlage von 1:5 für die Platzbesitzer. Am Tag darauf behaupten die Redakteure auf den Sportseiten dersüddeutschen Presse, unter Führung des Nationalspielers Fritz Walter sei eine neue Mannschaft in die deutsche Spitzenklasse vorgestoßen. Das stimmt, denn die Pfälzer Elf wird in diesem Jahr auch im Endspiel um die etwas chaotisch organisierte Deutsche Meisterschaft stehen.

Der nun 39 Jahre alte Spieler „Henner“ Theobald von Saar 05 Saarbrücken und dann VfB respektive Borussia Neunkirchen, hängt die lädierten Fußballschuhe an den Nagel und wird Trainer im nahen Bexbach. Bezahlt wird nur mit Naturalien. Er bekommt Brot, zudem kann er nach den Übungsstunden und Spielen, wie er sagt, „da mal esse, da mal esse.“ Meist aber in der Gaststätte „Krone“, selbstverständlich ohne zu bezahlen. Gelegentlich kann er sich auch einen Schinken unter den Arm klemmen, wenn er mit der Bahn heim nach Neunkirchen fährt. Trainiert wird zweimal in der Woche, das sind für den Ex-Kicker somit zwei Brote. Damit kommt er, zusammen mit seiner Frau, über die Runden. Auch Torwart Karl Müller wird von Saar 05 Saarbrücken über den Trainer nach Bexbach gezogen – für Brot, Schinken und kostenlose Verpflegung vor Ort pariert er die Bälle der Bexbacher Gegner.

Zum Ende der Saison 1947/48 verläßt der Kicker Helmuth Schneider den FSV Mainz 05 und wechselt zur Spielvereinigung Fürth. Die offizielle Bezahlung im Süden mit Beginn der Saison 1948 lockt. Verärgerte Funktionäre des Südwestens beschließen im Zonensportrat: Keine Spielerfreigaben für die Süddeutsche Oberliga, bis eine einheitliche Regelung in der Frage der Vertragsspieler für alle Zonen erfolgt ist.

Saarbrücken: Tabellenführer der französischen Liga

„Südwestdeutschland und eigentlich ganz Fußball-Deutschland stand Ende der vierziger und Anfang der fünfziger Jahre besonders im Zeichen von Fritz Walter und seinem FC Kaiserslautern“, notiert man beim Nachbarn FK Pirmasens. „Zunächst war es uns wirklich nur möglich, in deren Schatten zu existieren und uns langsam aufzubauen. Es ist jedoch nicht zu verkennen, daß gerade das Stärkerwerden von Kaiserslautern ein gesundes Neidempfinden erzeugte, in Anbetracht der früheren stolzen Meisterschaftszeiten des FKP.“

Neidisch können die Kicker aus der Lederstadt Pirmasens auch auf den etwas weiter entfernten Nachbarn, den 1. FC Saarbrücken, sein. Er begeistert zwar nicht „Fußball-Deutschland“, imponiert aber „Fußball-Frankreich“. Die erste Saison 1948/49 in der zweiten Liga Frankreichs verläuft für die Saarländer glänzend. Von 37 Spielen werden 26 gewonnen, sieben enden unentschieden und nur vier Mal triumphiert der Gegner. Ein Spiel fällt aus. Bordeaux tritt nicht in Saarbrücken an. Die Elf hat sich bereits den Aufstieg in die Erste Division erspielt und deshalb auf den Auftritt in der saarländischen Landeshauptstadt verzichtet. Saarbrücken schoß 148 Tore und kassierte 50. Tabellenzweiter Bordeaux hat ein Torverhältnis von 108:48. Bordeaux steigt als Zweiter auf, Saarbrücken als Erster nicht, weil die Erfolge der Saarländer offiziell nicht gewertet werden. „Unsere Mannschaft war eine Reisemannschaft geworden. Kreuz und quer passierte sie auf manchmal endlos anmutenden Eisenbahnstrecken die Fluren Frankreichs. ... Man war auf uns aufmerksam geworden in Frankreich, nicht nur, weil wir es verstanden hatten, unter widrigen Verhältnissen zu siegen, sondern im wesentlichen deswegen, weil unsere Mannschaft in ihrem gesamten Auftreten auf dem Spielfeld und auch im übrigen Rahmen eine ausgezeichnete Disziplin bewies.“ Die nüchterne Anrechnung am Ende der Saison ergibt: Die Mannschaft hat 23.314 Kilometer mit der Bahn zurückgelegt.

Wie stark die Saarländer im französischen Fußball sind, zeigt auch die Tatsache, daß unter den zehn besten Schützen der II. Division sieben Saarbrücker sind. Spitzenreiter ist Herbert Binkert mit 41 Toren. Während dieser Zeit spielt die Elf des 1. FC Saarbrücken nicht nur in der Liga, auch bedeutende internationale Gegner wie Admira Wien, Nancy, Stade Reims sowie Dynamo Zagreb und Hayduk Split geben ihre Visitenkarten ab.

Antrag auf Aufnahme in FIFA

Die Vereinsführung stellt an den französischen Fußballverband, die Fédération Française de Football (F.F.F.), den Antrag, nun mit Punktewertung spielen zu dürfen. Die Ballfunktionäre in Paris beraten lange. Saarbrückens Kicker spüren, daß ihr Begehren hinter der Grenze mit Reserven aufgenommen wird, was sie sich folgendermaßen erklären: Es hätte keine französische Mannschaft in der II. Division eine Aufstiegschance; stiege der 1. FCS in die erste Liga auf und würde dort gar französicher Meister – nicht auszudenken, wie betroffen die Grande Nation darauf reagieren würde. Die F.F.F. lehnt den Antrag der Saarländer erwartungsgemäß ab. In Saarbrücken beschreibt man die Lage nach dieser Entscheidung als „trostlos“: „Unser Club mit fast zweitausend Mitgliedern, in dem ein gutes Dutzend Sportarten heimisch waren, mit einer erstklassigen Fußballmannschaft, die gerade in der abgelaufenen Saison die ersten Proben einer internationalen Bewährung mit Glanz bestanden, hatte zwar keine Schulden, aber, und das war das bedrückendste, auch keine flüssigen Mittel. Die Einkünfte aus den Spielen in der zweiten Division hatten bei weitem nicht ausgereicht, die hohen Kosten der Reisen kreuz und quer durch Frankreich und die Kosten für die Vertragsspielermannschaft mit den anhängenden Amateur-Abteilungen zu decken.“

Kurt Gluding, Präsident des Saarländischen Fußballverbandes

Die Not macht erfinderisch. Bei den Franzosen ist die Elf nicht mehr gelitten, bei den deutschen Vereinen im Südwesten nicht zugelassen. Ausgeschrieben wird deshalb jährlich ein „Internationaler Saarland-Pokal“. So soll die trostlose Zeit ohne Ligaspiele glanzvoll überbrückt werden. Der Hohe Kommissar und die Regierung des Saarlandes stiften zusätzlich noch vier wertvolle Pokale, die Industrie der Region legt zwei Millionen Franc drauf. Saarländische, schweizerische, dänische, schwedische, belgische, chilenische, österreichische und selbstverständlich auch französische Mannschaften spielen um diese Trophäen. Erster Gewinner des „Internationalen Saarland-Pokals“ wird der 1. FC Saarbrücken nach einem 4:0-Erfolg im Endspiel gegen Stade Reims.

Die große Stunde von Hermann Neuberger

Am 16. Juli 1949 legt der Vorstand des Saarländischen Fußballbundes der Mitgliederversammlung einen Antrag vor, dem französischen Fußballverband beizutreten. Die saarländische Regierung unterstützt dieses Begehren. Die große Stunde des Jugendleiters des Saarverbandes, Hermann Neuberger, ist gekommen.

Augen- und Zeitzeuge Kurt Gluding über die Versammlung des SFB: „Der Verbandsvorsitzende war ein frankophiler Mann und der zweite Befürworter, der saarländische Kultusminister Strauß, auch. Es war schon eigenartig, daß dann sein Jugendleiter auftrat und eine völlig andere Position vertrat, die hieß: zurück nach Deutschland. Er hat auch die überwiegende Stimmungslage im Saal voll getroffen.“ In der Debatte ist stets die Rede von den drei F, niemand spricht den vollen Namen des französischen Verbandes aus. Gluding: „Neuberger war ja Journalist und ist beim Sport-Echo entlassen worden, der hatte noch eine zusätzliche Rechnung mit den Franzosen offen.“ Mit 609 Neinstimmen und 299 Ja sowie 55 Enthaltungen geht der Antrag des Vorstandes baden. Kein Anschluß an die F.F.F. „Heim ins Reich“, nattern die Unterlegenen. Später wird Hermann Neuberger Präsident des Saarländischen Fußballbundes. Sein Nachfolger Kurt Gluding spricht vier Jahrzehnte später in der Erinnerung immer noch von den drei F.

Im Südwesten ist der 1. FCK um Fritz Walter in der Nordgruppe Meister im Abonnement. 1949 wird Wormatia Worms Vize, ihr folgen TuS Neuendorf, FK Pirmasens, VfL Neustadt, Phönix Ludwigshafen, Eintracht Trier, FSV Mainz 05, SG Weisenau, ASV Oppau, Spvgg Andernach, VfL Trier-Kürenz und die SG Gonsenheim.

Die Südgruppe sieht Fortuna Freiburg vorn. Es folgen SV Tübingen, ASV Villingen, Eintracht Singen, FC Rastatt 04, SSV Reutlingen, VfL Schwenningen, VfL Konstanz, VfL Freiburg, VfB Friedrichshafen,

FV Biberach und Spvgg Offenbach.

Die Walter-Elf schlägt Fortuna Freiburg im Kampf um die Zonenmeisterschaft mit 4:0 und 3:6.

Letzte Saison der zweigleisigen Oberliga Südwest

Die vielen internationalen Begegnungen sollen ab 1949 beim 1. FC Saarbrücken darüber hinwegtäuschen, daß der Verein im Grunde „privatisiert" und nicht an Ligaspielen beteiligt ist. Das Zuschauerinteresse läßt nach. Am 26. Oktober 1949 durchbricht der 1. FCS „die Sperre" zu den benachbarten deutschen Mannschaften – der 1. FC Kaiserslautern siegt in einem Freundschaftsspiel vor 30.000 begeisterten Saarländern mit 3:5. „Doch bis zur Aufnahme eines regelmäßigen Spielverkehrs sollte es noch ein langer Weg sein", heißt es in den Annalen des Klubs. Auch in anderen bekannten Saarvereinen wird die Isolation beklagt. Der Internationale Saarpokal, an dem auch deutsche Mannschaften ab 1950 teilnehmen dürfen, ist auf Dauer kein Ausgleich für die „Ball-Inzucht" in dem Land der Kohle und des Stahls.

Die Saison 1949/50 ist die letzte im Südwesten mit zwei Gruppen. Die Nordgruppe sieht, wie sollte es anders sein, den 1. FC Kaiserslautern mit einem Torverhältnis von 157:24 vor Wormatia Worms auf dem ersten Platz. Danach plazieren sich TuS Neuendorf, FK Pirmasens, Phönix Ludwigshafen, ASV Landau, VfL Neustadt, SV Andernach, VfR Kaiserslautern, FV Engers, FSV Mainz 05, Eintracht Trier, SG Weisenau, BSC Oppau, VfL Trier-Kürenz und VfR Kirn.

In der Südgruppe hat SSV Reutlingen die Nase vorn. Die weitere Reihenfolge: SV Tübingen, FC Singen 04, Freiburger FC, VfL Konstanz, FV Kuppenheim, FV Ebingen 07, FC Rastatt 04, FC Villingen 08, FV Lahr 03, Spvgg Offenburg, VfL Schwenningen, VfB Friedrichshafen, Spvgg Trossingen und SV Hechingen. Die Vereine des Südwestens haben nun alle wieder ihre früheren Namen.

Mit einem 6:1-Sieg feiert der 1. FC Kaiserslautern seine erneute Zonenmeisterschaft.

Seit der Saison 1950/51 ist die Oberliga Südwest eingleisig. Die Mannschaften aus Südbaden und Südwürttemberg-Hohenzollern werden der Oberliga Süd oder den darunter liegenden Klassen zugeordnet. Der SSV Reutlingen steigt in die Oberliga Süd auf, die Tübinger verzichten. Ein weiterer Aufsteiger in die süddeutsche Eliteklasse wird in einer einfachen Runde ermittelt, es ist der FC Singen 04.

Erst ab der Saison 1951/52 dürfen die prominenten Saarmannschaften wieder in der Oberliga Südwest mitspielen. Beim VfB Borussia Neunkirchen halten lokale Historiker hierüber fest, daß „endlich dem verzweifelten Drängen der der Verkümmerung anheimfallenden saarländischen Spitzenvereine nach Wiederteilnahme an einem zünftigen, die Sportgemeinde fesselnden Meisterschaftsbetrieb" ein Erfolg beschieden worden sei. Man fühle sich wieder wohl „in dem seit vielen Jahrzehnten organisch gewachsenen, gewohnten Rahmen der saarländisch-pfälzisch-hessisch-rheinischen Konkurrenz".

Saarland vor dem DFB Mitglied der FIFA

Der Weg des saarländischen Fußballverbandes bleibt jedoch vorerst außerhalb der Spur. So beschließt der Saarländische Fußballbund am 7. April 1950, den Antrag auf Aufnahme in den Internationalen Verband FIFA zu stellen. Ex-Jugendleiter Hermann Neuberger löst am 14. Mai den „franzosenfreundlichen" Willy Koch als Präsident ab. Am 22. Juni wird der Saarländische Fußballbund – noch vor dem DFB – Mitglied der FIFA. Fünf Jahre lang werden die Saarländer der FIFA angehören und sogar Länderspiele bestreiten. Am 22. November 1950 gewinnt das Saarland in der Begegnung gegen Schweiz B das erste „Länderspiel" vor 16.000 Zuschauern in Saarbrücken mit 5:3. Am 11. Oktober 1953 kommt es vor 55.000 Zuschauern in Stuttgart sogar zu dem Vergleich Deutschland – Saarland. Umgangssprachlich ausgedrückt schlagen „die Deutschen die Saarländer" mit „nur" 3:0. Die Torschützen sind zweimal Morlock und einmal Schade. Das Rückspiel gewinnt die DFB-Auswahl am 28. März 1954 in Saarbrücken ebenfalls mit 1:3. Das letzte „Länderspiel" bestreitet die Saarauswahl am Ende der fünfjährigen Mitgliedschaft in der FIFA in Amsterdam gegen die Niederlande. Verbandstrainer Helmut Schön läßt sich mit seiner Saarelf noch einmal fotografieren, alle wissen, daß dieses politisch bedingte Ballkuriosum nun endlich zu Ende geht.

Westdeutschland: Vorteile für die Bergarbeitervereine

Der Weg nach Hause

Für den aus Bocholt am Niederrhein stammenden Fußballer „Jupp“ Lammers endet der Zweite Weltkrieg im April 1945 am Plattensee in Ungarn. „Hier begann ich mit der Rückwärtsbewegung“, erinnert er sich. „Unorganisiert“ setzt er sich mit einigen Landsern von der Truppe ab. Nach einigen Tagen wird er zusammen mit zwei anderen von amerikanischen Soldaten auf dem Weg in Richtung Heimat angehalten. In seinem Schulenglisch behauptet der geistesgegenwärtige Kicker, er sei Niederländer. Da müsse er doch zum holländischen Konsulat, entgegnet ein GI. „Ja, ich will nach Regensburg ins Konsulat“, behauptet der Mann aus Bocholt. Vorher bereits fälschte sich Lammers selbst einen Ausweis. Die Alliierten überlassen ihm und seinen Fluchtkumpanen drei Fahrräder, die sie irgendwelchen Leuten abgenommen haben. In Scheunen von Landwirten übernachteten die Männer auf ihrem Treck in Richtung Westen. Die Flüchtenden sind für viele Landbewohner in diesen Tagen die einzigen Informanten über die Lage. Der beschwerliche Marsch zum Ruhrgebiet endet nach 18 Tagen abrupt an einer Behelfsbrücke in Witten. Das andere Ruhrufer scheint weit. Ein amerikanischer Soldat, der akzentfrei deutsch spricht, verlangt nach Papieren. Er betrachtet die Fälschung von Lammers. „Hören Sie mal, damit können Sie doch nicht durchgekommen sein, die Unterlagen sind doch falsch.“ Nach einer kurzen Pause: „Was sind Sie nun denn wirklich, Sie sind doch Soldat.“

„Eigentlich ja, ich bin aber bald zu Hause, denn es ist doch nicht mehr weit bis Bocholt. Heute abend könnte ich noch zu Hause sein.“

Der US-Soldat zieht Lammers an die Seite: „Ich habe eine deutsche Mutter. Nun fahren Sie mal ganz stickum da auf die Brücke, viel Glück dann.“

Am Abend, wenige Minuten vor Beginn der Sperrstunde um 21 Uhr, ist der Kicker „Jupp“ Lammers zu Hause in Bocholt, aber noch nicht in Freiheit. Drei Monate darf er sich nicht auf der Straße sehen lassen. Junge Männer, die keine Entlassungspapiere vorweisen können, werden von den Briten in Gefangenschaft genommen. Lebensmittelkarten erhält er nicht, weil es ihn ihn offiziell in Bocholt nicht gibt. Die Eltern müssen ihn in dieser schweren Zeit durchziehen. Nach einem Quartal holt er sich eine Aufenthaltserlaubnis für Bocholt und erhält auch die ersehnten Lebensmittelkarten.

Die Bocholter Fußballer formieren sich wieder. Das erste Spiel wird im Herbst des Jahres angepfiffen – es ist das traditionsreiche Ortsderby 1. FC gegen Olympia Bocholt. Friedlich trennen sich die Mannschaften 2:2. Schwierigkeiten, Kluften zu bekommen, hatten die Balltreter nicht. „Bocholt ist eine Textilstadt“, sagt „Jupp“ Lammers, „da gab es Stoffe, und die Frauen haben die Hosen und die Hemden für uns genäht.“ Nach dem Spiel erhalten die Kicker ein Essen. „Bocholt ist eine ländliche Gegend. Da waren auch noch ein paar Bäcker und Metzger im Klub, so daß wir für die Verhältnisse sogar schon übern Berg waren.“

Aber nicht über jeden. Die Bocholter Fußballer reisen auf einem Lastwagen mit Holzvergaser zu ihren auswärtigen Begegnungen. Selten treffen sie pünktlich beim Gegner ein. Zu einem Vergleich gegen den VfB Bottrop kommen die Bocholter erst zwei Stunden nach der vereinbarten Anstoßzeit. Doch Bottrops Kicker warten so lange. Das Spiel findet keinen regulären Abschluß – wegen Dunkelheit muß es abgebrochen werden.

Bielefeld: „Fremdarbeiterlager“ auf dem Platz

Beim VfB 03 Bielefeld ist die Lage trostlos. Von den bisherigen 324 Mitgliedern sind noch 82 Getreue aufzufinden. Der Sportplatz ist verpachtet an die Lohmannwerke. Die hatten auf dem Gelände Baracken für „Fremdarbeiter“ bauen lassen – das waren Verschleppte aus den eroberten Gebieten. Der Begriff Zwangsarbeiter ist richtiger. Nach dem Ende des Faschismus benötigen die Lohmannwerke die Anlage des VfB 03 Bielefeld nicht mehr, der Pachtvertrag soll aufgelöst werden. Die Sportler finden nur noch Überreste ihrer früheren Vereinsanlage wieder. Festgehalten über den Zustand 1945 ist: „Die Baracken mußten beseitigt werden, die sämtlichen Sitzplätze der Tribüne, die Umzäunung, die Schränke der Umkleideräume“ waren unbrauchbar und verheizt. „Die Warmwasseranlage, die Duschen und die Heizung der Umkleideräume waren ... zerstört. Quer über den Platz zogen sich Splitterschutzgräben und Unterstände, und nicht weniger als neun tiefe Bombenkrater gähnten im Sportplatzgelände.“

Völlig zerbombt ist auch der Platz des ehemaligen Gauligisten Hamborn 07 an der Buschstraße in Duisburg, gelegen zwischen Hütten und Bergwerken. „In unermüdlicher Arbeit richteten die Mitglieder ihre Platzanlage wieder her. Obwohl alle große Not litten, stand keiner abseits. Trotz Hunger im Bauch arbeiteten sie damals an der Buschstraße oftmals bis tief in die Nacht hinein. Zunächst mußten die riesigen Bombentrichter auf dem Platz mit Schutt aufgefüllt werden. Dann gestaltete man die Spielfläche. Mit geputzten Ziegelsteinen von den zerstörten Buschmannschen Pferdeställen wurde die Außenmauer um die Anlage geschaffen. Was sonst an Baumaterial fehlte, mußte schließlich organisiert werden.“ Zwei wichtige Funktionäre von Hamborn 07 aus der Kriegszeit dürfen auf Geheiß der Briten den Klub nicht mehr weiterführen. So lotst Engelbert Ahls den Verein für seinen Bruder Peter durch die unruhige See des ersten Jahres nach dem Kriege.

Die Alsdorfer Sportvereinigung 1919, die in Sichtweite des Bergwerks Anna im Aachener Kohlenrevier spielt, beginnt im August an der dortigen Broicher Straße wieder mit dem Fußballsport. Erster Gegner ist eine italienische Auswahl. Sie setzt sich zusammen aus ehemaligen Zwangsarbeitern und Gefangenen. Die kickenden Kumpel trennen sich von den ballgewandten Italienern 1:1. Als weitere Kontrahenten treten die unmittelbaren Nachbarn Alemannia Aachen und Rhenania Würselen an. Die Bergleute aus Alsdorf schlagen die Mannschaft des Brit. Reg. 11 mit 8:0.

Bei dem einstigen Ruhr-Rivalen von Schalke 04, dem ETB Schwarz-Weiß Essen, bekommt die Klubführung zunächst nicht einmal eine Elf zusammen. Erst nach und nach kehren die früheren Aktiven aus der Kriegsgefangenschaft zurück. Deshalb sind die ersten Niederlagen der Schwarz-Weißen auch recht happig. Eine mit Jugendspielern aufgefüllte Elf unterliegt im Juli 1945 Preußen Essen mit 10:2 und am 30. September geht die Mannschaft gegen die Sportfreunde Katernberg mit 1:7 baden. Eintrittsgeld darf zu den Kämpfen nicht erhoben werden. Eine Sammlung auf dem Uhlenkrug, dem Platz von ETB Schwarz-Weiß, gestatten die Briten. Geld kommt somit in die Mütze. Fünf Jahre später, 1950, wird über das Jahr 1945 festgehalten: „Manche Spiele mußten – sogar nach dem Einlauf der Spieler auf den Platz – ausfallen, da unsere Anlage anderweitig beansprucht wurde.“ Von der britischen Armee.

Essen: Erste Versammlung unter freiem Himmel

Im Herbst 1945 beginnen in der Kruppstadt Essen die ersten Spiele auf Kreisebene. Der frühere Gauligist Schwarz-Weiß Essen trennt sich in Heidhausen 3:3 von den Gastgebern. Vor dem Anpfiff fehlen den Kickern Hemden und Schuhe; die tragen die Jugendlichen bei einem Vorspiel. Nach dem Abpfiff zwängen sich die Senioren in die Schuhe und ziehen die schweißnassen Hemden und Hosen über.

Der lokale Konkurrent aus dem proletarischen Norden, Rot-Weiß Essen, hat noch schlechtere Startbedingungen. Weil kein Saal den Krieg unzerstört überstanden hatte, treffen sich die alten Mitglieder, wie einst die Germanen, zu ihrer ersten Versammlung unter freiem Himmel. Das Stadion an der Hafenstraße ist derart lädiert, daß die Rot-Weißen an den ersten Ligaspielen nicht teilnehmen können.

1947: Die Mannschaft von Borussia Dortmund im Trainingslager Niedermarsberg

Bochum: Spiel mit geliehenen Trikots

In Bochums bürgerlichem Vorort Langendreer stehen die wenigen Getreuen der Sportvereinigung 04 Langendreer vor einer zerstörten Platzanlage, Sportgeräte gibt es nicht mehr, die Trikots des Vereins sind verbrannt. Das „Spielmaterial", gemeint ist ein Ball, sowie die Kluften für freundschaftliche Begegnungen mit den Nachbarn aus Marten (Dortmund) oder Lütgendortmund, bekommen die Kicker geliehen. Die ersten Spiele kann der Verein nicht in seinen Traditionsfarben grün-weiß-rot austragen. Es müssen die Hemden und Hosen genommen werden die Nachbarvereine großzügig verleihen. Grün-weiß-rot trugen alle vorherigen Mannschaften von Langendreer seit 1911. In jenem Jahr gastierte die Elf des Bataillons der Bückeburger Jäger in Langendreer. Da die Soldaten keine eigene Kluft besaßen, bekamen sie eine vom Gastgeber geschenkt. Und die war – wie in der Kaiserzeit meist üblich – recht bunt: Grünes Trikot mit rotem Kragen und Ärmelaufschlag, weiße Hose und die Stutzen mit grünweißen Stulpen. Den Zuschauern in Langendreer gefiel 1911 die Farbenpracht der verschenkten Kluft derart, daß sich die Heimelf fortan bis 1945 so kleidete. In dieser Zeit der Trümmer gibt es in dem 1929 eingemeindeten Vorort von Bochum einen Sport- und Turnverein Langendreer, die selbständige Fußballabteilung nennt sich „Grün-weiß-rot". Es gilt das trotzige Motto: Wenn in der Not keine entsprechende Spielkleidung aufzutreiben ist, sollen die Farben wenigstens im Namen auftauchen.

Hamm: Marmelade als Zahlungsmittel

Sorgen, an Kluften zu kommen, gibt es auch bei der Hammer Spielvereinigung. Obwohl im Bergbaugebiet gelegen, sind die Hammer ein Klub der Kaufleute und Rechtsanwälte. Ludger Dommen, der Vorsitzende des Vereins, hat eine Großhandlung für Lebensmittel und ist Besitzer von drei Lieferwagen. Bei der Hammer Spielvereinigung können deshalb einige Probleme mit jeweils einem Eimer voll Marmelade gelöst werden. In der Stadt Hamm werden nach dem Krieg vier Großvereine gegründet. Die Idee ist, daß jeder Bürger der Stadt sämtliche Sportarten in einem Klub ausüben kann. Die Klubs alter Art werden vereinnahmt – im südlichen Stadtteil firmieren sie als VfB, im Norden als Nordring, im Westen als Germania, im Osten als Rote Erde Hamm. Die einverleibte Hammer Spielvereinigung kickt aber weiter unter dem inoffiziellen Namen Hammer Spielvereinigung. „Rote Erde kennt doch kein Schwein", meint der Vorsitzende Ludger Dommen.

Er resümiert 1945: „Wir haben Geld, sogar genug, wir haben aber keine Kluften, keine Fußbälle, wir haben nichts. Nicht mal einen Fußballplatz."

Die vereinseigene Platzanlage ist durch sieben Bombenabwürfe zerstört. Zunächst wird auf den wenigen Plätzen der Gegner gespielt. Doch früh beginnt der Wiederaufbau. Ein Bauunternehmer planiert mit seinem Bagger den Boden – dafür erhält er einen Eimer Marmelade. Der neben der Anlage liegende Friedhof ist ebenfalls zerkratert. Grabsteine liegen herum. Da Baumaterial selbst gegen Marmelade nicht zu bekommen ist, nehmen die Sportler die Grabsteine als Begrenzungen für die Stufen an den bescheidenen Zuschauerrängen. Die Seiten mit den Namen und Daten der Verblichenen werden nach innen gekehrt, so daß dem ehemaligen Grabschmuck seine Herkunft nicht anzusehen ist.

Rote Erde, genauer: die Hammer Spielvereinigung, unterhält vier Mannschaften – Schüler, Jugend, zweite und erste Elf –, die sich aber genau absprechen müssen, wer wann mit dem einzigen Ball des Klubs spielen darf. Die Ballkünstler von Hamm sind 1945 nicht die Spieler, es sind die, die ihn immer wieder flicken. Bei dem Fight gegen Wischerhöfen zerplatzt das geschundene Leder und ist nicht mehr zu reparieren. Spiele können in dieser Nachkriegszeit bis zu 20 Minuten unterbrochen werden, weil ständig irgendwas geflickt werden muß. Vorsitzender Ludger Dommen läuft in seiner Not in die in der Nähe liegende Kaserne mit britischen Soldaten. Er hat Glück. Der zuständige Offizier ist Spieler bei Manchester United und hat sofort Verständnis für die Not des Vereinsbosses. Aus der Hand des Engländers erhalten die Hammer den ersten neuen Ball.

Zu dieser Zeit spielt die Erste in roten Hosen und schwarzen Hemden. Direkt nach dem Ende des Faschismus holt Vorsitzender Dommen einige Hakenkreuzfahnen aus der Tuchfabrik Kley. Er zahlt mit einem Eimer Marmelade. Sein Unternehmen und die Verbindungen zu einer Marmeladenfabrik in der Nähe von Neuss sind die Rettungsanker. Aus den Nazifahnen werden rote Hosen genäht. Schwarze Schweißhemden, die Bergleute ansonsten unter Tage tragen, wechseln aus den Beständen eines Kaufhauses gegen einen Eimer Vierfruchtaufstrich den Besitzer, danach bekleiden sie die Brüste der Hammer Kicker.

Arbeit im Tausch gegen Schuhreparaturen

Die Jugend der Hammer Spielvereinigung, zu diesem Zeitpunkt offiziell Rote Erde, spielt dagegen in roten Hemden. Jugendleiter Anton Pieper schafft es, daß seine weißen Oberhemden rot umgefärbt werden. „Wer lange Ärmel hat, krempelt sie hoch, damit sie so aussehen wie die Hemden mit kurzen", lautet seine Parole. Anton Pieper belügt aus Not dann seine Mutter, die verzweifelt nach seinen zehn weißen Hemden sucht. Er versteigt sich in die merkwürdige Behauptung: „Daß die weg sind, das muß am Krieg gelegen haben.“ Und grob wahrheitswidrig fragt er immer: „Sollten die beim Bombenangriff verbrannt sein?“ Die weißen Hosen der jungen Spieler sind aus gebrauchten Bettlaken zusammengeschneidert. Doch Woche für Woche gehen Schuhe den Weg alles Irdischen. Einige spielen in Straßenschuhen. Aber auch die sind dann und wann zerschlissen. Jugendleiter Pieper, im Sommer aus der Gefangenschaft nach Hamm zurückgekommen, trägt montags die Treter zu Schuster Götte. Wenn er an den Samstagen mit Geld in der Werkstatt auftaucht, schüttelt der Meister mit dem Kopf. Geld hat er genug. Er nötigt Anton Pieper, die Werkstatt auszuräumen, sie zu fegen und zu putzen, anschließend muß er alle Gegenstände wieder an dieselbe Stelle tragen. Erst nach dieser Arbeit bekommt Pieper die mühsam zusammengeschusterten Schuhe für das sonntägliche Spiel ausgehändigt.

Trotz dieser ansehnlichen Anfangserfolge sieht Vorsitzender Ludger Dommen noch schwarz für die Zukunft – nicht wegen der Hemdenfarbe. Die drei Innenstürmer der Hammer Spielvereinigung sind 1945 genau 126 Jahre alt. Gerdes, Kortmann und Heinkes zählen jeweils 42 Lenze. Der Vorsitzende am Spielfeldrand: „Die sind technisch Spitze, aber die laufen nicht mehr schnell genug.“ Im Tor steht Walter Becker. Sonntags kämpft er zweimal. Walter Becker ist von Hause aus Handballer. Hier wirft er als Mittelstürmer die Bälle ins Netz. Handballspiele werden meist vormittags angepfiffen, die Kicker treten nachmittags an. Vormittags wirft Walter Becker die scharfen Bälle, nachmittags tötet er die strammen Schüsse der Fußballer. Bei seinem ersten Einsatz im August 1945 wird das Handballspiel um 14 Uhr angepfiffen. Die Kikker wollen eine Stunde später den Ball jagen. Ihr Anstoß verzögert sich, denn Walter Becker muß sich erst noch ungeduscht in die dicken Hosen zwängen.

Hamms zweite Mannschaft bekommt im Herbst Undank zu spüren. Vereinbart ist ein Spiel gegen die Dorftruppe von Dolberg, zehn Kilometer in Richtung Münsterland gelegen. Freundlich holen die Dolberger die Gegner mit Pferdewagen aus der Industriestadt ab. Doch die Gäste siegen im Münsterland mit 0:14 – zu Fuß und hungrig müssen die Balltreter daraufhin ihre Heimreise nach Hamm antreten. Teilnehmer Walter Becker: „Und wir wollten uns, das war vorher vereinbart, bei denen richtig sattessen.“

Im Winter 1945/46 wird, wie in den Jahren danach, nicht trainiert. Es sind weder Hallen vorhanden, noch reicht die Zeit, vor der Dunkelheit auf den notdürftig hergerichteten Spielflächen zu üben. Hamms Torwart Walter Becker mault: „Die Zechenmannschaften haben da Vorteile, die Bergwerke lassen ihre Spieler schon mal eher ausfahren. Die normalen Vereine haben schwere spielerische Nachteile.“

Feuerwehrwagen als Mannschaftsbus

Die Spieler der Bergmannself vom VfL Altenbögge, ganz in der Nähe von Hamm, bekommen zum Training ein Essen aus der Zechenkantine und nachher noch Butterbrote mit nach Hause. Da alle auf dem Bergwerk Königsborn III/IV arbeiten, dürfen sie zu Übungsstunden auch schon mal eher von unter Tage ausfahren. Fährt die Mannschaft zu Auswärtsspielen, benutzt sie das Feuerwehrauto des Pütts. Britische Militärpolizisten halten, wenn die Kicker kommen, oft die Straßen frei, in der Annahme, die würden zum Löscheinsatz brausen.

Wie in vielen Orten sieht es in der Geburtsstadt des NS-Großmauls Goebbels aus – auf den beiden Spielflächen des Stadions vom Rheydter Spielverein sind viele Bombentrichter zu füllen, aber Tribüne und Klubhaus blieben unversehrt. Ballpionier und Schiedsrichter Paul Dorfmüller ist die treibende Kraft: Die Plätze werden planiert, eine Umzäunung kann gebaut werden – im Sommer 1945 beginnt der unregelmäßige Spielbetrieb gegen andere Mannschaften aus der Stadt Rheydt.

Bei Union Günnigfeld, deren Heimat ein Wattenscheider Industrieort ist, wurde seit 1942 nicht mehr gegen den Ball getreten – wegen des Krieges bekam der Verein keine Mannschaft mehr auf die Beine. Das neue Zeitalter beginnt in Günnigfeld am 5. August 1945. Die Gegner von Rot-Weiß Leithe kommen mit dem Fahrrad oder auch zu Fuß. Über 1.500 Zuschauer sehen den 6:3-Sieg der Unierten.

Rührige Sportler der Spielvereinigung Herten sind die ersten im Kreis Recklinghausen, die einen Verein wieder aufbauen. In der Nachkriegself des früheren Westfalenmeisters spielen Gustav Modzel und sein Sohn Oskar gemeinsam um den Sieg. Auch der vierzigjährige Mittelstürmer Siegfried Konietzka ist in fast jedem Spiel noch zu einem Tor fähig.

TSG Vohwinkel 1880: Seedler, Gemmecker, Baltruschat, Braatz, Sträter, Bohne, Andexer, Küller, (knieend:) Weiß, Ilge, Mütze (von links)

Die Fußballer von Resse 08 aus einer Gelsenkirchener Bergbaugemeinde, hart an der Grenze zu Herten gelegen, hatten Glück: Trotz zahlreicher Bombenabwürfe auf die Kumpelkolonie blieb der Hauptspielplatz in der „Resser Mark" ungetroffen. Auf dem intakten Gelände spielen wenige Wochen nach Kriegsende die Resser wie im Gründungsjahr 1908 – die Mannschaften des Vereins unter sich. Erster Gegner im Sommer 1945 ist der Gelsenkirchener Nachbar Beckhausen 05. Der Vorstand von Resse 08 mußte dazu von den Briten eine Lizenz einholen. Über ein Jahr lang gibt es für Resse 08 keine Ligaspiele, man mißt sich mit anderen Mannschaften nur in Freundschaft.

Bereits im Mai 1945 meldet Bergwerksdirektor Willi Tewes von der Zeche Nordstern die STV Horst-Emscher als ersten Gelsenkirchener Verein neu bei den Besatzungsbehörden an. Schon am 6. Juni 1945 können die später so berühmten Emscher-Husaren ihr erstes Spiel in Bottrop austragen. Auch die Elf des SC Buer-Hassel wird Wochen später in Bottrop gegen den Ball treten. Die eigene Anlage der Hasseler im Schatten der Zeche Bergmannsglück ist wegen der Bombenkrater zunächst nicht bespielbar. Deshalb dürfen sie ihre „Heimspiele" in der Nachbarstadt anpfeifen lassen.

Die Schalker Kampfbahn Glückauf ist seit 1944 zerstört. Das Idol des Klubs, „Papa" Unkel, der frühere umsichtige Vorsitzende, wurde im Jahr zuvor beerdigt. Im Gelsenkirchener Industrieort Schalke, wo auf engstem Raum Fabriken und Zechen liegen, sieht es 1945 besonders trist aus. Um den Schalker Markt häufen sich die Trümmerberge. Trotz dieser Not bestreiten die sogenannten Knappen in „Königsblau" bereits im Juli 1945 ihr erstes Nachkriegsspiel gegen eine Stadtelf von Wanne. Bei miserablen Verkehrsverhältnissen tingelt die Elf durchs Revier. Zu Hause sind Spiele nicht möglich. Schalkes Aufgebot des Jahres 1945: Hans Klodt, Pliska, Berg, Kanthak, Tibulski, Sontow, Dargaschewski, Szepan, Hinz, Kuzorra, Winkler, Kallwitzki und Schweißfurth. Als Höhepunkt des Jahres geht in die Annalen des Vereins der 2:1-Sieg gegen eine Auswahl der 53. englischen Division in Elberfeld vor 35.000 Zuschauern ein.

Herne: Briten ordnen Verbrennung der Trikots an

Dem Nachbarn Westfalia Herne ergeht es schlecht. Der Sportplatz am Schloß Strünkede wird beschlagnahmt, ebenso geschieht es mit sämtlichen Sportgeräten. Ein britischer Offizier ordnet an, die Kluften des Ex-Gauligisten zu verbrennen. Vor dem Gastspiel bei Preußen Wanne, dem alten sportlichen Weggefährten, stehen die Herner theoretisch nackt da – sie bekommen Hosen und Hemden vom Gegner geliehen. Das erste Heimspiel muß Westfalia Herne gewissermaßen in der Fremde austragen – auf dem Platz des späteren Oberligarivalen SV Sodingen im Schatten der Zeche Mont Cenis. Sodingen ist ein Vorort von Herne. Gegner beim Heimspiel der Westfalia in Sodingen ist Borussia Dortmund, bei der Max Michallek die Spielfäden gekonnt zieht. Trotzdem unterliegen die Dortmunder den Hernern mit 3:2.

Die Sodinger haben schöne neue Kluften. Sie schaffen einige Tonnen Kohlen zu einer Textilfirma nach Wuppertal und bekommen dafür ihren Dress. Die „Wirtschaftstheoretiker" nennen sowas ein Kompensationsgeschäft.

Des Westens ältester Fußballverein, der Wittener FC 92, kommt später aus den Startlöchern als sein lokaler Rivale VfL 07. Weil dessen Verantwortliche bessere Kontakte zu den Alliierten haben, wird der VfL Monate eher wieder zugelassen als der FC 92. „Aus diesem Grunde gingen viele der besten Spieler in die anderen Vereine über, und wir mußten, als auch wir die Spielerlaubnis erhielten, wieder ganz von vorn anfangen." So heißt es Jahre später noch in einer Chronik des Wittener FC 92. Der Traditionsverein aus der Stahlstadt erholt sich von dieser Benachteiligung im Jahr 1945 nicht mehr. Er spielt künftig im westdeutschen Fußball keine wesentliche Rolle.

Als „beherzte Männer" gelten Richard Overmann, Paul Eichmann und Hans Beckmann, engagierte Fußballfunktionäre, die im Herbst 1945 in der späteren Festspielstadt Recklinghausen über den überörtlichen Fußballverkehr beraten. Sie gründen den „Kreisausschuß für den Stadt- und Landkreis Recklinghausen". Mehrere Vereine der nördlichen Bergbauregion schließen sich dem Verband an. Sie werden, wegen der schlechten Verkehrsverhältnisse, in möglichst kleine Staffeln eingeteilt. Pflichtspielgegner des späteren Oberligisten TSV Marl-Hüls, der 1945 noch SuS Hüls heißt, sind in einer Staffel der FC Hillerheide, SuS Bertlich und die Spvgg Marl 1919. Bei diesen Meisterschaftsspielen geht es weder um den Auf- noch gegen den Abstieg. Sie werden nur bis Februar 1946 überleben und dann wegen Bedeutungslosigkeit eingestellt.

Dortmund: Breitensport statt Fußball als Devise

In das deprimierend zerstörte Dortmund kehrt aus britischer Gefangenschaft der junge Helmut Neukirch zurück. Kriegsabitur, kurze Tätigkeit bei Hoesch, Ausbildung bei der Wehrmacht, Gefangenschaft – so die hastige und dramatische, von den politischen Ereignissen diktierte bisherige „Karriere“ des Mannes, der Jahrzehnte später Vorsitzender des DGB in der Bier- und Stahlstadt wird. Bei der Betriebssportgemeinschaft Hoesch, die von den Nazis gefördert wurde und in die 1939 auch Borussia Dortmund hineinfusioniert werden sollte, hatte er geschwommen und gelegentlich Handball gespielt. Diese Hoesch-Sportler suchen sich in den Trümmern, Notwohnungen und Wohnkellern. Sie wollen wieder Sport treiben. „Sportler sein heißt suchen“, so spornt sich Neukirch selbst an. „Der neue Verein wird unabhängig von Hoesch sein“, predigt der junge Dortmunder, wenn er einen Überlebenden findet. In den Resten der Stadt gibt es im Herbst 1945 einen „Volkssportverband Dortmund“ als Dachorganisation für die einzelnen Klubs. Die Männer an der Spitze sind Funktionäre aus der Ära vor 1933, einige waren politisch Verfolgte im Dutzendjährigen Reich. In der Stahlstadt soll in Zukunft Breitensport betrieben werden, eine Vereinsbildung nur in einer Fachrichtung, zum Beispiel Fußball, wird in dieser Phase aktiv behindert. „Die reinen Fußballvereine aus der Kriegszeit und die von vorher wollen keinen Volkssport“, warnt Neukirch. Er meint Alemannia Dortmund, Borussia Dortmund und Arminia Marten sowie Dortmund 95.

Es gibt im Herbst 1945 schon wieder einige Punktspiele im Stadtbereich von Dortmund. Es ist gleichgültig, wo die Mannschaften zuletzt standen, es besteht zunächst nur jeweils eine Klasse in den verschiedensten Stadtbezirken. Im nördlichen Bereich dominieren die Borussia, Eving-Lindenhorst und Brambauer, im Süden Dorstfeld, Mengede 08 und Arminia Marten. Nach den jeweiligen Plazierungen sollen sich dann langsam die Mannschaften nach oben in eine neue Liga spielen. Doch dazu kommt es nicht.

Bei Dünnbier, eigentlich eine Beleidigung für die Leber eines aufrechten Dortmunders, beraten die Ex-Hoesch-Sportler unter aktiver Anleitung von Helmut Neukirch, welche Sportstätten eventuell wieder funktionstüchtig gemacht werden können. Es sieht finster aus, fast hoffnungslos. Ein Schwimmbad wird notdürftig repariert, einige Turnhallen bekommen Pappe vor die Fensteröffnungen. Im Winter reduziert sich der „Sport“ auf reine Kontaktsuche zu alten Kumpeln.

Die ehemaligen Mitglieder der Betriebssportgemeinschaft Hoesch bekommen in den dunklen Novembertagen die Kopfzahl einer Fußballmannschaft zusammen. In der Mallinckrodtstraße gibt es so eine Art Spielbörse. Da treffen sich Fußballer und vereinbaren Treffs für die kommenden Wochen. Einen geregelten Spielbetrieb gibt es im Winter nicht. Den alten Hoeschianern wird an dieser Börse der Gegner SV Husen 19 zugewiesen. Das ist die Elf eines Vorortes von Dortmund. Ein Handballer aus der alten Hoeschzeit sagt, er habe noch „einen ganzen Mannschaftssatz Kluften“. Es sind weiße Hosen und rotweiße Trikots im Schachbrettmuster – 1945 eine Rarität.

Die ungeübte und zusammengewürfelte Truppe der ehemaligen Hoesch-Sportler, die meisten Schwimmer oder Turner, geht beim Gegner Husen mit 13:2 unter. Sechs Tore schießt ein „Ady“ Preißler. Adolf mag sich kaum einer nennen. „Ady“ Preißler wird später noch ein berühmter Borussenspieler und Internationaler des DFB. Der älteste Dortmunder Verein kommt 1945 in das beste Mannesalter – er wird 50. Doch feiern können die wenigen Männer von Dortmund 95 in dem bitteren Hungerjahr nicht: „Es gelang gerade, den Verein über Wasser zu halten. Die Not, der Mangel an Nahrungsmitteln, an sportlicher Ausrichtung und an verfügbaren Kräften ließ nicht mehr als die bloße Existenz zu.“ Und weiter heißt es in einem geschichtlichen Rückblick auf das „Jubiläumsjahr“ 1945: „... das Nahrungselend, die Unmöglichkeit, Sportkleidung und Sportgeräte zu erwerben, blieben nicht nur verhängnisvoll für die Fußballabteilung, sondern sie gaben auch dem ganzen Vereinsgefüge ihr Gepräge.“

Bonn: Kreisliga mit Militärmannschaft

In der späteren Bundeshauptstadt Bonn treffen sich im Juni 1945 eine Handvoll ehemaliger Mitglieder des Bonner FV und beschließen den Wiederaufbau. In der Provinzstadt am Rhein gründen, auf britische Empfehlung, die hiesigen Vereine einen Zweckverband für Leibesübungen. Darin gibt es Fachämter. Eines für Fußball. Gespielt werden soll noch im selben Jahr, auf Geheiß der Briten aber nur auf Kreisebene. Im Fußballkreis Bonn gibt es 1945 aber eine Besonderheit – in der Stadt haben die Besatzungstruppen selbst eine gute Elf der 5th Guards Brigade. Und diese britische Mannschaft beteiligt sich in diesem Jahr offiziell an den Bonner Ligaspielen. Die Engländer widersprechen auch nicht, als für die Kreisliga Bonn Düren 99 und der BC Euskirchen gemeldet werden. Die Stadt Düren ist ein Trümmerfeld, die Fußballer haben im Ort keine Gegner.

Der VfR Köln 04 mußte nach einem Jahr wieder aus der Oberliga absteigen.

Am 4. November 1945 wird in Bonn die Punktspielsaison 1945/46 eröffnet. Beteiligt sind daran die Mannschaften der 5th Guards Brigade, Tura Bonn, Bonner FV, Beuel 06, FV Godesberg, Düren 99 und BC Euskirchen.

Erle: Müllkippe als Fußballplatz

Im Juli 1945 treffen sich im Schatten der den Gelsenkirchener Stadtteil Erle beherrschenden Zeche Graf Bismarck ehemalige Vereinsmitglieder des früheren Gauligisten Erle 08. Es sind auch einige junge Kicker dabei Die Bilanz ist bedrückend: Das gesamte Vereinseigentum ist zerstört. Bälle, Hosen, Trikots und Schuhe gibt es nicht mehr. Die traditionsreiche Kampfbahn von Erle 08 am Forsthaus ist seit den letzten Kriegsjahren „zweckentfremdet". Auf dem ehemals grünen Rasen stehen hölzerne Baracken. Auch nach der Kapitulation werden sie benötigt, für Menschen aus zerbombten Häusern und Flüchtlinge. Die Stadt Gelsenkirchen stellt dem Bergmannsklub ein Gelände an Erles Oststraße zur Verfügung. Es handelt sich um eine Müllkippe. Mit vor Hunger knurrendem Magen machen sich die Männer an die Arbeit. Fast ein Jahr brauchen sie, um aus dem verwilderten Gelände eine Sportanlage zu bauen. Gespielt wird 1945 gegen Gelsenkirchener Nachbarvereine. Auf deren Geläuf.

Der zweitälteste Verein Westdeutschlands wird in diesem Jahr genau 51 Jahre alt. In der Chronik des 1. FC von 1894 München-Gladbach heißt es: „So stand man 1945, wie nach dem Ende des 1. Weltkrieges, im wahrsten Sinne des Wortes vor einem Trümmerhaufen. Platzanlage, Tribüne und Clubheim waren zerstört, die Reihen der Mitglieder gelichtet." Schon am 26. August kommt es in der Tuchstadt an der niederländischen Grenze zu dem ewig jungen Ortsderby gegen den VfL Borussia, den späteren Bundesligisten. Von 1933 bis 1934 waren die beiden Vereine sogar auf Druck der Nazis zwangsvereinigt. Ausgetragen wird das erste Spiel in Freiheit auf der Anlage des älteren, am Alten Wasserturm. Hier war 1908 die erste überdachte Tribüne Westdeutschlands gebaut worden. Das Spielfeld im Borussenstadion ist von tiefen Panzerspuren zerfurcht. Die Besatzungsmacht beteiligt sich aber aktiv an der Schadensbehebung. Die erste Spielkleidung bekommen die Gladbacher ebenfalls von den Briten geschenkt: Blau-rot gestreifte Jakken, weiße Hosen, dazu schwarze Stutzen. Wie in Bonn möchten die Briten sich auch in München-Gladbach (seit 1961 Mönchengladbach) an der ersten Stadtmeisterschaft offiziell beteiligen. Diese kommunale Meisterschaft wird zwar begonnen, aber nicht zu Ende gespielt, weil man an Punktspielen im darauffolgenden Frühjahr teilnehmen will.

Der Ortsverband Düsseldorfer Sportvereine wird die höchste Instanz in der späteren Landeshauptstadt des noch nicht geschaffenen Bindestrichlandes Nordrhein-Westfalen. Im Juli 1945 lassen die britischen Militärbehörden zehn ortsansässige Fußballvereine erneut zu, darunter auch Fortuna Düsseldorf. Bei Turu Düsseldorf wird am 29. September 1945 der frühere Vorsitzende wieder der neue – H. Ströhlein leitete den Klub schon einmal von 1926 bis 1933 und ist politisch sauber durch die „tausend" Jahre gekommen.

Die ersten geregelten Fußballspiele steigen 1945/46 mit der Ausspielung der Stadtmeisterschaft von Düsseldorf. Turu Düsseldorf hat in dieser Zeit wieder eine Elf zusammen. In der Vereinschronik steht über das Jahr 1945: „Eine Mannschaft wurde durch planmäßiges hartes Training und Geländeläufe bei Wind und Wetter durch den Volksgarten für die kommenden Spiele fit gemacht. Und die Jungens gingen mit und wurden eine verschworene Gemeinschaft." Es fehlt der Hinweis: trotz leerer Mägen.

An der Stadtmeisterschaft von Düsseldorf sind auch beteiligt der Nachbarklub VfB Hilden und der alte Rivale der Fortuna, der VfL Benrath mit dem ehemaligen Nationalspieler Hohmann. Die Zuschauer sind im doppelten Sinne des Wortes ausgehungert: Bei dem Vorrundenspiel um die Stadtmeisterschaft von Düsseldorf kommen zum Match Turu gegen Fortuna über 10.000 Zuschauer. Das ist zu diesem Zeitpunkt schon ein städtischer Nachkriegsrekord.

„Zuschauer sind fernzuhalten"

„Zuschauer sind fernzuhalten, unter keinen Umständen dürfen Sportzusammenkünfte oder Spiele bekanntgemacht werden." Und sofern zufällig welche kommen, darf kein Eintrittsgeld erhoben werden. Die Anordnung erläßt der Kommandant Major Greenwood für den Stadtkreis Krefeld. Empfänger dieses harschen Befehls sind in Uerdingen der VfB 1910 und der FC Uerdingen 05, Vorläufer des Bundesligisten Bayer. Die beiden Klubs schlossen sich zuvor, der Not gehorchend, nicht dem eignem Triebe, unter dem Namen Sportvereinigung Uerdingen 05/10 zusammen. Die Spieler treffen sich 1945 mittwochs gegen 17 Uhr auf dem kaum zerstörten Platz an der Krefelder Straße. Der frühe Zeitpunkt ist wegen der bald hereinbrechenden Dunkelheit vonnöten. Die Briten stehen der neuen Vereinigung der beiden Uerdinger Klubs keineswegs feindselig gegenüber. Sie dulden Freundschaftsspiele. Und weil die Militärregierung daran interessiert ist, daß die Soldaten Sport treiben, unterstützt sie sogar Renovierungsarbeiten an der Platzanlage. Es gibt aber Gedränge auf dem Gelände an der Krefelder Straße: Drei Tage in der Woche belegen die Briten das Spielfeld, und neben der neuen Sportvereinigung üben hier auch noch die Kicker des Bockumer Sportvereins von 1924.

Erstes internationales Fußballspiel 1948 in Bonn zwischen den Fußballmannschaften der Universitäten Bonn und Bern. Der Kölner Regierungspräsident Dr. Warsch begrüßt die Gastmannschaft aus Bern.

Im Oktober 1945 schließen sich acht lokale Vereine zu einem Sportverband Uerdingen zusammen. Ziel des Zusammenschlusses ist es, die durch den Krieg eingestellten Aktivitäten nicht nur durch Vereine, sondern auch durch eine Dachorganisation wieder zu beleben. Die britische Militärregierung stimmt dem zu, verfügt aber, daß ehemalige NSDAP-Mitglieder keine Funktionen ausüben dürfen.

Zum Jahresende hebt der britische Kommandant die Anweisung auf, wonach bei Fußballspielen kein Eintritt verlangt werden darf.

Rote Erde Hamm spielt im Dezember 1945 bei Münster 08 unter dem alten Namen Hammer Spielvereinigung. Im Tor steht Walter Becker. Es sind nicht viele Zuschauer, die zusehen. Aber die gekommen sind, wollen die Heimelf siegen sehen. Beim Stande von 3:0 für Hamm bieten Fans des Platzvereins Walter Becker Zigaretten an, wenn er Bälle ins Tor lasse. Fünf Glimmstengel pro Tor lautet das Angebot. Walter Becker nimmt die Zigaretten nicht. Anschließend fällt der Mittelläufer aus und humpelt vom Platz. Die Stürmer von Münster 08 setzen Hamms Keeper daher zwei Bälle ins mühsam geflickte Netz. Auf der Rückfahrt erhält er die Zigaretten doch noch – der Vorsitzende des Spielausschusses hatte sie angenommen. Münsters Elf ist doppelt geprellt.

Westdeutschland 1946: Beginn von Punktespielen

Am 15. Januar 1946 verteilt der eben neu gegründete Westfälische Fußballbund von seinem Sitz in Gelsenkirchen aus einen Aufruf an die zu ermittelnden Klubvorstände, sie möchten dem Verband beitreten. Seine Hauptaufgabe sei der Aufbau eines Meisterschaftsspielbetriebes, der in drei Klassen durchgeführt werden solle. Die Einteilung der Mannschaften erfolge nach dem Stand von 1939, und der Aufbau sei Gauliga, Bezirksklasse und Kreisliga.

Altmeister Schalke 04 tritt am 9. März 1946 zum ersten Ligamatch nach dem Krieg an. Das „Heimspiel" kann nicht in der alten Kampfbahn Glückauf angepfiffen werden, die ist noch immer von Kratern übersät. Schalke 04 kämpft auf den Plätzen von Nachbarn „zu Hause".

Der spätere Oberligaspieler „Jupp" Lammers: „Wir vom 1. FC Bocholt spielten im April oder Mai 1946 kombiniert mit Olympia als Stadtauswahl – bei sehr gutem Wetter – schon gegen eine Elf der Rheinarmee. Es waren 7.000 Zuschauer gekommen, und wir siegten 4:2 über die Briten. Soviel Zuschauer hatten wir vorher nie. Und dann haben wir, nahe Holland, als Grenzlandauswahl Freundschaftsspiele gemacht. So in Stadtlohn gegen Schalke 04. Szepan, Kuzorra, die spielten für Kartoffeln."

Die außergewöhnlich harte Gangart der Briten gegen den Verein Westfalia Herne lockert sich 1946. So darf die Elf sogar gegen eine Soldatenelf antreten, in der mehrere englische Profis spielen. Die Westfalia unterliegt vor 15.000 Zuschauern mit 4:5. Im Frühjahr 1946 wird das Stadion Schloß Strünkede in deutsche Hände zurückgegeben. Karfreitag gastiert der süddeutsche Oberligist Spvgg Fürth im Schatten der Ritterburg. Wann immer es verkehrstechnisch möglich ist, kickt der frühere westfälische Rivale von Schalke 04 in der Provinz: Gegen eine Stadtmannschaft von Nordhorn, Tuspo Holzminden oder SV Cuxhaven 1911 sowie BV Cloppenburg, VfB Oldenburg, SV Wolfenbüttel, Bremerhaven 93 und SV Brilon.

In Essen werden fünf Kreise gebildet. Die jeweiligen Ersten steigen direkt auf in die Bezirksklasse, die Zweiten und Dritten müssen Qualifikationsspiele austragen. Der frühere Erstligist ETB Schwarz-Weiß Essen wird Dritter und erobert die Bezirksklasse.

Die jeweilige Plazierung erfolgt in vielen Gebieten willkürlich. Tiefer Frust bei dem Dortmunder Traditionsverein DSC 95, der nicht, wie allgemein erwartet, in die Bezirks-, sondern in die Kreisklasse kommt. Die Enttäuschung bei Funktionären und Spielern ist deshalb groß, weil eine Ungerechtigkeit der Nazis auch 1946 weiter besteht: Im Jahr 1933 war der Klub mit den Sportfreunden 06 zwangsfusioniert worden zu den „Dortmunder Sportfreunden von 1895". Das lief nicht gut, und zwei Jahre später gelang den 95ern die Entflechtung. Die Nazifunktionäre praktizierten 1935 Wortbruch, hatten sie doch 1933 versichert, falls es zu einer Trennung komme, würde Dortmund 95 in die Bezirksklasse eingegliedert. Doch tatsächlich verbannte man die Mannschaft in die Kreisklasse. Eine ordentliche Verbandsgerichtsbarkeit gegen die Nazis gab es 1935 nicht. Und nun, im Jahre 1946, wird dieses Unrecht erneut zementiert.

Der am 14. März 1946 gegründete „Kreis-Rasensportverband für den Stadt- und Landkreis Recklinghausen“ überwacht die Bezirksklasse Gruppe Recklinghausen. Der zweithöchsten Liga gehören an SuS Hüls, später TSV Marl-Hüls, SuS 13 Recklinghausen, Union 05 Recklinghausen, Victoria Westerholt, Westfalia 08 Scherlebeck, Spvgg Marl 1919, VfL Suderwich, Germania Datteln, VfL Drewer, Südstern Herten und Blau-Weiß Langenbochum. Absteiger sind Blau-Weiß Langenbochum und Südstern Herten. Das Entscheidungsspiel um den dritten Absteiger zwischen dem VfL Drewer und SuS Hüls im Marler Volksparkstadion sehen über 4.000 Zuschauer. Hüls siegt in der Verlängerung 2:1.

Die Bergmannself von Resse 08 wird der Bezirksklasse, Gruppe Gelsenkirchen-Buer-Gladbeck, zugeteilt. Seit einem Jahr mißt sich die Elf in Freundschaft mit den Nachbarn, die erste Versammlung findet aber erst am 25. August 1946 statt, im Herbst nimmt man am offiziellen Spielbetrieb teil.

Die beiden Alsdorfer Rivalen Sportvereinigung 1919 und Viktoria Kellersberg, die sich später zu Viktoria Alsdorf vereinigen, kämpfen im Schatten des Bergwerks Anna getrennt gegeneinander. Ihre rüden Attacken auf dem grünen Rasen verniedlichend, heißt es in einer Vereinschronik: „In einem überaus harten Lokalkampf gegen die ASV siegten die Kellersberger durch ein Tor von Heinz Köhnen 1:0.“ Beide Mannschaften spielen in der Bezirksklasse und verstärken sich 1946 mit Kriegsheimkehrern – Bergleute werden von den Briten und Amerikanern eher entlassen als Männer mit anderen Berufen.

In der Gaststätte „Timmering“ in Altenbögge bei Hamm treffen sich im Frühjahr 1946 die Vertreter der früheren westfälischen Gauligisten. Sie vereinbaren, daß alle Erstkläßler der Jahre von 1939 bis 1945 eine Chance erhalten, sich in einer neuen obersten Klasse zu bewähren. Sie wird Gau-, Landesliga oder auch I. Division genannt. Die Sportjournalisten können sich nicht auf eine einheitliche Schreibweise einigen. Weil es so viele Klubs sind, entstehen zwei gleichberechtigte Gruppen, die eine mit dem Favoriten Schalke 04, die andere mit Borussia Dortmund als spielstärkster Elf. Die Meisterschaft in der Gruppe I erringt Schalke 04, in der Gruppe II die Spielvereinigung Erkenschwick; eine Westfalenmeisterschaft wird zwischen den beiden Ersten nicht ausgetragen.

Anders am Niederrhein. In der Festschrift zum 75sten von Rot-Weiß-Oberhausen heißt es, der Verein „war unmittelbar nach dem zweiten Weltkrieg in der glücklichen Lage, sogleich eine starke Mannschaft zu stellen. In der Spielzeit 1945/46 wurden die Kleeblätter nacheinander Stadt-, Bezirks- und Niederrheinmeister. Zum ersten Mal hatte der Verein den stolzen Titel in die GHH-Stadt geholt. Im damaligen Vereinslokal des Fußballobmannes Richard Biederbeck wurde gefeiert. Das war seinerzeit gar nicht so einfach, denn Kalorien gab es nur auf Lebensmittelkarten. Doch Gastwirt Richard Biederbeck, der machte es schon für die Spieler.“

In der Kampfbahn Glückauf in Schalke wird erst am 7. Juli 1946 wieder ein Heimspiel angepfiffen. Es wird unklar bleiben, ob Schalke wegen seiner Nähe zu den Nazis einiges abtragen wollte, oder ob ein anderer Geist im Klub war – in diesem Jahr spenden die sogenannten Knappen 5.000 Reichsmark für die Hinterbliebenen der Bergwerkskatastrophe auf der Zeche Grimberg in Kamen, auf der 418 Kumpel und drei britische Offiziere in 950 Meter Tiefe tödlich verunglückten. Gespendet wird auch für die Hochwassergeschädigten im benachbarten Horst-Emscher. Die tiefschwarze Emscher war über ihre Ufer gekommen. Das Geld zweigen sie ab aus den Einnahmen „großer Spiele“ gegen den VfB Stuttgart und den Hamburger SV.

Hamm: Transportprobleme und wie man sie löst

Der Vorkriegswestfalenmeister Hammer Spielvereinigung, die offiziell immer noch Rote Erde Hamm heißt, steht vor schweren Reiseproblemen. Die Gegner der Männer aus der Bergbaustadt sind Eickelborn, Lippstadt, Geseke, Erwitte, Werl oder Ahlen. Zu den Kontrahenten mit der Bahn zu reisen, ist meist nicht möglich. Nach Werl führt eine Schmalspurbahn. Deren Triebwagen setzt sich aber nur in Bewegung, wenn der Kunde vorher 50 Liter Dieselöl liefert. Mehrere Eimer Marmelade wechseln den Besitzer, bis die Klubführung den Treibstoff hat Mit dem Triebwagen reisen die Fußballer ins benachbarte Werl. Dort bleibt der Wagen bis nach dem Spiel stehen, dann nagelt er zurück. Eine Beförderung von Personen im Linienverkehr gibt es nicht.

VfL Witten 07: Schneider I, Hallwas, Lesch, Skok, Meinsen, Otto, Reitenberger, Becker, Schneider II, Sempf, Attern

Günstiger ist die Verbindung nach Ahlen. Hamms Kicker treffen sich in der Bahnhofshalle. Es entsteht das übliche Männerhallo. Plötzlich ist der Koffer mit den Kluften verschwunden, die im Jahr zuvor aus dem Nazituch genäht wurden. Ein anderer, etwas ähnlicher steht allein in der Halle. Vorsitzender Ludger Dommen: „Da hat einer seinen mit unserem verwechselt, der ist ausgetauscht worden." Die Kicker öffnen hastig den Koffer und finden darin einen kräftigen Schinken, Plockwürste, mehrere Seiten Speck – sie sind ratlos. Langsam kommt Freude hoch. Doch die bricht abrupt ab. Mit Tränen in den Augen taucht plötzlich der Besitzer auf, der in der Tat die beiden Koffer verwechselte.

Wenn die Not dazu zwingt, reisen die Hammer auf einem der Lieferwagen des Vorsitzenden Dommen. Der Transport von Menschen ist ihm untersagt. Die Bänke in der Ladefläche sind nicht fest verschraubt. Immer wieder riskiert der Autobesitzer Kopf und Kragen. Da Sonntagsfahrverbot besteht, läßt sich Ludger Dommen gelegentlich eine Bescheinigung für einen lebensnotwendigen Transport von Brandt-Zwieback zwischen Hagen und Hamm ausstellen. Dann werden auf der Ladefläche Zwiebacktüten gestapelt, dahinter die Kicker versteckt. Die Aussteller der Fahrtgenehmigung vom Straßenverkehrsamt wissen, daß da getrickst wird. Hier gibt's jedoch keine Marmelade, gelegentlich wird eine „Pulle" Schnaps durch den Schalter geschoben.

Kicker der Hammer Spielvereinigung lassen sich von einem Maurermeister angebliche Beschäftigungen attestieren, weil die Zuteilung von Lebensmitteln nach dem Grad der körperlichen Beanspruchung erfolgt, die nach einem Punktsystem beurteilt wird. Die Unternehmer stellen den Arbeitern Bescheinigungen aus, die belegen, ob sie Schwer- oder Schwerstarbeiter sind. Schwerstarbeiter bekommen die meisten Punkte. Obwohl viele Spieler der Hammer Spielvereinigung nicht einmal eine Maurerkelle fachgerecht halten können, erscheinen sie vor der Behörde alle als Schwerstarbeiter. Auch ein Angestellter im Sportamt riskiert etwas: Er stellt dem Verein Bezugsscheine aus; so kommt der Klub zu neuen Kluften.

Altenbögge – „alte Böcke"

Einmal in der Woche fährt ein Lastzug mit Koks und Zement von Hamm an die Elbe nach Hamburg. Auf der Rückfahrt ist er auch mit Ölsardinen beladen. Den Funktionären der Hammer Spielvereinigung gelingt es, einige Dosen abzuzweigen. Zu dieser Zeit gibt es keine freie Marktwirtschaft. „Bewirtschaftung" wird das Zuteilsystem genannt. Vorsitzender Ludger Dommen verschafft sich, wiederum mit einigen Eimern Marmelade, von der Dortmunder Union-Brauerei 100 Liter Gerstensaft. Angesagt ist ein zünftiger Mannschaftsabend. Bier und Ölsardinen, welch ein Fest! Stunden vor der großen Sause trifft Dommen in einer Hammer Gaststätte zufällig einen Vorständler der STV Horst-Emscher, Surhold, der an einer Tagung westfälischer Fußballfunktionäre in einem Hinterzimmer des Lokals teilnimmt. Der Mann aus der Gelsenkirchener Vorstadt Horst-Emscher ist in Not. Die in dieser Zeit in Westfalen bekannte Elf des VfL Altenbögge ist am nächsten Tag, dem Sonntag, als Gast der Horster angesagt, und das ist öffentlich bekannt gemacht. Doch auf der Zeche Königsborn in Altenbögge, der Heimatzeche der dortigen Mannschaft, ist für diesen Tag überraschend eine Sonderschicht angeordnet worden. Ein Horster in Bedrängnis.

„Hömma", haut Surhold Dommen an, „kannze nich mit deine Mannschaft bei uns antreten?"

Der will. Man müsse aber halbe-halbe bei den Einnahmen machen. Und eine Garantiesumme müsse vorher auch noch vereinbart werden.

„Hömma", so die Entgegnung, „du weißt doch, daß wir imma die Bude voll haben. Da kommen bestimmt 15.000. Da brauchze keine Garantie."

Nach alter Fußballart besiegelt man das Gastspiel für den kommenden Tag per Handschlag. Am Abend feiern die Kicker in Hamm mit Starkbier und Ölsardinen ausgelassen und ausgiebig. Vorsitzender Ludger Dommen hat noch Fischpastete und Brötchen besorgt. „Jungs, das schmeckt wie Kaviar", ruft er immer wieder.

Am Tag darauf sind im inzwischen berühmten Horster Fürstenberg-Stadion gut 15.000 versammelt. Eine Lautsprecheranlage gibt es nicht. Die Zuschauer glauben, der VfL Altenbögge sei angetreten. Doch den Kickern der Hammer Spielvereinigung fällt jede Bewegung unter der steil am Himmel stehenden Sonne schwer. Hamms Spieler agieren mit schweren Beinen in geliehenen roten Hosen. Die hat ihnen Germania Hamm für diesen Auftritt großzügig überlassen.

Hamms Ballboß: „Die Hitze und dann drei über Vierzigjährige im Innensturm." Es kommt knüppeldick – mit 13:1 wird der vermeintliche VfL Altenbögge vom Platz gezaubert. Ludger Dommen schleicht betreten über die Ränge. Und er hört die Schmähworte eines Horsters: „Dat soll Altenbögge sein – dat sind alte Böcke!"

In der Horster Kneipe will bei Dünnbier deren Vorsitzender von der Teilung der Einnahmen nichts mehr wissen. Wegen der miserablen Leistung des Gegners. Die Hammer Spielvereinigung bekommt 500 Reichsmark ausgezahlt, in Scheinen von jeweils einer Mark, ganz langsam vorgezählt und dann verächtlich über den Kneipentisch geschoben.

Besser wissen die Hammenser sich aber im selben Sommer gegen den Abstieg zu wehren. Die Spielvereinigung tritt beim VfL Geseke an. Sie braucht beide Punkte gegen den Abstieg. Zu Beginn der zweiten Halbzeit liegt Hamm mit 3:1 zurück. Die Kicker aus dem Revier wissen aber, daß von den drei Bällen, die die Geseker besitzen, bereits zwei unwiderruflich ihre Luft verloren haben und nun der letzte im Einsatz ist. Unter den wenigen Mitgereisten befindet sich auch der rechte Verteidiger, der, leicht lädiert, nicht eingesetzt wurde. Ein Hüne, im Beruf bei der Bahn als Heizer tätig. In dieser aussichtslosen Lage schlägt ein Läufer der Unterlegenen den Ball weit über die Ränge auf die angrenzenden Felder. Der kräftige Verteidiger in Zivil setzt über die Umzäunung, beim Spurt zieht er sein Taschenmesser. Das Entweichen der Luft aus dem letzten Leder ist von allen zu hören. Gesekes Spieler erkennen die Situation und hecheln hinter dem Ballzerstörer über das Feld. Doch der hat beachtliche Sprinterqualitäten. Der Retter von Hamm rettet auch sich. Das Spiel muß abgepfiffen werden. Stunden danach wird der Held von Hamm an einer Landstraße am Rande der Soester Börde in den Lieferwagen gezogen, mit dem die Mannschaft auf der Heimfahrt ist.

Als erstes großes Nachkriegsereignis gilt in der Bergbaustadt Herten Pfingsten 1946 das Gastspiel des süddeutschen Oberligisten Schwaben Augsburg im Stadion Katzenbusch. Die Elf aus der Fuggerstadt hat den ehemaligen Nationalspieler Lehner in ihren Reihen. Die Spvgg Herten siegt 5:0 über die Süddeutschen.

Aachen: Spieler sitzen, Fans stehen auf Lkw-Ladefläche

Der Journalist und begeisterte Handballer Karl Siebert aus der zu 78 Prozent zerstörten, aber schon 1944 befreiten Stadt Aachen, macht die beschwerlichen Auswärtstouren mit der Alemannia mit. Auf der Ladefläche eines Lieferwagens der Firma van Houten fahren die Kicker nach Rheydt und München-Gladbach. Für die Spieler befinden sich drei Bänke auf dem Laster, die Fans stehen im kalten Wind und halten sich am Gestänge fest. Die berühmte Alemannia aus Aachen ist Gast bei den Fußballern von Edern im Kreis Jülich. Karl Siebert: „Jeder Spieler bekam einen Eimer Rübenkraut. Darunter waren Reinhold Münzenberg und sein Schwager Walter Goffert.“ Die „große Alemannia“, wie Siebert leicht traurig sagt, tritt an bei Mannschaften wie Erkelenz oder Bracheln.

Am 7. April 1946 findet das erste Meisterschaftsspiel in München- Gladbach gegen einen auswärtigen Gegner statt – der Rheydter Spielverein siegt beim späteren Bundesligisten VfL Borussia mit 0:1. Doch das Spiel wird annulliert und die Ausspielung eines Bezirksmeisters ebenso abgebrochen wie die Stadtmeisterschaft. Die Klubs im Fußball-Kreisverband München-Gladbach-Rheydt-Viersen werden in drei Spielgruppen zu je sechs Vereinen zusammengestellt, um in einer Kurzsaison von April bis September drei Erste zu ermitteln; diese kommen in die Bezirksklasse, deren Saison im Herbst beginnt.

Das erste offizielle Meisterschaftsspiel nach dem Krieg von Borussia München-Gladbach wird am 5. Mai 1946 bei Schwarz-Weiß Giesenkirchen angepfiffen. Der spätere Bundesligist gewinnt mit 1:3. 1946 wird die Borussia knapp Erster nach Kämpfen gegen Giesenkirchen, Odenkirchen 05/07, Germania Viersen, Borussia Dahl und Rheydt 08. Nachkriegstrainer der Borussia ist der ehemalige Spieler Krätschmer von Eintracht Gelsenkirchen. Geld bekommt er für seine Arbeit nicht. Entlohnt wird der Gelsenkirchener monatlich mit einigen Coupons Stoff.

Die beiden Endspiele um die Meisterschaft des linken Niederrheins werden im Sommer 1946 zwischen Preußen Krefeld und dem Rheydter Spielverein ausgetragen. Vor 15.000 Zuschauern siegen die Rheydter in der Krefelder Grotenburg mit 0:2, das Rückspiel gewinnen sie mit 3:1. In der Meisterelf stehen noch drei Cracks aus der Vorkriegsmannschaft.

Bielefeld: Bereitwillige Hände für Schippen und Hacken gesucht

Am 14. Juni 1946 wendet sich der Vorsitzende des VfB 03 Bielefeld, Hans Lienenlücke, schriftlich an die Mitglieder, erneut beim Wiederaufbau der zerstörten Platzanlage zu helfen. Wegen der Papierknappheit werden wenige Exemplare jeweils einzeln auf einer Vorkriegsschreibmaschine getippt und herumgereicht. Darin heißt es unter anderem: „Selbstverständlich wollen wir niemandem zumuten, sich bei den Arbeiten über seine Kraft zu beteiligen, aber schließlich kann auch jedes Mitglied, ob jung oder alt, mithelfen. Es soll und braucht sich niemand dabei besonders anzustrengen, denn das wäre bei der heutigen Ernährungslage unklug. Es müssen nur genügend bereitwillige Hände da sein, die sich im Gebrauch von Schippen und Hacken abwechseln können.“

Der Bocholter Fußballspieler „Jupp“ Lammers bewirbt sich für ein Studium an der Universität Münster. Im Herbstsemester kann er beginnen. Da es unmöglich ist, in Münster eine Wohnung zu bekommen, „reist“ er mehrere Male in der Woche von Bocholt 92 Kilometer nach Münster und ist jeweils fünfeinhalb Stunden unterwegs. Der Architekturstudent schreibt sich auch für Sport ein und wird Mitglied der Studenten-

Fortuna Düsseldorf: Saison 1947/48: K. Borkenhagen, Pionczewski, Böckem, A. Borgenhagen, Makus, Müller, Schorsch Hochgesang (Trainer), Spölgen, Wilz, Steigleder, Heibach, Mauritz, Janes

elf. „Eines Abends spielen wir gegen Preußen Münster. Wir verlieren 6:4, aber die vier Tore habe ich geschossen. Preußen setzt sich auf meine Fersen. Eine Woche später habe ich ein Zimmer in der Stadt, einen Eßtisch im Lokal, mittags und abends. Preußen Münster besorgt mir ein Fahrrad. Das ist viel in dieser schweren Zeit. Es läuft perfekt in Münster – schon 1946." Er kickt für die Preußen. Die Mannschaft reist schon in einem, wenn auch alten Bus an. „Jupp" Lammers: „Bei einigen Gegnern war das anders. So hatten wir die Spielvereinigung Röhlinghausen als Gast. Die kamen in einem umgebauten Bäckerwagen. Der war geschlossen. Die Türen hinten standen leicht auf, waren aber mit Draht zugemacht. Später nannte man so ein Gefährt einen VW-Kombi. Damals gab es die aber noch nicht. Und aus diesem Bäckerwagen stiegen so 25 Personen, darunter auch die Spielerfrauen."

In diesem Jahr wird die Reserve von Schalke 04 erstmals seit dem Ende des Krieges mit Jugendlichen aufgefüllt – die Jugendarbeit liegt wieder in der Regie von Vereinen. Seit 1939 ist ihnen das versagt gewesen, denn für die Jugend „sorgte" die HJ.

Uerdingen: 350 Eier für ein Paar Fußballstiefel

Die Sportvereinigung Uerdingen 05/10, Vorläuferin von Bayer Uerdingen, erringt nach zwei Spielen gegen Rasensport Willich in der Grotenburg die Kreismeisterschaft. Damit steigt die Elf in die Bezirksklasse auf. Im ersten Nachkriegsjahr 1945 hatte die Mannschaft in der neugegründeten Gruppe den Aufstieg in die Bezirksklasse verpaßt und war in der Kreisklasse verblieben. Diese besteht im Frühjahr 1946 nur aus fünf Mitgliedern. Konkurrenten von Uerdingen 05/10 sind noch der SV Osterrath, ASV Lank, SpV Bockum und TuS Gellep. In einem Buch über den späteren Bundesligisten heißt es über das Jahr 1946: „Neben den Pflichtspielen dokumentierten 27 Gesellschaftsspiele einen für damalige Verhältnisse sehr regen Spielbetrieb."

In diesem Jahr stößt Peter Bresselschmitt aus Linn zu den Uerdingern. „Wir hatten zu Hause Landwirtschaft und damit Lebensmittel, die gefragt waren. So konnte ich mir 1946 für 350 Eier ein paar neue Fußballstiefel erstehen, und wenig später gelang es mir auch, einen Fußball für zwei Zentner Kartoffeln zu besorgen."

In Köln wird der Fußballausschuß Mittelrhein gegründet. Er beschließt, als oberste mittelrheinische Klasse 51 Vereine in vier Gruppen spielen zu lassen. Es kommt zum Aufstand, denn die Zeit von Befehl und Gehorsam ist vorbei. So wehren sich 16 Vereine gegen diesen „Fußball-Eintopf" und gründen eine Sondergruppe. Beschlossen wird die selbständige Ausspielung eines Pokals nach dem Punktsystem. Die Frondeure sind VfL 99 Köln, Sülz 07, Mülheimer SV aus der Domstadt, VfR Köln, Schwarz-Weiß, Rhenania, Bayenthal, Leverkusen, Düren 99, Würselen, Alemannia Aachen, Bonner FV, Tura Bonn, Beuel 06, FV Godesberg und Troisdorf. Die Pokalrunde der 16 Aufständischen bekommt schon nach den ersten Spielen einen beachtlichen Zulauf an Zuschauern.

Der Bonner FV spielt in dieser Pokalrunde, obwohl es ihn nach Anweisung der Alliierten offiziell gar nicht gibt. Am 26. September 1946 wird eine Hauptversammlung einberufen, auf der beschließen die Teilnehmer: „Die Anwesenden lassen den mit der Kapitulation aufgelösten Verein wieder aufleben. Sie sind sich darüber einig, daß das Vermögen, das bisher dem Bonner FV gehörte, dem wieder aufgelebten BFV übertragen wird. Die Anwesenden beschließen, die neue Satzung anzunehmen."

Am 22. Dezember 1946 schafft der Kölner Dr. Peco Bauwens die Versöhnung der 16 Aufständischen mit dem Verband. Sie kommen zum Fußballausschuß Mittelrhein zurück, jedoch mit der Zusage, daß sie als Gruppe fünf zusammenbleiben und ihre beiden Ersten in die geplante Oberliga West aufsteigen. Erster wird am Ende der Saison 1947/48 der VfR Köln, Zweiter Alemannia Aachen.

Schalke nicht mehr Westfalenmeister

Schalke 04 hat 1947 einen Durchhänger. Ernst Kuzorra: „Wir hatten drei Wochen lang einen Mist zusammengespielt, daß es mir zu bunt wurde." Er verspricht dem Schalker Trainer, daß sich was ändern wird. Ernst Kuzorra über den ersten Trainingstag der folgenden Woche: „Dann bin ich abends früh ins Bett gegangen, während die anderen noch gefeiert haben. Am nächsten Tag haben wir dann auf Kondition gemacht. Ich habe vorne ein enormes Tempo vorgelegt und nach sechs Runden lagen die anderen flach und haben gekotzt." Und das bei der schlechten Ernährungslage. Die Schalker stöhnen. „Ihr braucht nur wieder vernünftig zu spielen", deutet Ernst Kuzorra an. Ergebnis: „Im nächsten Spiel schossen wir gegen Herten 20 Tore." In der Geschichte der Spielvereinigung Herten ist das die höchste Heimniederlage.

Der Mai 1947 wird ein bedeutender Monat in der Geschichte des westdeutschen Fußballs, insbesondere des westfälischen – der unumstrittene Erste seit den dreißiger Jahren, Schalke 04, wird entthront und spielt künftig nur noch eine Geige in den hinteren Reihen des Ballorchesters. Am 17. Mai nörgelt der Sportreporter der „Rhein-Ruhr-Zeitung", die laut Titel „für Wahrheit, Recht und Freiheit" kämpft: „Westfalen hätte terminmäßig die Möglichkeit gehabt, den Meister im Hin- und Rückspiel festzustellen. Warum man sich mit einem Spiel im neutralen Herne zufrieden gibt, ist nur schwer zu verstehen."

Am Montag, dem 19. Mai 1947, erscheint wegen des Papiermangels keine Zeitung. Am Tag darauf meldet die „Rhein-Ruhr-

Sportfreunde Katernberg 1947/48: Konrad, Jerosch, Winkler, Pisarski, Majewski, Mieloszyk, Ruppel, Gehrke, Penting, Harkener, Winzler (von links)

Zeitung": „Schalke nicht mehr Westfalenmeister! Die große Überraschung im westdeutschen Fußballsport bildete das 2:3 (1:0) von Schalke 04 vor 30.000 Zuschauern in Herne gegen Borussia Dortmund im Endspiel um die Westfalen-Fußballmeisterschaft! Die … Knappen, die durch Tibulski zwar zweimal in Führung gingen und in Kuzorra ihren großen Dirigenten hatten, erlitten seit 1933 in der Westfalen-Meisterschaft zum ersten Male eine entscheidende Niederlage." Von diesem 18. Mai an ist Borussia Dortmund die Nummer eins in Westfalen.

Oberhausen Niederrheinmeister

Meister des Niederrheins wird 1947, schon zum zweiten Mal, die Stahl- und Bergarbeiterelf von Rot-Weiß Oberhausen mit dem überragenden Keeper Willi Jürissen im Gehäuse, nach einem 3:1-Sieg über Fortuna Düsseldorf, die launische Diva. Jürissen, der im Tor mit weißen Handschuhen steht, ist ein gefürchteter Elfmeterschütze. Schon dreißig Sekunden nach dem Anpfiff zeigt der Pfeifenmann auf den weißen Punkt im Strafraum der Fortuna. Willi Jürissen vollstreckt zur frühen Führung. In den Annalen der Rot-Weißen steht: „Jürissen wurde mit dem grün-weißen Meisterkranz des FV Niederrhein geschmückt und beim Einzug der Gladiatoren in das damalige Vereinslokal Richard Biederbeck säumten Tausende die anliegenden Straßen."

Der spätere Bundesligist Borussia Mönchengladbach wird Erster der Bezirksklasse, in der insgesamt neun Mannschaften antraten. Nach dem Gruppensieg kommt es zu einem Stechen mit dem Sieger der benachbarten Bezirksklasse, dem Rheydter Spielverein. Am 4. Mai 1947 siegt die Elf aus der Geburtsstadt von Goebbels mit 1:0 über die Gladbacher. Die Rheydter nehmen an einer Qualifikationsrunde um den Aufstieg in die Oberliga West teil – die Sieger und Aufsteiger aus der Region sind Fortuna Düsseldorf, RW Oberhausen und die Sportfreunde Katernberg. Die Borussia spielt in der Runde der Zweitplazierten, aber ohne Erfolg – Aufsteiger sind Hamborn 07 und die TSG Vohwinkel 80 aus Wuppertal. Tura Essen und die Borussia aus München-Gladbach bleiben auf der Strecke.

Horst-Emscher: Taubenschlag am Förderturm

Im Mai 1947 unternimmt die Elf der STV Horst-Emscher, die inzwischen als spielstärker gilt als Lokalrivale Schalke 04, eine zweiwöchige Reise in den Schwarzwald. Der Fußballnachwelt wird aufgeschrieben: „Wer von den (Mannschaften) ... in der britisch besetzten Zone konnte schon auf eine so ausgedehnte Gastspielreise durch die amerikanisch und französisch besetzte Zone mit Spielen in Wiesbaden-Biebrich (4:1), SV Triberg (10:3), Schwarzwaldauswahl (8:1), SV Freiburg (4:0) und FV Offenburg (2:1) gehen? Die Fahrt war einmalig, weil die Vereinsleitung ... aus dem Improvisieren nicht herauskam. Grenzen zwischen den Zonen wurden ohne Genehmigung passiert, Verpflegungsklippen überwunden, und wenn die Übernachtungsmöglichkeiten z.T. das Ausruhen zur Strapaze werden ließen, so tat das den Leistungen keinen Abbruch."

Auf dem Aschenplatz der Emscher-Husaren, ganz in der Nähe der Zeche Nordstern, geben die Stuttgarter Kickers mit den ehemaligen Nationalspielern Edmund Conen, Torwart Helmut Jahn und Albert Sing sowie der 1. FC Kaiserslautern mit den Gebrüdern Walter und Ernst Liebrich, aber auch der HSV mit Erwin Seeler, Spundflasche und Richard Dörfel ihre Visitenkarte ab. Die winzige Holztribüne bekommt den Spitznamen „Taubenschlag". Die STV Horst-Emscher steigt mit einem Aschenplatz in die Oberliga West auf.

In diesem Jahr wird in der britischen Zone eine Meisterschaft ausgespielt. Es qualifizieren sich Dortmund, Oberhausen und der VfR Köln. Weil der Niederrhein und

Das Jahresergebnis einer sportorganisatorischen Neugründung

Oberliga West ein Erfolg

An Volkstümlichkeit unerreicht / 2,4 Millionen Besucher in 7 Monaten / Steigerung der Leistungsarbeit gelungen / Eine stolze Front von Borussia bis Aachen / Die Großen Vier gegen Nord

Schon vor 1933 hatten deutsche Kenner des Fußballsports mit europäischer Einsicht die Forderung auf Schaffung einer Leistungsspitze in Form einer Reichsliga oder Reichsliga in verschiedenen Gruppen erhoben. Diese Pläne konnten in friedlichen Zeiten aus engherzigen

Stelle darf der Name des Vaters der Oberliga West, Artur Webers aus Solingen, mit aller Anerkennung für seine Klugheit und seinen Weitblick genannt werden.

Es ist uns sportkameradschaftliches Bedürfnis, diesen vier Mannschaften und im besonderen der Meisterelf des BV Borussia die herzlichsten Glückwünsche auszusprechen. Wir sind mit allen ihren Freunden überzeugt, daß sie die nächsten, höheren Proben — auch im Falle einer Niederlage — in Ehren bestehen werden.

A. B. Pfiff.

Westfalen als spielstark eingeschätzt werden, dürfen sie noch einen vierten Westvertreter ausspielen. Die Gegner im Kampf um den britischen Zonenmeister sind die Nordvereine. Pfingsten 1947 kommt es auf der Viktoria-Kampfbahn von Recklinghausen zum Ausscheidungsspiel zwischen Fortuna Düsseldorf und Schalke 04. Es ist herrliches Wetter. Aber die Sonne sticht. Ein ziemlich sicheres Zeichen für einen überraschenden Sommerregen. Der Hertener Heinz Ostrowski, 172 Zentimeter hoch, zieht sich den Regenmantel seines gefallenen Bruders über, dem zehn Zentimeter an einer Größe von zwei Metern gefehlt hatten. Weil er zusätzlich noch einen Regenschirm mit nach Recklinghausen nimmt, wird er in der Straßenbahn gehänselt. Es sind 30.000 Zuschauer gekommen, die meisten in Sommeranzügen. Die bekommt der Interessent in dieser Zeit auf Bezugsscheine oder durch Verbindungen. Geschneidert sind sie aus Tüchern, die aus Zellstoff, Zellwolle und Holzwolle hergestellt wurden.

Zur Pause heißt es bereits 3:0 für die sogenannten Knappen aus Schalke. Der Schiedsrichter schafft es gerade noch, trokken zum Pausengetränk zu gelangen. Der Himmel öffnet, wie es dichterisch heißt, seine Schleusen. Wegen des stürmischen Gewitters dehnt der Pfeifenmann die Halbzeit auf 30 Minuten aus. Heinz Ostrowski übersteht das Ungemach unter dem Schirm und in dem zu großen Regenmantel. Am Ende heißt es 4:0 für die Gelsenkirchener Vorortler. Die meisten Fans streben als Witzfiguren zu den Straßenbahnen – die Ärmel und Hosenbeine sind zehn Zentimeter kürzer. Geflickte Socken und lädierte Schuhe sind zu sehen, die Hemden hängen an den Armen peinlich weit hinaus. Heinz Ostrowski verzichtet trotzdem bei der Rückfahrt auf eine Revanche. Viele erwartet zu Hause ein Donnerwetter oder eine weinende Frau.

Schalke und der Club – die alten Rivalen

In dem immer noch stark zerstörten Essener Stadion an der Hafenstraße kommt es 1947 zu einem Zusammentreffen zwischen den alten Rivalen Schalke 04 und 1. FC Nürnberg. Club-Verteidiger Willi Billmann: „Die Menschen standen bis an die Einwurflinie. Wo wohl mal eine Tribüne stand, waren nur ein paar Betonpfeiler zu sehen. Da muß im Krieg alles abgebrannt sein." Nürnbergs Keeper Lindner ist schwer krank. Er hat Tb, vielleicht sogar Kehlkopfkrebs. Das wird nie geklärt. In der Nacht vor dem Kampf gegen Schalke zittert der junge Mann in seinem Bett vor Kälte. Er hat Fieber. Während des Spiels wird der Nürnberger Torwart ständig von dem Mittelstürmer der Königsblauen, Dargaschewski, attackiert. Der weiß nichts von der Krankheit des Keepers Lindner. Willi Billmann interveniert bei dem Schalker: „Laß den Jungen in Ruhe, oder ich mache dich fertig." Die Drohung bleibt wirkungslos. Dargaschewski tippt an die Stirn. Lindner läuft einem Angriff entgegen, Dargaschewski setzt nach, Billmann bringt seinen Ellenbogen ein, mit einer blutenden Wunde über dem Auge muß der Schalker das Essener Spielfeld verlassen.

Ein Schalker bleibt nicht ungerächt. Nach dem Abpfiff ziehen die verschwitzten Spieler am Rest der Tribüne vorbei in die bescheidenen Umkleidekabinen. Hoch oben sitzt ein junger Mann, der gezielt einen Stein auf Willi Billmann fallen läßt. Mit einer schweren Kopfverletzung erreicht der Nürnberger die Kabine. Noch 43 Jahre später ist über der Stirn eine kräftige Narbe zu sehen. Der talentierte Torwart Lindner vom Club stirbt Wochen später in jungen Lebensjahren.

„Zeitungs-Narkose" für den Werkverein

Am 15. November 1947 erscheinen bei Bayer Leverkusen vervielfältigte „Vereins-Mitteilungen". Verantwortlich ist Walter Scharf mit dem Werkstelefon 1507/Personal-Abteilung. Dort schwärmt der Verfasser vom „imponierenden Erfolg" der ersten Mannschaft von Bayer 04 Leverkusen, die den Kölner Stadtmeister von 1945/46, Schwarzweiß, in einem Freundschaftsspiel geschlagen hat. Der Werkverein hat 1947 erstmals über 1.000 Mitglieder. Unter den 1.026 Beitragszahlern sind 167 Frauen.

Von den Konkurrenten aus Köln werden die Schwarzroten vom Bayer-Werk nicht so ernst genommen, wie sie es gern hätten. Ironisch heißt es in den „Vereins-Mitteilungen" vom 15. November 1947: „Favoriten haben Widerstände am laufenden Band zu überwinden. Auch wir waren Favorit, es war einfach nicht zu vermeiden! Wir spielten diese Rolle sogar recht brav. Unsere Widersacher waren diesmal zwar nicht Wind, Sonne, Schiedsrichter oder Torhüterversager (im Gegenteil!), sondern die leichtsinnigerweise nicht in Rechnung gestellte Kölner Tagespresse! – Mit fachmännischem Tabellenstudium und Vertrauen auf ihre Kölner Mannschaften sagten sie den logischen Sturz des Provinzlers voraus. Als dies zu lange dauerte, entschied sie, Schluß mit der Leverkusener Favoritenstellung und vergab den Titel an die auch uns sympathischen Dellbrücker Preußen. Respektvoll traten wir zurück, Preußen zog gleich, und der Pressefrieden war gesichert. – Frei von der Bürde eines Favoriten dürfen wir uns nun für unseren bewiesenen Gehorsam auf die großzügigen Aufmunterungsversuche der versöhnten Kölner Tagespresse freuen.

Gruß vom Suez-Kanal

Kriegsgefangene an Dortmunds Sportler

Suez, den 25. 5. 48.

An die Schriftleitung des
„Sport am Sonntag".

Nachdem nun die Spiele des Kreises Dortmund als beendet betrachtet werden können, möchten wir Dortmunder Kriegsgefangenen nicht versäumen, Ihnen und allen Dortmunder Sportlern die besten und herzlichsten Grüße zu übermitteln. Gerade Ihre Sportnachrichten helfen uns hier im Wüstensand am „Roten Meer" über manch schwere Stunde hinweg und bildet so die Brücke zu unseren Sportkameraden in der fernen lieben Heimat. Sobald der „Sport am Sonntag" bei uns im Lager eintrifft, wird er unter den Kameraden ausgetauscht. Um alles etwas interessant zu gestalten, wurde im Laufe der Woche getippt und die Aussichten für den eigenen Verein erwogen. Dabei ging es manchmal hoch her. Um auch den anderen Kameraden des Lagers etwas Abwechslung zu bieten und den Sport mehr hervorzuheben, richtete ich als Sportwart unserer Kompanie einen „Sport-Bilderdienst" ein. Dort wurde sämtliches Bildermaterial ausgehängt, was sich im Laufe der Zeit aus Deutschland angesammelt hat. An jedem Montag haben wir dann unseren „Sport-Funk", dann werden die Ergebnisse des NWDR bekanntgegeben, und gleichzeitig kommt die neue Tabelle der „Oberhäuser" heraus Bei uns in Aegypten sind auch die letzten Meisterschaftsspiele ausgeklungen, und nach einer kleinen Pause rollt der gelbe Lederball wieder über unsere guten PoW-Plätze. Das letzte große Ereignis war wohl am Ostersonntag bei uns im Lager, denn es spielte Westzone — Ostzone im Fußball und Handball: Im Fußball gewann der Westen 3:1, im Handball verlor der Westen 9:5. Neben Spielen gegen Engländer hatten wir auch Gelegenheit, gegen Zivilmannschaften zu spielen, u. a. Polizei Suez, Internationaler Sport - Club, Shell - Oel - Club, Griechen-Club, Suez-Kanal-Club und viele andere, doch fanden wir „Germans" keine ernsthaften Gegner. Doch nun kommt die schönste Zeit für uns Kriegsgefangene, denn wir dürfen hoffen, bald dieses Land für immer zu verlassen und nach langer Trennung unser liebes altes Westfalenland, wo uns unsere Lieben erwarten, wiederzusehen. So möchte ich nun dieses kleine Schreiben beenden. Im Namen aller Dortmunder Kriegsgefangenen grüßt Sie, verehrte Schriftleitung, und alle Dortmunder Sportler, besonders aber BV Borussia 09, mit Sportgruß: Ihr Gerhard Kattner.

Aber noch mehr freuen wir uns über die (trotz allem) ungebrochene Kampfeslust unserer Elf. Auch die Zuschauer wollen ihren verwerflichen Optimismus nicht aufstecken, trotz Tabellenführungswechsel und Zeitungs-Narkose – Fußball ist bei uns nach wie vor Trumpf."

Der spöttische Artikel bezieht sich auf die abgelaufene Saison, in der Preußen Dellbrück Meister wird und auch in die Oberliga West aufsteigt. In der neuen Spielzeit 1947/48 ist der Favorit und Tabellenführer der Rheinbezirksliga die Bergmannself von Rhenania Würselen. Leverkusens Heimspiele sehen insgesamt 60.000 Zuschauer. Mit neun Punkteteilungen wird Bayer 04 die „unentschiedenste" Mannschaft im Ligenfußball der britischen Zone.

Spielzeit 1947/48: Katernberger überraschen

„Auf die Plätze! Fertig! Los! – Aber ohne knurrenden Magen, der leider heute noch zu laut zu hören und daher die kleine Ursache mancher großen Wirkung ist." Mit diesen Sätzen kommentiert die Bielefelder „Freie Presse" in ihrer Ausgabe vom 13. September 1947 den Start in die neue höchste deutsche Fußballklasse im Bereich von Nordrhein-Westfalen. Weiter steht auf grauem Papier gedruckt: „Die im Süden bereits im vergangenen Spieljahr bewährte Oberliga dürfte auch im Westen und Norden durch das Zusammentreffen dieser Spitzenmannschaften das Spielniveau noch heben." Wenige Sätze weiter kommt der Chronist auf die Hits von damals: „Die Begegnungen Hamborn 07 – Schalke 04, Borussia Dortmund – Sportfreunde Katernberg sind schon als Schlager zu bezeichnen, wie überhaupt abgewartet werden muß, wie sich die Vertreter von Westfalen, Mittel- und Niederrhein mit ihren verschiedenen Temperamenten und Spielauffassungen machen werden."

Dreizehn Klubs, darunter einige, die vorher noch nie gegeneinander gespielt hatten, konnten sich für die höchste Liga, die Oberliga West, qualifizieren. Fünf Vereine aus Westfalen, fünf vom Niederrhein und drei aus dem Köln-Aachener Raum. Die Fußballhierarchie 1947: Oberliga, Landesliga, Bezirksklasse, Kreisklasse mit meist drei Stufen. In der Spielzeit 1949/50 wird im Westen eine zweigeteilte II. Liga eingeführt, ab 1952/53 gibt es eine einzügige als Unterbau zur Ersten, der Oberliga West.

Zwölf Mannschaften feiern am 14. September 1947 die Premiere, die Elf der TSG Vohwinkel 80 (Wuppertal) schaut zu.

Der erste Erste der Oberliga West ist die Spielvereinigung Erkenschwick mit ihrem 0:5-Kantersieg bei der Alemannia in Aachen. Der damalige Altmeister Schalke 04 zieht die Massen in die Stadien. Schalkes Idol Ernst Kuzorra schoß in der 57. Minu-

Finalist im Jahr 1949: Borussia Dortmund

te selbst ein Tor, das zum Ausgleich und Endergebnis. Den ersten Treffer der Geschichte der Oberliga West erzielte der Dortmunder Ibel in der sechsten Minute gegen die Sportfreunde Katernberg. Auf zwei Plätzen fiel jeweils in der 88. Minute ein Tor – einmal durch den Oberhausener Spieler Groß (der schon drei Minuten vorher traf), der zweite Vollstrecker war der Dortmunder Internationale August Lenz.

An den Tag vor dem ersten Anpfiff erinnert sich Heinz Cichutek noch nach 40 Jahren. Ihn verschlug es nach dem Krieg aus Oberschlesien in die Bergarbeitergemeinde Erkenschwick. Der ehemalige Handballtorwart ist zum Auftakt bei der Spielvereinigung Erkenschwick nominiert worden. Eine besondere Ehre, denn in dieser fast lupenreinen Bergmannself spielen, bis auf ganz wenige Ausnahmen, nur gestandene „alte" Erkenschwicker.

Der zu dem Zeitpunkt des Rückblicks 63jährige Heinz Cichutek über den 13. September 1947: „Wir mußten mit der Bahn nach Aachen fahren. Einige Zeit vorher hatten die Briten Busfahrten an den Wochenenden verboten. Erkenschwick hatte und hat keinen Bahnhof. Wir fuhren mit der Straßenbahn nach Recklinghausen. Das war am Samstag, dem 13. Von Recklinghausen ging es äußerst umständlich mit dem Zug nach Aachen. Keiner von uns war vorher je in Aachen gewesen. Dort mußten wir in einem Notquartier übernachten. Hotels standen nicht zur Verfügung. Wir schliefen in einem warmen, dunklen ehemaligen Luftschutzbunker, direkt dem Bahnhof gegenüber. Es war eine kurze Nacht. Am anderen Morgen sind wir quer durch Aachen zum Tivoli getrippelt. Die Kirchgänger hörten uns reden und sagten, da ist die Reserve von Erkenschwick. Unsere Jungens waren ja alle körperlich so klein. Da dachten die, das kann die Erste nicht sein." Nach einer kurzen Pause. „Der Tivoli war damals noch ein Aschenplatz. Da waren unwahrscheinlich viele Zuschauer auf den Rängen. Wir verstanden oft gar nicht, was die riefen. So eine rheinische Aussprache war in Erkenschwick ziemlich unbekannt. In der ersten Halbzeit kämpfte bei denen, die wir wegen ihrer Kluft Kartoffelkäfer nannten, noch der Reinhold Münzenberg. Nach der Pause kam der wegen eines Ischiasleidens nicht mehr aus der Kabine. Die zehn Aachener haben wir so richtig naß gemacht." Er strahlt noch 40 Jahre später.

Die erste Tabelle nach dem Auftakt der Oberliga West am 13. September 1947: Spvgg Erkenschwick, Rot-Weiß Oberhausen, Borussia Dortmund, Fortuna Düsseldorf, Hamborn 07, Schalke 04, VfL Witten, VfR Köln, Vohwinkel 80, Preußen Dellbrück, Sportfreunde Katernberg, STV Horst-Emscher und Alemannia Aachen.

Die Reihenfolge der Torschützen des ersten Tages: Ludorf (Erkenschwick), Günther (RW Oberhausen), Hetzel (Hamborn 07), Groß (RW Oberhausen), Lenz (Borussia Dortmund) und Schmidt (Preußen Dellbrück).

Der erste Erste muß auch sein zweites Spiel auswärts austragen – bei Preußen Dellbrück holt Spitzenreiter Erkenschwick mit einem 2:2 einen Punkt und reist als Tabellenzweiter zurück in die vom Bergbau geprägte Gemeinde in der Nähe von Recklinghausen. Erster ist nun Rot-Weiß Oberhausen. Am dritten Spieltag, es ist der 28. September 1947, kommt es am Erkenschwicker Stimberg zu dem Spitzenspiel der Einheimischen gegen die Rot-Weißen aus Oberhausen. Die Rot-Weißen siegen vor 14.000 Zuschauern – Erkenschwick hat nur 16.000 Einwohner – sensationell hoch mit 1:5. „Sigi" Rachuba, damals Erkenschwicker, erkennt zwar 40 Jahre später an, daß die Kleeblättler technisch brillant gewesen seien, aber die Niederlage kann – so glaubt er – auch einen anderen Grund haben: Auf Drängen der Presse hat die Heimelf sich vorher fotografieren lassen, das war der Fehler.

„Kuzorra-Schüler besiegen den Lehrmeister". So betitelt am 6. Oktober 1947 eine rheinische Zeitung eine Sensation in der neuen höchsten Klasse. „Altmeister" Schalke 04 ist am 4. Oktober 1947, so überraschend wie zwei Wochen vorher Alemannia Aachen, auf eigenem Geläuf von der Knappenelf aus Erkenschwick geschlagen worden. „Jule" Ludorf, damals in der Glanzzeit seines Fußballerlebens, über diese Epoche: „Horst-Emscher, Katernberg und Erkenschwick hatten technisch schon bessere und vor allen Dingen jüngere Mannschaften. Die meisten dieser bisher Namenlosen spielten schon Jahre zusammen und kannten sich blind. Abwanderungen waren noch ziemlich unbekannt. Wir waren damals tatsächlich besser als Schalke 04."

Die erste Heimniederlage in der neuen Oberliga bezieht die Elf um den Spitzenspieler Kuzorra an einem Samstag. An diesem Tag sind 25.000 Zuschauer in die wiedererbaute Glückauf-Kampfbahn gekommen. Die Fußnote dieser Niederlage auf Schalker Gelände: Ernst Kuzorra hatte gewissermaßen die Hand im Spiel. Von 1943 bis 1946 trainierte er, so nebenher, die Stimbergelf. An diesem 4. Oktober 1947, von dem Heinz Cichutek sagt, es sei „ein herrlicher Herbsttag gewesen", kommt der Altinternationale in die Umkleidekabine der Stimberger in den Katakomben des Stadions. Die Erkenschwicker Spieler „Jule" Ludorf, Heinz Silvers und Franz Berger erinnern sich 40 Jahre später übereinstimmend, daß er einen Trainingsanzug übergestreift hatte. Das ist in der Reichsmarkzeit eine Rarität. Ernst Kuzorra setzt sich auf eine Bank und soll gesagt haben: „Hört mal, Jungens, ihr habt da einen Mehrmann aufgestellt. Ich habe gehört, der ist nicht spielberechtigt, nehmt ihn raus." Beratungen beim Gegner. Johann Smigielski, genannt „Janusch", muß sich umziehen und darf auflaufen. Mehrmann beteuert, er sei berechtigt, für die Erkenschwicker anzutreten. „Janusch" spielt.

„Wir standen von der ersten Minute an unter Druck", erinnert sich „Kalli" Matejka. Und Keeper Heinz Cichutek: „Die haben von Anfang an gefährlich unser Tor bestürmt. Aber die Schalker haben mich warm geschossen ... Von dem Tibulski kamen 90 Minuten lang die Flanken. Sie wirkten immer butterweich, waren aber unwahr-

2. Dezember 1989: Flotho, Grzeszak, Sense (alle STV Horst-Emscher) und Autor Hans Dieter Baroth gratulieren Jule Ludorf (Spvgg Erkenschwick) zum 70. Geburtstag.

scheinlich scharf geschossen. Davon habe ich später noch oft geträumt." Schiedsrichter Raspel aus Düsseldorf zeigt in der 32. Minute zum ersten Mal auf den Anstoßpunkt. „Sigi" Rachuba hat ein Tor für den Gast geschossen. „Jule" Ludorf: „Durch die Überlegenheit der Schalker und deren Druck haben wir, so glaube ich, zum ersten Mal einen regelrechten Konterfußball gespielt, äh, spielen müssen." In der 64. Minute muß Torwart „Heini" Kwiatkowski wieder einen Ball aus dem Netz holen. Nach Vorlage von Rachuba vollstreckte Ludorf. In der 76. Minute fällt aus einem, wie sich Erkenschwicker Spieler erinnern, „Gewühle" heraus durch Berni Klodt das 1:2. Für die überlasteten Abwehrspieler Smigielski, Heinemann, Sperl, Silvers, Berger und Lienhard werden das wohl mit die längsten 14 Minuten ihres Lebens. Die Nacht darauf war vermutlich eine der feuchtesten.

Der Spieler Mehrmann, „aus dem Hessischen“ an den Stimberg gekommen, ist tatsächlich nicht für den Westfälischen Fußballverband spielberechtigt. Damals hat noch jeder Verband seine eigenen Zulassungsbedingungen. So geht dieser 4. Oktober 1947 in die Annalen der Gelsenkirchener Knappenelf als der Tag der ersten Heimniederlage nach dem Krieg ein.

Die Überraschungself der ersten Saison der Oberliga West sind die Sportfreunde Katernberg, die erst ganz kurz vor Schluß von Borussia Dortmund von der Tabellenspitze verdrängt werden. Die bis dahin überregional unbekannten Essener Vorstädter dürfen um die Deutsche Meisterschaft spielen.

Die erste Abschlußtabelle der Oberliga West: Borussia Dortmund, Sportfreunde Katernberg, STV Horst-Emscher, Sportfreunde Hamborn 07, Rot-Weiß Oberhausen, FC Schalke 04, Fortuna Düsseldorf, Spvgg Erkenschwick, Alemannia Aachen, TSG Vohwinkel 80, Preußen Dellbrück.

Die besten fünf Torschützen der Saison 1947/48 sind August Lenz (Borussia Dortmund) mit 22 Treffern, „Freddy“ Kelbassa (STV Horst) mit 20 Toren, „Jule“ Ludorf (Spvgg Erkenschwick) mit 17 Erfolgen, dahinter Klubkamerad „Sigi“ Rachuba mit 15 Einschüssen und W. Erdmann von Borussia Dortmund, der 14mal traf.

Für den VfR Köln und den VfL Witten ist die erste Saison in der Oberliga auch die letzte. Vierzig Jahre später, 1987/88, steigen die Wittener aus der viertklassigen Verbandsliga ab in die Landesliga.

In der Reichsmarkzeit sind die Oberligaspieler Amateure, bei denen die Regel lautet, daß bei Punktgleichheit die Tordifferenz nicht zählt und Entscheidungsspiele ausgetragen werden müssen. Die TSG Vohwinkel 80 und Preußen Dellbrück, die rechtsrheinischen Kölner Vorstädter, müssen als Dritt- und Viertletzter der Liga den dritten Absteiger unter sich ausspielen. Es werden vier Spiele mit Verlängerung. Preußen Dellbrück – TSG Vohwinkel 80 1:1, 0:0, 0:0 und endlich 0:1 in Solingen-Wald. Die vier Spiele sehen insgesamt 95.000 Zuschauer, zu der Begegnung am 12. Juni 1948 in Köln kommen 40.000 Zahlende. Wegen der großen Hitze wird bei diesem Spiel auf eine Verlängerung verzichtet und ein viertes angesetzt.

Hamm: Jugendarbeit auf zeitgemäße Art

In der Saison 1947/48 löst der Jugendleiter der Hammer Spielvereinigung, Anton Pieper, eine lebensnotwendige Frage auf zeitgemäße Art. Seine Jungen vom Klub haben ständig Hunger. Anton Pieper ist Bäcker. Für das Hammer Café Fricke liefert die Bäckerei seines Chefs den Kuchen. Eier und Zutaten kommen oft vom Café-Besitzer, das Mehl hat die Bäckerei. Anton Pieper zweigt jeweils einen Teil ab. Dem Streuselkuchen für das Café wird etwas mehr Wasser als vorgesehen beigegeben. Im zweiten Backgang wird aus dem Abgezwackten Kuchen gebacken. Anton Pieper trägt einen Anorak, den er gebraucht bekommen hat. Der ist, was gar nicht unüblich für die Zeit ist, viel zu groß. Wenn der Jugendleiter seine Lieferung von Streuselkuchen für das Café Fricke selbst ausfährt, sitzt seine Wetterjacke beachtlich stramm am mageren Körper. Direkt hinter der Backstube lungern die jugendlichen Kicker des Klubs, die er fürsorglich mit dem abgezweigten Kuchen füttert. Ein Jahr lang merkt das niemand.

Köln: Tradition gegen Fortschritt

Der 13. Februar 1948 ist für den Kölner Fußball ein geschichtsträchtiger Tag – unter Führung von Franz Kremer entsteht der 1. FC Köln. Ehrenmitglied Franz Bolg berichtet in der Rückschau: „Etwa drei Monate vor der Fusion (zum 1. FC Köln) spielte Sülz 07 gegen Poll und verlor. Der KBC spielte am selben Tage gegen Hertha Rheydt und gewann. Fritz Plate, einst selbst ein erstklassiger Spieler, war Fußball-Obmann der Sülzer, ich bekleidete dieses Amt beim Kölner Ballspiel-Club. Fritz Plate besuchte mich nach den eingangs erwähnten Spielen gegen Poll und Rheydt, wir tauschten unsere unterschiedlichen Erfahrungen aus und kamen auf den Gedanken, die beiden Vereine zusammenzuschließen. Diese Idee schlugen wir Karl Büttgen, dem ehemaligen Vorsitzenden der Spielvereinigung Sülz 07, vor und rannten bei ihm offene Türen ein. Franz Kremer, der Vorsitzende des Kölner Ballspiel-Clubs, wurde verständigt und eingeschaltet. Die Sache nahm ihren Lauf. Beide Vereine hielten getrennte Mitgliederversammlungen ab, die Fusionsbefürworter konnten sich hüben wie drüben durchsetzen.“

Nicht einmal 48 Stunden nach der Fusion tritt der 1. FC Köln in der Rheinbezirksliga, Gruppe I, gegen den Sport- und Spielverein Nippes 12 zum ersten Meisterschaftsspiel an. Das Echo beim Publikum ist mäßig – nur 2.432 Zahlende kommen. Der FC siegt 8:2. Das erste Auswärtsspiel verlieren die „Neuen" in Godesberg mit 3:2 vor 4.680 Besuchern. Tradition gegen Fortschritt, so könnte die Begegnung am 17. April 1948 zwischen dem VfL Köln 99 und dem 1. FC vor 15.000 Zuschauern bezeichnet werden – Fortschritt schlägt Tradition mit 4:2.

Der neue Klub wird Meister und muß sich im Kampf um den Aufstieg in die Oberliga mit Rhenania Würselen messen. Am 13. Juni 1948, nur vier Monate nach der Fusion, klopft die Elf an der Tür zum Oberhaus. Die Kölner unterliegen den kickenden Bergleuten aus dem Aachener Kohlerevier mit 0:1.

Kriegsheimkehrer gründen in der noch sehr zerstörten Domstadt Köln einen weiteren Fußballklub. Es sind ehemalige Spieler der alten Viktoria von 1911, des Bayenthaler SV und des SV Köln von 1927. Viel Glück hatten die früheren Frontsoldaten bisher nicht und nennen ihren neuen Verein vielleicht deshalb S.C. Fortuna Köln. Die neue Gemeinschaft hat ihre Heimat in Raderthal und ist eine der vielen kaum genannten unterklassigen Vereine der Domstadt. Einer Mannschaft im Aachener Kohlebecken bringt diese Fusion zur Fortuna Glück: Viktoria Kellersberg aus Alsdorf unterlag dem Rivalen und Nachbarn Rhenania Würselen mit 0:2 und war damit zum Abstieg aus der Rheinbezirksliga (Gruppe 2) verurteilt. Mohren und Derwall schossen die Kellersberger Kumpel in den Keller. Doch durch die Aufnahme von Fortuna Köln in den Spielbetrieb kommt es in diesem Raum zu einer völligen Umbildung in den Klassen, mit dem Ergebnis: die Viktoria muß nicht absteigen.

Auf der Hauptversammlung der Sportvereinigung Uerdingen 05/10 kommt es am 20. Februar 1948 zum Bruch. Nach erregter Debatte wird der Austritt der Mitglieder protokolliert, die den alten VfB neu gründen wollen. Die Aktiven erhalten die sofortige Freigabe für den neuen Verein. Genau 87 Personen verlassen die Sportvereinigung. Fast alle Jugendlichen schließen sich dem VfB Uerdingen an. Sportlich trifft dieser Aderlaß die Sportvereinigung jedoch nicht, die Mannschaft spielt auf dem grünen Rasen scheinbar unbeirrt und wenig beeindruckt Sonntag für Sonntag um Punkte in der Bezirksklasse. Und das unter den schweren Bedingungen dieser Zeit. In einem Buch über Bayer 05 Uerdingen heißt es: „Probleme brachte damals auch der Transport zu den Spielen. Möbelwagen ohne Fenster mußten da ebenso herhalten wie offene Lastwagen, und wenn Spiele in der näheren Umgebung anstanden, dann radelte oft auch eine komplette Mannschaft zum Spiel nach Linn, Fischeln oder in einen anderen Stadtteil."

Fahrpreis: ein ungekochtes Hühnerei

Karnevalssonntag 1948 muß die Spitzenelf des Westens, Borussia Dortmund, zum Tivoli, zu Alemannia Aachen. Chronist Karl Siebert: „Da stehen 15.000 verkleidete Menschen auf den Rängen und johlen. Den Dortmundern ist Karneval in dieser Form unbekannt. Es ist ja ihr erstes Gastspiel in Aachen. Und die Zuschauer stehen gerade mal 50 Zentimeter von der Außenlinie entfernt. Flügelflitzer Erdmann von Dortmund läuft ständig in die hingehaltenen Krücken von Spazierstöcken. Die vom rheinischen Karneval völlig abgelenkten Borussen verlieren hier."

Der Sportclub Salingia 08 Barmen wird im Raum Jülich am Ende der Spielzeit 1947/48 Kreismeister. Gegner der Aufstiegsspiele für die Bezirksklasse sind kurz vor der Währungsreform Herzogenrath, Hehlrath, Birkesdorf, Eschweiler und VfB 08 Aachen. Zu der Auseinandersetzung gegen Herzogenrath kommen über 2.000 Zuschauer. Salingia 08 Barmen muß nach Aachen reisen. Das Geld ist wertlos. Jeder Barmer, der auf einem klapprigen Lkw die Reise in die Grenzstadt mitmachen will, muß mit einem ungekochten Hühnerei „zahlen". Salingia siegt 2:3 in Aachen und steigt auf.

Westfalia Herne steht vor der Tür zur Oberliga. Wegen Punktgleichheit mit SuS 13 Recklinghausen muß sich die hochmotivierte Elf im Gelsenkirchener Union-Stadion vor 30.000 Zuschauern einem Entscheidungsspiel stellen. Doch der Gegner aus der Stadt der Ruhrfestspiele hätte an diesem Tag jede deutsche Spitzenelf schlagen können, den Kickern gelingt jeder Spielzug. Die Westfalia, gespickt mit berühmten Spielern wie Paul Matzkowski, Ehrenfried Wydra und Heinz Sobota, geht mit 0:5 unter.

Borussia München-Gladbach spielt in dieser Zeit im Westfußball keine bedeutende Rolle. In der mit zehn Vereinen besetz-

Die Mannschaft von Rhenania Würselen im Jahr 1949: (v.l.) Trainer Beimel, Eschweiler, Simons, Steinbusch, Kirschfink, Mohren, Dossing, Huppertz; (knieend) Wagner, Queck, Bosch, Schöner, Schillings; (sitzend) Römgens, Wimmers, Schmeitz, Frauenrath

ten zweitklassigen Landesliga heißt die Reihenfolge zum Ende der Saison 1947/48: Duisburger Spielverein, Union Hamborn, BV 04 Düsseldorf, VfR 28 Essen, Borussia München-Gladbach, Preußen Krefeld, Karnap 07, Tus Radevormwald, Elmar Alstaden und FC Süchteln 03. Auch Bayer 04 Leverkusen ist beim Abpfiff der Saison 1947/48 keine erste Wahl. In der Rheinbezirksliga, Gruppe II, belegen die Schwarzroten aus der Farbenstadt den fünften Platz hinter Rhenania Würselen, Schwarzweiß Köln, Troisdorf 05 und dem Mülheimer SV 06 (Köln). In der vom Werk herausgegebenen Vereinszeitung heißt es: „Es war eine harte Meisterschaft mit fast gleichwertigen Teilnehmern, in der alte gefürchtete Namen des Kölner Fußballs mit Abstiegs-

Am Ende der zweiten Saison der als spielstark eingeschätzten Oberliga West steht diese Endtabelle: Borussia Dortmund, Rot-Weiß Essen, STV Horst-Emscher, Preußen Münster, Rot-Weiß Oberhausen, Sportfreunde Hamborn 07, TSG Vohwinkel 80, Alemannia Aachen, Spvgg Erkenschwick, Rhenania Würselen, Fortuna Düsseldorf, Schalke 04 und Sportfreunde Katernberg.

Gretchenfrage Lizenzfußball

In der Textilstadt München-Gladbach trennen sich die Wege zweier lokaler, zum Teil verbissener Konkurrenten. Bei der Gretchenfrage, ob eine Lizenz für den Vertragsfußball beantragt werden soll, entscheidet sich der älteste Klub des Niederrheins, der SC München-Gladbach von 1894, der schon 1909 um die Deutsche Meisterschaft kämpfte, für den anderen Weg. Vereinschronist Georg Kimmel schreibt: „Gerade unser Verein, durch dessen ganze Geschichte die Einstellung zum Idealismus und Amateurismus sich wie ein roter Faden hindurchzieht … konnte von seinem Vorstand keine andere Stellungnahme erwarten, und es ist das Zeichen einer geistigen Verbundenheit, wenn sich der Gesamtverein auf seiner Jahreshauptversammlung am 1. Juli 1949 ebenfalls zum Amateurgedanken bekannte und sich einstimmig dafür entschied.“ Der Trend in der jungen DM-Zeit ist dagegen völlig anders.

Auch im rheinischen Bonn. Das Bundesdorf ist provisorische Hauptstadt des Halbstaates. Im Gegensatz zu Berlin war Bonn nie eine Hochburg des deutschen Fußballs. Doch am 29. Juli 1949 will man beim Bonner FV den Zug in die neue Fußballzeit nicht verpassen – gegen eine Stimme und einige Enthaltungen beschließt die Versammlung des Bonner FV den Vertragsspieler einzuführen, damit „glaubten die Vereinsmitglieder in der denkwürdigen Sitzung im Bonner Bürger-Verein … dem Fußballsport in Bonn einen Weg gezeigt zu haben, der das spielerische Niveau heben würde“, heißt es in einer Chronik des Klubs. „Man wollte nicht gegen den Strom schwimmen, man wollte teilhaben an der neuen Entwicklung, man wollte vor allem die höchste Klasse erzwingen.“ Bonn ist nicht Berlin. Die Bundeshauptstädter werden in die II. Liga West aufgenommen.

In 30 Punktspielen siegen die Bundeshauptstädter nur fünfmal, vier Unentschieden sind schon Erfolge, 21mal verlassen sie als Geschlagene den grünen Rasen. Die Elf des Bonner FV wird Letzter in der Tabelle der zweigeteilten II. Liga.

Auch Turu Düsseldorf, im Schatten der Fortuna und des VfL Benrath spielend, will dabei sein. In einer Klubchronik heißt es über das Abenteuer der offiziellen Bezahlung unter der Überschrift „Wir werden Vertragsspieler“: „Das Jahr 1949 brachte eine entscheidende Umwälzung im Fußballager. Es hatte sich langsam herumgesprochen, daß die Großvereine, besonders die Vereine der Oberliga, nur noch dem Namen nach Amateure genannt werden konnten. Die Amateurbestimmungen wurden so kraß übertreten, daß auch der Verband nicht mehr stillschweigend darüber hinwegsehen konnte. Zudem versuchten geschäftstüchtige ‚Auchsportler‘ eine Berufsfußball GmbH aufzuziehen. … Manchem alten Fußballer tat die Entwicklung in der Seele

oben: August Gottschalk (Rot-Weiß Essen)
unten: Helmut Rahn (SF Katernberg)

oben: Hans Weisweiler (1. FC Köln)
unten: Fritz Herkenrath (Preußen Köln)

weh, aber das Rad der Zeit ließ sich eben nicht mehr zurückdrehen. ... Unsere Generalversammlung beauftragte den Vorstand, um eine Lizenz für diese 2. Liga nachzusuchen. Der Antrag wurde vom Verband genehmigt, und wir waren Vertragsspieler."

„Jupp" Derwall von Rhenania Würselen bekommt Krach mit einem Mitspieler und wechselt entlang der Krefelder Straße von Würselen in das vielleicht vier Kilometer entfernte Aachen, zur Alemannia. Blanke Wut in dem Bergmannsdorf Würselen. Augenzeuge Karl Siebert: „Aus Rache bekommen die Aachener Särge vor die Tür gesetzt. Einen habe ich gesehen, darin lag eine lebensgroße Puppe mit der Kluft von Alemannia Aachen."

Die lokalen Kontrahenten der Bergbaustadt Alsdorf, Viktoria Kellersberg und die Sportvereinigung 1919 beschließen – wo könnte es anders sein als im Casino des Eschweiler Bergwerksvereins – die Fusion. Genau 75 Prozent der Kellersberger und 98 Prozent von der Sportvereinigung sind dafür. In Rufweite des Bergwerks Anna entsteht im Juni 1949 die Sportvereinigung Viktoria Alsdorf, die den Antrag auf Erteilung einer Lizenz für die II. Liga stellt. „Der Aachener Bezirk war um eine neue schlagkräftige Mannschaft, um einen weiteren Repräsentanten der 2. Division West reicher geworden", so vermeldet es die Chronik.

Das Auftaktspiel gegen Westfalia Herne gewinnt Viktoria Alsdorf mit 2:1. Den Fight gegen Fortuna Düsseldorf, die am Ende der Spielzeit 49/50 wieder in die Oberliga zurückkehrt, sehen in der Bergbaugemeinde 14.000 Zuschauer. Das Spiel endet 2:2. Die Freude am Lizenzfußball hält nur bis zum nächsten Frühjahr. Der Westdeutsche Fußball-Verband zwingt die kickenden Kumpel in die Amateurliga zurück. Begründung: Abgeschlossene Spielerverträge seien nicht eingehalten worden und die wirtschaftliche Grundlage für den Vertragsfußball fehle. Aufsteiger aus der Region wird die Dürener SG 1899.

Spielzeit 1949/50: Einführung des Vertragsspielers

Am 24. Juli 1949 wird im Westen wie auch in Norddeutschland der Vertragsspieler eingeführt: 180 bis 360 DM plus Leistungszulage von zehn Mark pro Einsatz darf ein Oberligakicker dazuverdienen, er soll zudem einen Beruf haben und diesen auch ausüben.

Haben bis zu diesem Datum überwiegend die Vereine aus der Emscherzone, die Berg- oder Stahlarbeiterklubs dominiert, so bringt die offizielle Bezahlung mit der neuen harten Währung eine Veränderung. Waren vorher Naturalien und Deputate gefragter, so ziehen jetzt beispielsweise die Funktionäre des SC Preußen Münster begnadete Filigrantechniker aus dem Ruhrgebiet weg von ihren Arbeitsplätzen in den Großbetrieben zu neuen, mit weniger schwerer Arbeit und guter Entlohnung. Die erste, fast nur von Revierspielern rekrutierte Angriffsreihe der Preußen geht in die Geschichte des offiziell bezahlten Fußballs als der Hunderttausend-Mark-Sturm ein. Gerritzen, Preißler, Schulz, Rachuba, Lammers – sie haben nie 100.000 DM gekostet, aber die

Formel Geld – Fußball – Erfolg hat eine Zahl. Münster lockt auch mit Existenzgründungen. „Sigi" Rachuba, einem gelernten Anstreicher, wird die Eröffnung eines Malergeschäftes offeriert. Erkenschwick kann nur mit einem Job über Tage auf der damaligen Zeche Ewald-Fortsetzung gegenhalten. Vergeblich natürlich. „Fiffi" Gerritzen und „Ady" Preißler sind Nationalspieler. In der Geschichtsschreibung des Fußballs werden sie als Erfinder des Doppelpasses beschrieben. Kohle im anderen Sinne des Wortes dominiert mehr und mehr den Fußball.

Im dritten Jahr ihrer Existenz und im ersten mit offiziell bezahlten Kickern sind die Mitglieder der Oberliga West: Preußen Münster, Rhenania Würselen, Spvgg Erkenschwick, Preußen Dellbrück, Hamborn 07, Duisburger Spielverein, Rot-Weiß Oberhausen, TSG Vohwinkel 80, FC Schalke 04, Borussia Dortmund, Rot-Weiß Essen, STV Horst-Emscher, Alemannia Aachen, Duisburg 08, 1. FC Köln und Arminia Bielefeld. Dies ist der Stand der Mannschaften nach dem ersten Spiel am 4. September 1949.

Erstmals gibt es auch einen „bezahlten" Unterbau. Es ist die zweigeteilte II. Liga West mit einem rheinischen und einem westfälischen Teil. Der Deutsche Meister von 1933 und Gründungsverein der Oberliga, Fortuna Düsseldorf, streitet in der II. Division um Punkte.

Noch einmal bekommt die Oberliga Farbe durch eine Knappenelf. Die Spielvereinigung Erkenschwick, bei der die meisten Kicker auf der Zeche Ewald-Fortsetzung tätig sind – wenn auch nicht mehr unter Tage –, führt 13 Sonntage die Tabelle an. Doch die Zeit der Gründermannschaften aus dem Bergbau ist vorbei. Es kommen noch Rot-Weiß Essen und der SV Sodingen aus Herne, Vereine, die auch vom Bergbau geprägt werden, aber die sind schon die zweite Generation. Für Hamborn, Katernberg, Erkenschwick und Horst-Emscher läuft unerbittlich die Zeit ab. Auch für die Bergmannself aus dem Aachener Revier: Rhenania Würselen.

In der Saison 1949/50 drängt sich neben Abonnementwestmeister Borussia Dortmund wieder eine in der Republik fast unbekannte Elf nach vorn: Preußen Dellbrück. Die Kinder in dem Kölner Vorort schreiben Schulaufsätze über den Verein, als die schwarzweiß gewandete Preußenmannschaft zu ihren Ausscheidungsspielen um die „Deutsche" reist. Sonderzüge werden eingesetzt und die Glocken läuten. Über 15.000 Menschen empfangen die Elf, als sie von einem Vorrundenspiel gegen den VfR Mannheim aus Frankfurt, dort wurde der Kampf ausgetragen, zurückkehrt. Preußen Dellbrück ist die erste Mannschaft der Oberliga, die in die damals noch so genannte Ostzone eingeladen wurde. Aus Preußen Dellbrück wird später nach einer Fusion Viktoria Köln.

Duisburg 08 wärmt sich nur eine Saison an der Sonne der ersten Klasse. Arminia Bielefeld und Rhenania Würselen steigen auch ab. Die TSG Vohwinkel 80 verschwindet nicht nur aus der Oberliga, sie geht auf in einer Fusion, aus der der Wuppertaler

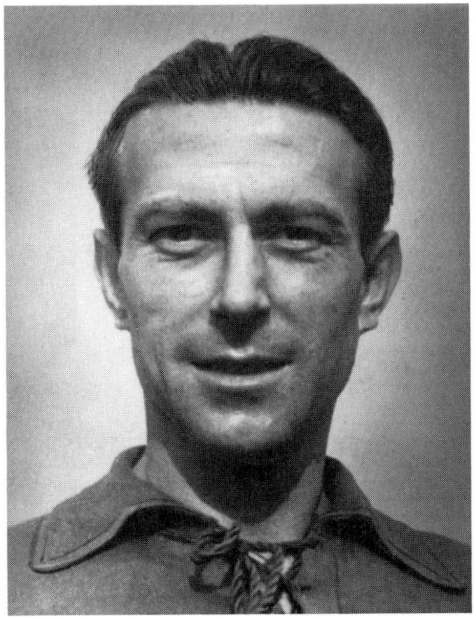

Hermann Eppenhoff (FC Schalke 04)

Berni Klodt (FC Schalke 04)

SV geboren wurde. Der Rheydter Spielverein und Borussia Mönchengladbach steigen auf.

Die Schlußtabelle am 5. Mai 1950: Borussia Dortmund, Preußen Dellbrück, Rot-Weiß Essen, STV Horst-Emscher, 1. FC Köln, FC Schalke 04, Spvgg Erkenschwick, Preußen Münster, Sportfreunde Hamborn 07, Duisburger Spielverein, Rot-Weiß Oberhausen, Alemannia Aachen, Rhenania Würselen, TSG Vohwinkel 80, Arminia Bielefeld und Duisburg 08.

Die ersten fünf einer „Ewigen Torschützenliste" zwischen 1947 und 1950 sind: „Freddy" Kelbassa (STV Horst) mit 54 Toren, „Ady" Preißler (Borussia Dortmund) mit 49 Treffern, August Lenz (Borussia Dortmund) hatte 45 Erfolge, „Sigi" Rachuba (Erkenschwick/Münster) jubelte 44mal und „Jule" Ludorf (Spvgg Erkenschwick) traf 42mal ins gegnerische Netz.

Der „Hunderttausend-Mark-Sturm" von Preußen-Münster

„Fiffi" Gerritzen, geboren in Münster, aber seit Kindestagen in Oldenburg wohnend, ist der Star des dortigen VfB. Er orientiert sich in diesen Tagen in Richtung Preußen Münster, der Mannschaft mit dem angeblich so modernen Management. Ein Vereinswechsel ist aber in dieser Zeit gelegentlich noch eine gefährliche Sache. Möbeltransporteur Breuer aus Münster, bei den Preußen engagiert, organisiert für „Fiffi" einen Umzug bei Nacht und Nebel. Am späten Abend rollt ein Möbelwagen aus Münster vor seiner Wohnung aus. Klammheimlich werden seine Utensilien aus dem Haus in das wuchtige Gefährt getragen. Die Arbeiter unterdrücken das Stöhnen. Wenn argwöhnische Oldenburger fragen, was denn hier los sei, lügen die aus Münster, der Gerritzen bekomme neue Möbel. Vor den Augen skeptischer Nachbarn werden dann wieder Stühle aus dem Auto zurück in die Wohnung getragen. Und wenn Entwarnung gegeben wurde, geht es wieder in umgekehrter Richtung. Es dauert fast bis

Felix Gerritzen (Preußen Münster)

Addy Preissler (Preußen Münster)

Siegfried Rachuba (Preußen Münster)

in die Morgenstunden, dann ist der klammheimliche Umzug des „Fiffi“ Gerritzen von Oldenburg nach Münster perfekt.

Der Stürmer „Jupp“ Lammers von Preußen Münster: „Als der Gerritzen zu uns kam, da haben wir den Sturm komplettiert. Erst war ‚Freddy‘ Kelbassa von Horst-Emscher drin, der hat sich aber nicht durchsetzen können. Es waren Preißler, Schulz, Gerritzen, Rachuba und ich. Als Gerritzen nach der Nacht-und-Nebelaktion bei uns auftauchte, da lief überall das Gerücht um, da haben die Geld für ausgegeben, der hat was gekostet, das waren riesige Summen. Und dann kam eine Dame vom ‚Spiegel‘, den es damals schon gab. Und in diesem Nachrichtenmagazin stand erstmals, dieser Sturm hat weit mehr als 100.000 Mark gekostet. Das hat sofort Schlagzeilen gemacht. Der Rundfunk berichtete darüber. Da hat sich dann der Vorstand in Münster zusammengesetzt und beraten, denn diese Ausgaben konnte der DFB nicht ungeahndet lassen. Die Preußen haben dann auch die Bücher offenlegen müssen. Es kam aber nichts dabei herum. Und am Ende meinte der Vorsitzende Drews, das sei im Grunde ein riesige Propaganda für Preußen Münster. Da solle man nicht dran rühren, so seien die Preußen in aller Munde. Und dabei ist es ja wohl geblieben, 40 Jahre später noch.“ Die Legende vom Hunderttausend-Mark-Sturm ist geboren.

„Jupp“ Lammers verdient in dieser Zeit bei Münster 400 DM. Die müssen jedoch versteuert werden. Weil das Studium beendet ist, löst er auch seinen Vertrag als Spieler und stürmt als „Amateur“. „Die 400 Mark habe ich dann unter dem Tisch erhalten, ist doch klar. Und da kam auch noch was zu.“

Norddeutschland: Ein Rudel jagt den HSV

Reiseverbot für die Enklave Bremen

Der 25. Februar 1945 ist der letzte Spieltag für Werder Bremen im Dutzendjährigen Reich. Die Werderaner schlagen BBV Union mit dem Handballergebnis von 8:2. Am 26. April 1945 erobern britische Einheiten die Weserstadt Bremen, denen im Mai die US-Amerikaner folgen. Schon auf der Konferenz von Jalta war Bremen inmitten der britischen Besatzungszone den US-Alliierten zugesprochen worden, damit auch diese Sieger einen direkten Weg zur offenen See haben. Bremen erlitt bis zur Besetzung 173 Luftangriffe. Mehr als 4.000 Zivilpersonen sind in der Stadt umgekommen, rund 17.000 Bremer fielen an den Fronten oder gelten als vermißt. Von den Wohnungen und Häusern sind 62 Prozent zerstört. Am 21. Juli 1945 heißt es im von den Amerikanern kontrollierten „Weser-Boten": „Es wird darauf hingewiesen, daß ... die Ausübung des Sports innerhalb von Vereinigungen in der gesamten Enklave Bremen nach wie vor streng verboten ist. Ebenfalls ist es unstatthaft, irgendwelche Vereinstätigkeit (Mitgliederversammlungen, Beitragseinkassierungen und ähnliches) aufzunehmen. Dagegen ist sportliche Betätigung einzelner selbstverständlich gestattet."

Inzwischen hat die Militärregierung ein Amt für Leibesübungen und Jugendpflege unter deutscher Führung eingerichtet. Das Weser-Stadion ist seit Mai 1945 beschlagnahmt und in „IKE-Stadium" – so das Spitznamenkürzel für den amerikanischen Oberbefehlshaber General Dwight D. Eisenhower – umbenannt worden. Diesen Namen behält es bis zum 8. Mai 1947. Es ist auch Arena für amerikanische Sportarten. Zu Fußball haben Bremens neue Machthaber keinen Bezug.

Seit Juli 1945 treffen sich ehemalige Werderaner trotz des Versammlungsverbotes im Hinterzimmer der „Bols Stuben". Da gibt es dünnes Bier, von dem niemand einen Rausch bekommt. Wie Verschwörer verlassen die rund 20 Gleichgesinnten jeweils ihre Treffs, die unter Führung von „Abbi" Drewes stattfinden, der früher schon bei Werder aktiv war. Dieser leitet behutsam die Verhandlungen mit den neuen Machthabern. In Werders Chronik zum 75sten heißt es über diese Mühen: „Zu seiner Unterstützung und als Dolmetscher hatte er Hans Wolff gebeten, der zu der Zeit jedoch nach Drentwede evakuiert war und die 50 km Drentwede – Bremen fast täglich zweimal mit dem Fahrrad zurückzulegen hatte. Hans Wolff besaß die Genehmigung, das Fahrrad zu benutzen, weil er in Drentwede bei einer englischen Militäreinheit als Dolmetscher tätig war. Denn so ohne weiteres durfte sich niemand mehr als fünf Kilometer von seinem Wohnort entfernen."

Unabhängig von den Bemühungen um die Wiederzulassung von Werder Bremen lebt in der Hansestadt das Spiel um das runde Leder wieder auf. Am 21. Oktober 1945 kommt es zu einem Vergleich einer Bremer Stadtauswahl mit einer Mannschaft des schottischen Militärs, Scottish Horse. Am 24. Oktober 1945 jubelt ein Autor im „Weser-Kurier" über den 3:1-Sieg der Deutschen: „... einen besseren Auftakt hätte es nicht geben können, wie im Spiel Scottish Horse gegen unsere Bremer Städteelf. 15.000 Zuschauer bezeugten im Verlaufe dieses Großkampfes durch ihre Begeisterung, daß sie mit den gebotenen Leistungen voll befriedigt worden sind. Und dieses insbesondere durch das hervorragende Spiel der Städteelf. Alle Spieler, die man als Bremer Nachwuchs bezeichnen kann, zeigten nicht nur allein ein schnelles, aufopferndes Spiel bis zur letzten Minute, sondern auch technische Glanzleistungen."

In Bremen streitet man in diesen Wochen darum, ob die sportliche Zukunft beim Breitensport innerhalb eines Stadtteiles oder in Spitzenleistungen in den alten Vereinen liegen soll. Mit Duldung der örtlichen Militärregierung soll am 10. November 1945 ein neuer Klub mit dem Namen SG Mitte, bezogen auf das Stadtzentrum, gegründet werden. Geburtshelfer sind frühere Mitglieder des ehemaligen TV Vorwärts sowie des von den Nazis verbotenen Arbeitervereins Freie Schwimmer von 1910 und die alten Werderaner. Doch die bringen alles mit, was gerade über 18 Jahre alt ist, gleich ob Opa oder Enkel. Die Mitglieder der anderen Vereine sind völlig überrascht und werden Zug um Zug niedergestimmt. Am Ende wird nicht die SG Mitte auf den Schild gehoben, sondern der Turn- und Sportverein Werder v. 1945. Ein Intrigenkampf um die Genehmigung durch die Amerikaner beginnt.

Spieler finden sich indessen. Absprachen zu Spielen können nur auf privater Basis gemacht werden. Einen Verband gibt es nicht. Deshalb wird auch das Datum des ersten Spiels der Werderaner 1945 nicht festgehalten. Im Dezember 1947 heißt es in den Vereinsnachrichten des Klubs lapidar: „Unser Werder gehörte zu den ersten bremischen Vereinen, die wieder auf dem grünen Rasen erschienen. Das erste Spiel, noch mit einer bunt zusammengewürfelten Elf ausgetragen, wurde gegen Woltmarshausen hoch mit 8:2 gewonnen." Zwei vereinbarte Begegnungen, eine in Hamburg gegen den HSV und die weitere gegen Union Bremen, untersagt die US-Behörde. Im

Helmut Schön in seiner Glanzzeit – 1940 beim Länderspiel gegen Dänemark

„Großen Werderbuch" schreiben die Autoren Busche und Fricke: „Am 28. Oktober spielten dann elf Mann, die sich als Werderaner fühlten, in Sulingen bei Bremen gegen eine englische Soldatenmannschaft. Acht Tage später war die Mannschaft bei einem Turnier in Mörsen dabei – in der Hoffnung, daß es auf dem Lande bei den Bauern-Mannschaften ordentlich etwas zu essen geben würde. Aber das war eine bittere Enttäuschung, denn – so die Erinnerung – die armen Bauern hatten selbst nichts. Mit Ausnahmen – versteht sich. In Goldenstedt beispielsweise, da wurde so aufgetischt, daß man sich bei Werder noch heute gern daran erinnert und meint, daß eigens ein Schwein geschlachtet worden sei." Im Prinzip darf Werder die Enklave der USA innerhalb der britischen Zone nicht verlassen – es ist aber die Zeit, in der oft die Fünf gerade gemacht wird.

Im November 1945 gastiert die Werderelf in Delmenhorst in der britischen Zone. Da auf den Plakaten der Name Werder ausgedruckt ist, werden die beteiligten Spieler bis zum 31. Dezember 1945 von der Militärbehörde gesperrt. Der Name auf der Ankündigung in der benachbarten Zone ist ein Verstoß gegen das Verbot der Alliierten, wonach die alten Klubs nicht mehr existieren. Für den 30. Dezember 1945 genehmigen die US-Amerikaner der Mannschaft jedoch eine Reise nach Hamburg in die englische Zone, obwohl sie Werders Erste bis zum 31. des Monats gesperrt haben. Das Spiel wird aber trotzdem nicht angepfiffen. Der alte klapprige Bus hat auf dem Weg nach Hamburg eine Panne und kann nicht repariert werden.

Den Sport im kalten Winter 1945 in Bremen beschreibt Harald Klingebiel in dem Buch „90 Jahre SV Werder": „So war es nicht einfach, manchmal gar unmöglich, kontinuierlich dem Training nachgehen zu können, weil man die Sportstätte nicht erreichen konnte. Mit dem Fahrrad oder gar zu Fuß mußte man sich auf den Weg machen. Nicht ganz einfach, wenn z.B. die Weser zu überqueren war, wo doch die Brücken stark zerstört waren. Auch das Sporttreiben selbst war Einschränkungen unterworfen. Sportschuhe, Trikots, Sport- und Spielgeräte (wie z. Bälle, Schläger oder auch Hürden für die Leichtathleten) waren nicht vorhanden und nur sehr schwer bzw. gar nicht zu beschaffen. Man mußte sich mit den einfachsten Mitteln behelfen und tat dieses so gut es ging. Mancher Straßenschuh, manche Anzughose, manche Bluse mußte als Sportkleidung herhalten. Für Jüngere, die mit dem Sport beginnen wollten, war das Vorhandensein bestimmter Sportgeräte oder -ausrüstung gerade die Entscheidungsgrundlage, welche Sportart zukünftig betrieben werden sollte. Leicht vorstellbar, insbesondere da sich Werder auf Leistungssport orientierte, daß für Werders untere Mannschaften so gut wie nichts übrig blieb. Diverse Aufforderungen von Vereinsseite, doch diese Materialien zur Verfügung zu stellen, sind dokumentiert. Als es dann im Verlauf des Herbstes 1945 sporadisch zu Wettkämpfen kam, ging es nicht selten um ‚Außersportliches': warmes Essen und Trinken, Nahrungsmittel für die Familie, Brennmaterialien u.ä. Somit erfüllte der sportliche Wettkampf eine weitere Aufgabe, man konnte in den Genuß vieler wichtiger Güter des alltäglichen Lebens gelangen."

Hamburg: Nur hundert Stunden Pause

Etwas mehr als einhundert Stunden vor dem Ende des NS-Regimes in Hamburg spielen am 29. April 1945 noch die alten Rivalen HSV und Altona 93 gegeneinander. Die zusammengewürfelte Elf des HSV siegt 4:2. Am 3. Mai überschreiten britische Truppen die Elbbrücken. Militärischen Widerstand gibt es nicht. Aus dem Buch „Hamburg – Geschichte einer Stadt und ihrer Bewohner": „An die 100.000 Hamburger hatten den Krieg und die Barbarei nicht überlebt. Sie waren als Soldaten gefallen, aus rassischen oder politischen Gründen ermordet worden, als Opfer des Luftkrieges gestorben. Hunderttausende lebten in ganz Deutschland zerstreut. Ein großer Teil war dem Erdboden gleich. 300.000 Wohnungen, mehr als die Hälfte des Bestandes, hatten Bomben und Feuer zerstört oder schwer beschädigt. Zwischen Ruinen und Trümmern lebten noch 1,1 Millionen Menschen, unzureichend untergebracht, ernährt und bekleidet. Der Hafen, nach wie vor das Herz Hamburgs, bot ein einziges Bild der Verwüstung. Wo man auch in Hamburg hinsah, erblickte man Zerstörung, Elend und Not. Die Sorge um die nackte Existenz bestimmte das Denken und Handeln der Überlebenden. Kaum einer hoffte auf den nächsten Tag."

Aus der Vereinschronik des Traditionsvereins Altona 93: „1945: Wieder einmal etwas noch nie Dagewesenes: Die Adolf-Jäger-Kampfbahn wurde von der Besatzungsmacht beschlagnahmt. Wir mußten jedesmal höflich anfragen, wenn wir auch einmal auf unserem Platz spielen und die Umkleideräume benutzen wollten. Das war ungemütlich."

Der FC St. Pauli unternimmt im Herbst 1945 sein erstes Auswärtsspiel nach dem Krieg bei Holstein in Kiel. Die Probleme dieser Zeit sind in den Annalen so festgehalten: „Woher einen Autobus nehmen (mit oder ohne Holzgeneratorantrieb), wie eine Unterkunft für die Truppe besorgen? Vor allem aber das A und O: Wovon werden wir unterwegs satt?"

In Hamburg beginnt die Wiedergeburt des Fußballs mit der Auflage einer Begegnung zweier Traditionsklubs von der Elbe: Am 16. Juli 1945 treffen sich am Rothenbaum vor „einer ansehnlichen Zuschauerkulisse" der HSV und Altona 93. Der Nobelklub siegt mit 2:0 über die Altonaer. Die Aufstellung der Elf des HSV: Jürissen, Adamkiewicz, Been, Greifenberg, Erwin Seeler, Knüppel, Struck, Stenull, Rohwedder, Ventzke und Melonian. Torwart Willi Jürissen ist ehemaliger Nationalkeeper mit dem Heimatverein Rot-Weiß Oberhausen. Er spielte zuvor in einer Hamburger Luftwaffen-Mannschaft und kehrt erst später an die Emscher zurück.

Erwin Seeler, der Vater von Uwe, schildert diese Zeit dem späteren Chefredakteur der „Recklinghäuser Zeitung", Otto Tötter: „Gott, mit dem Ballmaterial, das wir damals hatten, und mit den Schuhen würde heute kaum die Jugend eines mittleren Vereins trainieren, aber das war uns doch egal. Wir hatten überlebt, waren halbwegs gesund über die Runden gekommen. Jetzt war da wieder Fußball, und das lenkte uns von dem ganzen Elend wenigstens etwas ab."

Nach dem Auftakt gegen Altona 93 sehen wenig später 10.000 verhärmte Menschen zu, als sich der HSV mit dem TV Eimsbüttel mißt. 15.000 bestaunen ein 2:2 gegen Hannover 96 und sogar 20.000 kommen, um die Elbstädter gegen Altmeister Schalke 04 2:0 siegen zu sehen, und dieses Ereignis wird, unter schlimmen Umständen, auch gefeiert. In der Vereinschronik heißt es: „Es war beachtlich, was die Spieler für die damalige Zeit schon wieder zu leisten im Stande waren. Dabei halfen natürlich die Erlöse aus den sogenannten Kartoffelspielen. Mancher Sack Erdäpfel, manches Brot wurde im Mannschaftsbus verstaut, wenn es, mit Holzgasfeuerung angetrieben, wieder heimwärts ging. In der Zeit führte Paul Mechlen den HSV immer noch. Er durfte im Amt bleiben, weil er nie das Parteibuch der NSDAP besessen hatte."

Doch in diesem Jahr 1945 macht an der Elbe eine andere Mannschaft auf sich aufmerksam, die des FC St. Pauli. Die Platzanlage ist zerstört. Benachbarte U-Bahnschächte liegen nach den Bombenangriffen offen. Die Vereinsmitglieder packen sofort wieder mit an, damit die Kicker zumindest trainieren können. Über diese Zeit heißt es in einer Jubiläumsschrift des Klubs: „Das Team des FC St. Pauli machte gleich nach dem Krieg Furore. Nicht nur weil hier eine neue Mannschaft aus Hamburg dem HSV Paroli bieten konnte, sondern weil diese Elf vom Millerntor damals den wohl technisch besten Fußball auf deutschen Spielfeldern bot. Man fühlte sich nach Brasilien versetzt, wenn die St. Pauli-Truppe den Ball und den Gegner laufen ließ." Und Harald Stender, 1945 Außenläufer der Wunderelf, über den Vater des Nachkriegserfolges: „Karl Miller war damals unsere zentrale Figur. Er war Nationalspieler; aber was damals viel wichtiger war, er konnte organisieren und ließ seine Kontakte spielen. Karl Miller holte nicht nur die Mannschaft zum Millerntor, er sorgte auch dafür, daß sie zusammenblieb." Bis zum Ende der Reichsmarkzeit. Karl Millers lebenswichtiger Beruf in dieser Zeit: Schlachter. Und sein Vater besitzt eine Metzgerei.

April 1945: Ein britischer Offizier vernichtet in einer Brauerei Fässer mit Alkohol; sie sollen Plünderern nicht in die Hände geraten.

Der Hamburger Nachbar SV St. Georg, gegründet 1895, wird im September 1945 erneut ins Sportleben gerufen. Auf den Kopf genau 20 Mitglieder hatten sich zuvor getroffen und die Wiedergeburt beschlossen. Der Sportfunktionär Dr. Grau soll der Vorsitzende der gutbürgerlichen Vereinigung sein. Doch die Briten erheben Einspruch, die „persönlichen Überprüfungen" können im selben Jahr nicht mehr abgeschlossen werden. Für Dr. Grau springt Günter Meyer ein, den die englischen Offiziere dulden. Der Beitrag bei St. Georg beträgt 1945 für Jugendliche 50 Reichspfennige und für Erwachsene 1,50 Reichsmark. Eine Jubiläumsveranstaltung zum 50. ist in diesen Tagen bei St. Georg in Hamburg nicht zu realisieren. Stattdessen wird „der Weihnachtsfrühschoppen 1945 zu einer besonders besinnlichen Stunde", berichtet eine Chronik.

Als St. Georg erneut gegründet wird, tritt Concordia Hamburg bereits mit einer aus alten und jungen Spielern bunt zusammengestellten Elf zum ersten Spiel gegen Union an. Concordia siegt mit 11:0. Ihre Platzanlage in Marienthal ist total zerstört. Die Mannschaft und einige Funktionäre beginnen mit dem Wiederaufbau, doch am 23. September erhält der Klub einen Requirierungsbescheid der Briten. Die Concorden haben weder eine Anlage noch ein Vereinslokal. Auch ein Vereinsleben gibt es nicht. Vorstand und Ligamannschaft, gewissermaßen ohne Unterbau durch Mitglieder, bilden den Klub. Und diese kleine Gruppe trifft sich jeweils im Wartesaal des Wandsbeker Bahnhofs. Die Männer der Concordia sind froh, sich hier versammeln zu können.

Göttingen: Kleingartenanlage statt Fußballplatz

Am 7. April 1945 erobern US-Einheiten die Universitätsstadt Göttingen. Die Militärs verfügen, daß die Anlage „Am Sandweg" von der Spielvereinigung Göttingen 07 und das Stadion „Maschpark" von Göttingen 05, genauer dessen A-Platz, in Parzellen aufgeteilt und Kleingärtnern zugewiesen werden. Die Stadtverwaltung erhofft sich von dieser Aktion der US-Behörden eine Verbesserung der äußerst schlechten Ernährungslage. Einige Wochen später übernehmen britische Militärs die Verwaltung, weil die Stadt zu ihrer Zone gehört. Sehr zähe Verhandlungen führen die Vereinsvertreter, um ihre Spielflächen freizubekommen. Die Briten fahren jedoch einen harten Kurs. Bälle und Sportkleidung muß die Spielvereinigung Göttingen 07 bei den englischen Dienststellen abliefern. Nur die Vereinsfahne wird gerettet. Auf Anweisung der Militärbehörde muß sich der 1. Sport-Club von 1905 Göttingen, als Göttingen 05 bekannt, umbenennen in Schwarzgelb 05. Die Mannschaft, zusammengewürfelt aus ganz jungen Burschen, sehr alten Cracks und wenigen Kriegsheimkehrern, spielt aber in blauen Trikots und weißen Hosen.

Ab dem 26. August 1945 kicken die Männer der Spvgg Göttingen 07 wieder in Freundschaft gegen Mannschaften aus der Umgebung. Sie müssen sich mit Göttingen 05, zu dem Zeitpunkt Schwarzgelb 05, jeweils einigen, weil nur der B-Platz des „Maschparks" zu bespielen ist. Die Kleingärtner auf der A-Anlage können über den Zaun zusehen. Der verständnisvolle britische Sportoffizier, ein Major Oldham, befiehlt der Göttinger Stadtverwaltung zum Ende des Jahres dann aber, den Vereinen ihre Plätze zurückzugeben.

Lübeck: Erstes Spiel gegen lettische Mannschaft

Die Briten beschlagnahmen 1945 den Platz von Phönix Lübeck. Der ehemalige Kicker Kurt Hudoffsky erinnert sich: „Zusammen mit Willi Heß habe ich dann die Ligamannschaft wieder aufgebaut. Am Anfang wurde auf dem Burgfeld trainiert und auf diesem Platz wurde auch das erste Ligaspiel nach dem Kriege zwischen Phönix und Polizei ausgetragen. Später wurde auf den Plätzen der Pionierkaserne und der Dornbreite gespielt. Und eines Tages erlaubten uns die Engländer, wieder auf dem Flugplatz unsere Spiele auszutragen. Hier waren die ersten Gegner die Letten."

An der Grenze zur sowjetischen Zone entsteht in Lübeck durch Fusionen ein Verein, der in der späteren Oberliga Nord Fußballgeschichte mitgestalten wird: der VfB Lübeck. Bereits seit 1919 gibt es in der Heimatstadt der deutschen Schriftsteller Thomas und Heinrich Mann den Ballspielverein Vorwärts. Im Gegensatz zu Phönix Lübeck ein Klub mit dem Geruch der arbeitenden Menschen. Seit 1921 steht er in freundschaftlicher Konkurrenz zu Polizei Lübeck. Der eher links angesiedelte Ballspielverein Vorwärts wird 1933 verboten, sein Vereinsvermögen und die Sportgeräte werden beschlagnahmt. Als der VfB Lübeck 60 Jahre alt wird, heißt es in der Festschrift über die Vorläuferklubs: „Die Kriegsjahre von 1939-1945 rissen ein tiefes Loch in die Reihen der Akteure dieses Vereins. Dennoch ließen es sich die zurückgekehrten Aktiven des Ballspielvereins Vorwärts und des Polizeisportvereins nicht nehmen, gleich nach Kriegsende einen neuen gemeinsamen Anfang zu suchen: Es war die Geburtsstunde des Vereins für Bewegungsspiele Lübeck von 1919 e. V., und man schrieb das Jahr 1945."

Einigkeit auch unter den Sportlern der vom Bischof geprägten Stadt Hildesheim. Sie ist noch im März 1945 zerstört worden. In den Trümmern der Gemeinde wird angesichts dieser dramatischen und auch ausweglosen Lage zunächst über Fusionen gesprochen. So wird am 10. September 1945 der spätere norddeutsche Oberligist VfV Hildesheim geboren. Entsprechend der Gesinnung der Zeit heißt er Verein für Volkssport (VfV). Acht ehemalige Klubs der Stadt gehen diese Verbindung ein. „Alle Vertreter waren sich darin einig, daß es künftig im Sport keine politischen oder konfessionellen Gegensätze mehr geben dürfe", heißt es in einem Rückblick des VfV. Ein Chronist des Klubs faßt zusammen, was sich in den Protokollen des Spielausschusses finden läßt: „Spielkleidung und Schuhe fehlten, Bezugsscheine gab es selten, Reparaturen konnten nur mit Hilfe befreundeter Handwerker durchgeführt werden. Bälle, Tornetze und alles andere Gerät war nur auf Umwegen zu beschaffen. Die Eisenbahn fuhr zunächst gar nicht und dann nur selten. Kraftwagen und Benzin gab es für den gewöhnlichen Sterblichen nicht, so daß die Spielgegner in den benachbarten Dörfern zu Fuß, per Rad oder gar mit dem Pferdewagen aufgesucht wurden. Die Truppen der Besatzungsmächte beanspruchten die Spielfelder. So war es nicht zu verwundern, daß manches bereits vereinbarte Spiel widriger Umstände wegen nicht durchgeführt werden konnte. ... Bereits in der Spielausschußsitzung, die am 1. Oktober 1945 in einer Gasthausküche stattfand, wurde über ein Spiel in Göttingen berichtet und für ein faires Verhalten auf dem Sportplatz geworben. Das nächste Spiel in Peine (6:2) endete in völliger Dunkelheit, weil der Platz vorher zu lange von den Besatzungstruppen beansprucht worden war. ... Mitte November 1945 wird berichtet, daß auch der Hildesheimer Regierungspräsident aktiv an einem Spiel teilgenommen habe und daß 30 Neuaufnahmen zu verzeichnen seien."

Warnung
vor selbsthergestelltem Branntwein.

An einem der nächsten Sonntage ist in allen Gemeinden, in denen es angebracht oder notwendig erscheint, folgendes von der Kanzel bekanntzugeben:

„Es besteht begründete Veranlassung, die Gläubigen vor der Selbstherstellung branntweinähnlicher Getränke und vor dem Genuß derselben ernstlich zu warnen. Zahlreiche Todesfälle, Erblindungen und Erkrankungen, aber auch sonstige für Leib und Seele verderbliche Auswirkungen lassen es den verantwortungsbewußten Christen als notwendig erscheinen, auf den Genuß solch gefährlicher, unkontrollierbar hergestellter Getränke zu verzichten. Hinzu kommt, daß für die Herstellung oder den Erwerb dieser gefährlichen Getränke Lebensmittel gebraucht und verdorben oder in Tausch weggegeben werden, die Kindern und Erwachsenen dringend notwendig sind, aber auf solche Weise entzogen werden."

Gute Dienste zur Abwehr der im vorstehenden Hinweis gekennzeichneten Gefahren leistet das Schriftchen „Menschen in Not und Christen helfen" (zu beziehen durch die Hoheneck-Zentrale in Büren in Westfalen, Im Kühling 3, Preis je Stück 10 Pfg.).

Osnabrück, den 23. Januar 1946.

Das Bischöfliche Generalvikariat.

Hinweis aus dem kirchlichen Amtsblatt für die Diözese Osnabrück

Osnabrück: Zwei Spieler in Schwarz, der Rest in Lila

Am 23. Juni 1945 fährt ein Lastwagen der Briten aus dem Norden kommend in Osnabrück ein. Auf der Ladefläche steht Heinrich Hüggelmeyer, Jahrgang 1905, seit 1919 Fußballer. Er wird aus der Gefangenschaft in Schleswig-Holstein zur Entlassungsstelle gebracht. Heinrich Hüggelmeyer ist Wirt. Sein Gasthaus steht direkt vor dem Eingang des Stadions vom VfL Osnabrück an der „Bremer Brücke". Der Wagen rollt aus Richtung Bohmte in die Stadt. Ein Blick auf die Kneipe – sie ist seit Oktober 1944 zerbombt, der zweite Blick auf das Stadion, es ist genauso zerstört. Acht Bombentrichter zählt er noch im Vorbeifahren. Wochen später werden Loren beschafft, Gleise gelegt, die Fußballer sind zunächst mit den Händen aktiv – an der Schüppe.

Die britische Militärregierung läßt 1945 in der Bischofsstadt Osnabrück acht Großvereine zu. Sie müssen unter neuen Namen starten. Aus dem VfL Osnabrück wird 1945 der 1. FSV. Der durch eine Fusion von Nazihand gebildete TSV 97 wird Eintracht Osnabrück. In der heute zu Osnabrück gehörenden Ortschaft Haste schließen sich drei Klubs zusammen zum TUS. „Haste was kannste", so spotten die Osnabrücker in ihren Trümmern.

Am 28. Oktober 1945 kommt es auf dem Platz des Osnabrücker Kupfer- und Drahtwerkes (OKD), gelegen an der Schlachthofstraße, zum ersten innerstädtischen Duell zwischen dem VfL und der Eintracht. Der Heimatplatz der Eintrachtler ist stark zerstört, doch der Vereinsführung gelingt es, von den Briten eine andere Anlage, den ehemaligen Hammersenplatz, zugeteilt zu bekommen. Auch der ist arg lädiert. Doch hier muß weniger Arbeit aufgebracht werden.

Am Rande des sogenannten OKD-Platzes steht auch Heinrich Hüggelmeyer. Er erinnert sich: „Das war ein Parkplatz. Höchstens 90 Meter lang und vielleicht 60 breit. Die Ecken holprig und steinig. Und zehn lila Kluften für die Feldspieler hatten wir nicht. Deshalb spielten die beiden Verteidiger zunächst in schwarzen Hemden, der Rest der Mannschaft vorn in lila Trikots, mehr hatten wir nicht. Unser Vorsitzender Hans Simon ist von den Engländern eingesetzt worden. Gewählt wurde nicht. Die erste Versammlung fand im Oktober statt. Ich mimte so eine Art Geschäftsführer des VfL, der natürlich nicht so hieß. In der Zusammenkunft gab es fast nur solche Fragen: Wer hat noch Fußballschuhe? Wer hat noch Trikots?"

Am 28. Oktober 1945 fällt in Osnabrück, mit Genehmigung der Briten, der Startschuß zum „geregelten" Fußballbetrieb. In der Großgemeinde an der Hase wird eine Stadtmeisterschaft unter den acht zugelassenen Sportvereinen im Fußball ausgespielt. Wieder kommt es zu einer Begegnung der Rivalen VfL Osnabrück, der 1. FSV heißt, und Eintracht. Eintracht Osnabrück schlägt den FSV nach einem dramatischen Kampf mit 4:3. Die „Bremer Brücke" ist weiterhin unbespielbar. Geregelt verläuft die Stadtmeisterschaft zunächst nicht. In diesem Herbst gibt es lange Regenperioden. Auf den von Trümmern gerade geräumten Plätzen staut sich das Wasser. Ständig werden Begegnungen wieder abgesagt. TUS Haste wird in diesem Jahr 1945 die stärkste Truppe in Osnabrück. Am Ende der Hinserie sind die Haster Herbstmeister, vor Eintracht Osnabrück, 1. FSV, Grün-Weiß, Sportfreunde, SV Eversberg, Fortuna und TSG.

Besatzungsmacht fordert politische Zuverlässigkeit

Am 2. Juli 1945 beantragt der politisch sauber durch das Hitler-Regime gekommene Sportfunktionär Artur Püschel in Braunschweig bei der Militärregierung die Wiederzulassung von Vereinen. Das Land Braunschweig liegt in der britischen Besatzungszone. Der Militärkommandant beantwortet Püschels Brief nicht. Daraufhin schreibt der Sportler Artur Püschel am 10. September 1945 erneut und bittet um die Neugründung von Vereinen. Sein Bestreben ist es, die Wiederzulassung der 1933 verbotenen Arbeitersportvereine zu erreichen. Das scheint ihm aussichtsreicher als die Möglichkeit der schnellen Wiedergeburt der bürgerlichen Klubs. Um die Offiziere der britischen Armee nicht zu beunruhigen, schlägt er vor, alle Vereine zusammenzufassen. In einem Braunschweiger Turn- und Sportverein sollten nach seiner Vorstellung jeweils Fachsparten mit eigenen Vorständen entstehen.

Am 2. November 1945 genehmigt der Chef der Polizei, Heinrich Klages, die Gründung dieses Großvereins. Bespielbare Sportplätze gibt es in Braunschweig kaum. Seit dem 21. September darf sonntags gegen eine Gebühr von 20 Reichsmark auf dem Sportplatz an der Technischen Hochschule gespielt werden. Kurt Hoffmeister, Verfasser der Chronik „150 Jahre Sport in Braunschweig", über das Bild, das sich bietet: „In bunt zusammengesuchter und zum Teil unzweckmäßiger Kleidung fanden hier die ersten Fußballspiele statt."

Das erste Spiel gegen einen auswärtigen Gegner wird am 11. November 1945 in Braunschweig angepfiffen. Es gastiert der prominenteste Klub des Nordens an der Grenze zur russischen Zone: der HSV. Gegner der Hamburger Rothosen ist der VfB Braunschweig, der aber 1945 Rot-Weiß Braunschweig heißt. Mit 2:0 führen die Braunschweiger im ersten Nachkriegsspiel, gehen dann aber noch mit 2:5 auf eigenem Geläuf unter. Beim HSV sind zwei Spieler dabei, deren Söhne später Furore machen: Die Väter von Uwe Seeler und Charly Dörfel. Das Rückspiel eine Woche später verlieren die Rot-Weißen aus Braunschweig an der Elbe mit 8:0.

Am 27. November wird weiteren Vereinen die Wiedergeburt gestattet. Neu zugelassen sind der Braunschweiger Sportverein von 1922, die Schiedsrichter-Arbeitsgemeinschaft, der Turnclub Riddagshausen, die Turnerschaft Braunschweig sowie die Spielvereinigung Braunschweig und der TV Veltenhof. Auch die berühmte Eintracht stellt einen Antrag auf erneute Zulassung. Den Funktionären des Klubs wird aber empfohlen, sich dem Braunschweiger Turn- und Sportverein anzuschließen. Den Wink verstehen die Eintrachtler. Bis 1949 bleibt es beim Zusammenschluß der beiden Vereine.

Anträge an die Braunschweiger Polizei oder die Militärbehörden müssen wegen der Papierknappheit auf den Rückseiten von Formularen oder anderen Papieren gestellt werden. Die Klubs stehen 1945 unter Polizeiaufsicht. Es heißt in den Zulassungsbedingungen:

„In den Vereinen dürfen keinerlei politische, weltanschauliche oder militärische Ideen verbreitet oder eine Betätigung solcher Art vorgenommen werden. ... Die leitenden Mitglieder dürfen früher nicht Angehörige der NSDAP oder Amtsträger in der Partei und ihren Organisationen gewesen sein. ... Der Vereinsvorstand ist dem Chef der Polizei für die politische Zuverlässigkeit aller Vereinsmitglieder verantwortlich."

Am 7. Dezember 1945 lautet die Schlagzeile der „Braunschweiger Neuen Presse": „Der Sport ist frei". Verboten sind aber „Kampfsportarten" wie Fechten, Judo und Segeln. Startpistolen sind es ebenfalls.

Am 22. Oktober 1945 treffen sich im von Amerikanern besetzten Bremen Vertreter der Regierungsbezirke der Provinz Hannover, der Länder Braunschweig und Oldenburg sowie der Freien Hansestadt Bremen, um über den Neuaufbau des Sports im zukünftigen Land Niedersachsen zu beraten. Im Altweibersommer 1945 lauten die Richtlinien auf freiwilliger Basis:

„Die Vereine arbeiten auf breitester Grundlage und gliedern sich in verschiedene Sparten. Den Sparten wird größtmögliche Selbständigkeit in technischer und finanzieller Hinsicht unter Wahrung der Satzung des Sportverbandes gewährt. Die Gründung mehrerer Vereine ist erst in Mittel- und Großstädten erwünscht. Es ist nichts dagegen einzuwenden, daß Vereine ihren alten Namen beibehalten, wenn der politische und konfessionelle Friede im Sportverband dadurch nicht gefährdet wird. Demgemäß bedarf die Verwendung alter Namen der Genehmigung des Verbandes.

Auf Jugendbetreuung ist größte Sorgfalt zu legen. Die Behandlung von Jugendangelegenheiten erfolgt durch Jugendausschüsse nach den Grundsätzen der Erziehung. Vertreter der Jugendabteilungen sind in den Vereinen stimmberechtigt."

Diese Selbstorganisation für den politischen Raum von Niedersachsen wird jedoch jäh gestoppt. Die Ausführungsbestimmungen zur Kontrollratsverordnung Nr. 23 der Alliierten Kontrollratsbehörde vom 27. Dezember 1945 wirken erneut einschränkend. Es heißt darin „zur sofortigen Durchführung": „Alle bestehenden Sport-Organisationen, die unter den Bedingungen der jetzt überholten Verordnung der Militärregierung Nr. 17 gegründet worden sind, müssen bei der Militärregierung um die Erlaubnis für ihr Weiterbestehen einkommen, und die Genehmigung wird normalerweise nur den Organisationen gewährt, die nur Vereine in einem Kreis erfassen.

Ohne die Genehmigung der Militärregierung werden keine neuen Sport-Organisationen die Erlaubnis erhalten, über das Kreisgebiet hinaus zu wirken."

In der britischen, der sowjetischen und der französischen Zone wird Ende Dezember 1945 noch einmal ein engmaschiges Netz über den Sport gezogen. Die Amerikaner sind großzügiger – bei ihnen gibt es sogar schon eine Oberliga.

Osnabrück: Neue Lederbälle von den Briten gestohlen

In den ersten Januartagen 1946 treten drei Osnabrücker Klubs gegen hier stationierte britische Militärmannschaften an. Der 1. FSV, später wieder VfL Osnabrück, spielt gegen die 54. R.H.U. nur 1:1, Eintracht dagegen schlägt die 52. R.H.U. hoch mit 5:2. Die Sportfreunde Osnabrück, früher Spielverein 16, unterliegen Panzersoldaten des britischen Königs mit 3:4. Die Spiele gegen die Briten bringen neben dem Vergleich jedoch auch überlebenswichtige Vorteile – die englischen Gegner kommen mit völlig neuen Lederbällen auf die lädierten Plätze. Die Sportfreunde am Ort verabreden vor den Begegnungen, direkt nach dem Schlußpfiff aufs Feld zu laufen und im Gewirr der sich scheinbar freuenden Menschen den Ball zu stehlen.

Am selben Tag, dem 20. Januar 1946, startet in Osnabrück die Rückrunde zur

Der Sport am Sonntag

Sonderausgabe — Sonntag, 13. Juli 1947

Vor 50 000 enttäuschten Zuschauern

Ha-Es-Vau wurde Zonenmeister

BV Borussia 09 nach lustlosem Spiel mit 0:1 bezwungen

Als in der 15. Spielminute Koschmieder eine Ballabgabe an Boller verpaßte und der HSV den Führungstreffer erreichte, ahnte keiner der 50 000 Zuschauer, daß damit der für den Spielablauf entscheidende Treffer erzielt war. Gehen wir aber der Ursache nach, warum es dem Borussen nicht möglich wurde, den Ausgleichtreffer zu erzwingen, so kommen wir zu folgendem Ergebnis: Die Borussen ließen sich

Stadtmeisterschaft. Die Bremer Brücke, die Heimat des VfL, ist noch immer eine Trümmerlandschaft. Deshalb treffen sich zum Abschluß dieser Saison beim letzten Spiel am 28. April der 1. FSV und TUS Haste auf dem Geläuf an der Kokschenstraße. Herbstmeister Haste unterliegt dem 1. FSV, also dem VfL Osnabrück, mit 1:3. Doch der TUS Haste wird wegen des Vorsprungs an Punkten erster Stadtmeister nach dem Krieg in Osnabrück.

Am selben Tag treffen sich in Braunschweig 46 Delegierte der bis dahin erneut zugelassenen Vereine, um einen örtlichen Kreissportverband zu gründen. In der einstimmig angenommenen Satzung heißt es: „Der Kreissportverband Braunschweig-Stadt ist ein Zusammenschluß der Sportvereine der Stadt Braunschweig auf freiwilliger Grundlage. Der Kreissportverband Braunschweig-Stadt betreut die ihm angeschlossenen Vereine, nimmt deren Interessen gegenüber der Öffentlichkeit und den Behörden war und unterstützt in jeder Hinsicht die sportlichen Bestrebungen seiner Mitgliedsvereine. Er hält Sport- und Jugendlehrgänge ab und veranstaltet regelmäßig gemeinsame Sportfeste, Jugendlager usw."

Im Januar 1946 hat der von 30 alten Anhängern 1945 neubelebte Cuxhavener SV wieder über 100 Mitglieder. „Aber schon droht dem CSV seitens der Besatzungsmacht das endgültige Aus; sie ordnet die Auflösung aller Vereine an", berichtet die Festschrift zum 75jährigen Bestehen. Die Briten gestatten aber Gründungen neuer Klubs. „Nachdem die beantragte Genehmigung zur Neugründung eines Vereines erteilt ist, wird eine Versammlung zur Auflösung des Cuxhavener SV von 1911 einberufen. In aller Form erfolgt die Auflösung; die Versammlung wird geschlossen. Keiner verläßt jedoch den Saal, denn die Gründungsversammlung der Cuxhavener Spielvereinigung ... wird sofort eröffnet. Nach zustandegekommener Gründung werden somit die alten Initialen behalten."

Hamburg: HSV erster Stadtmeister

In den Eilbeker Bürgersälen führt Concordia Hamburg die erste Versammlung nach dem Kriege durch. Der politisch unbelastete Interimsvorsitzende Friedrich Pohlmann, der sich direkt nach dem Ende des Faschismus um den Klub kümmerte, wird von Walter Baresel abgelöst. Jahre später wird dieser sich große Verdienste um die Organisation der Spiele um den DFB-Pokal erwerben. Die Qualifikation für die Hamburger Stadtliga bestehen die Concorden Anfang 1946 auch. Ihr Platz bleibt jedoch von den Briten besetzt. So tragen sie, sogar noch zu Oberligazeiten, ihre Heimspiele bei den Nachbarn, mal auf dem Geläuf von Sperber Hamburg, am Millerntor bei St. Pauli oder an der Rothenbaumchaussee, beim vornehmen HSV, aus.

Im kalten Winter 1946 findet eine Groß-Hamburger Meisterschaft mit zehn Mannschaften statt. Ernsthafte Konkurrenten des HSV sind die Elf vom Kiez, der FC St. Pauli, und der TV Eimsbüttel. An beide muß der HSV einen Punkt abgeben. Er erringt aber die erste städtische Krone nach dem Krieg. Der Versuch, anschließend eine Norddeutsche Meisterschaft auszutragen, scheitert an den Briten. Der HSV reist zu Werder Bremen und siegt dort 2:1. Danach schreitet die Besatzungsmacht ein und untersagt weitere Begegnungen. Gegen Freundschaftsspiele deutscher Mannschaften innerhalb ihrer Besatzungszone haben die Briten nichts einzuwenden. Dieses Angebot der militärischen Sieger nutzt der HSV und reist in den Westen. Die norddeutsche Truppe siegt 2:0 gegen Schalke, 2:1 und 4:2 beim Meidericher Spielverein und 4:3 bei Union Hamborn. In Dortmund trennt man sich 1:1 von der Borussia.

Helmut Schön knüpft Kontakte zwischen Dresden und Hamburg

In diesen Tagen „sondiert" ein technisch hochbegabter Spieler im fernen Dresden „das Gelände". Es ist Helmut Schön. Den Dresdner SC gibt es nicht mehr. Er heißt SG Friedrichstadt, weil das Stadion Ostrahage in diesem Stadtteil des zerbombten Dresden liegt. In dieser Situation denkt Helmut Schön „immer nur an Fußball". Und von einigen Kollegen hört er: „Vielleicht läuft was in Hamburg. Ein paar Fußballkameraden vom DSC sind jetzt beim FC St. Pauli. Die haben schon wieder eine ganz starke Mannschaft."

Wie kommt 1946 ein Dresdner die Elbe abwärts in den Westen? Helmut Schön und einige Kameraden erzählen einem sowjetischen Offizier, sie wollten nach Berlin, weil dort Insulin zu besorgen sei. Der skeptische Soldat stellt die ersehnte Reisegenehmigung aus. „Probusk" heißt so ein Schein. Die Schön-Truppe erreicht Berlin. Der berühmte Mediziner Professor Ferdinand

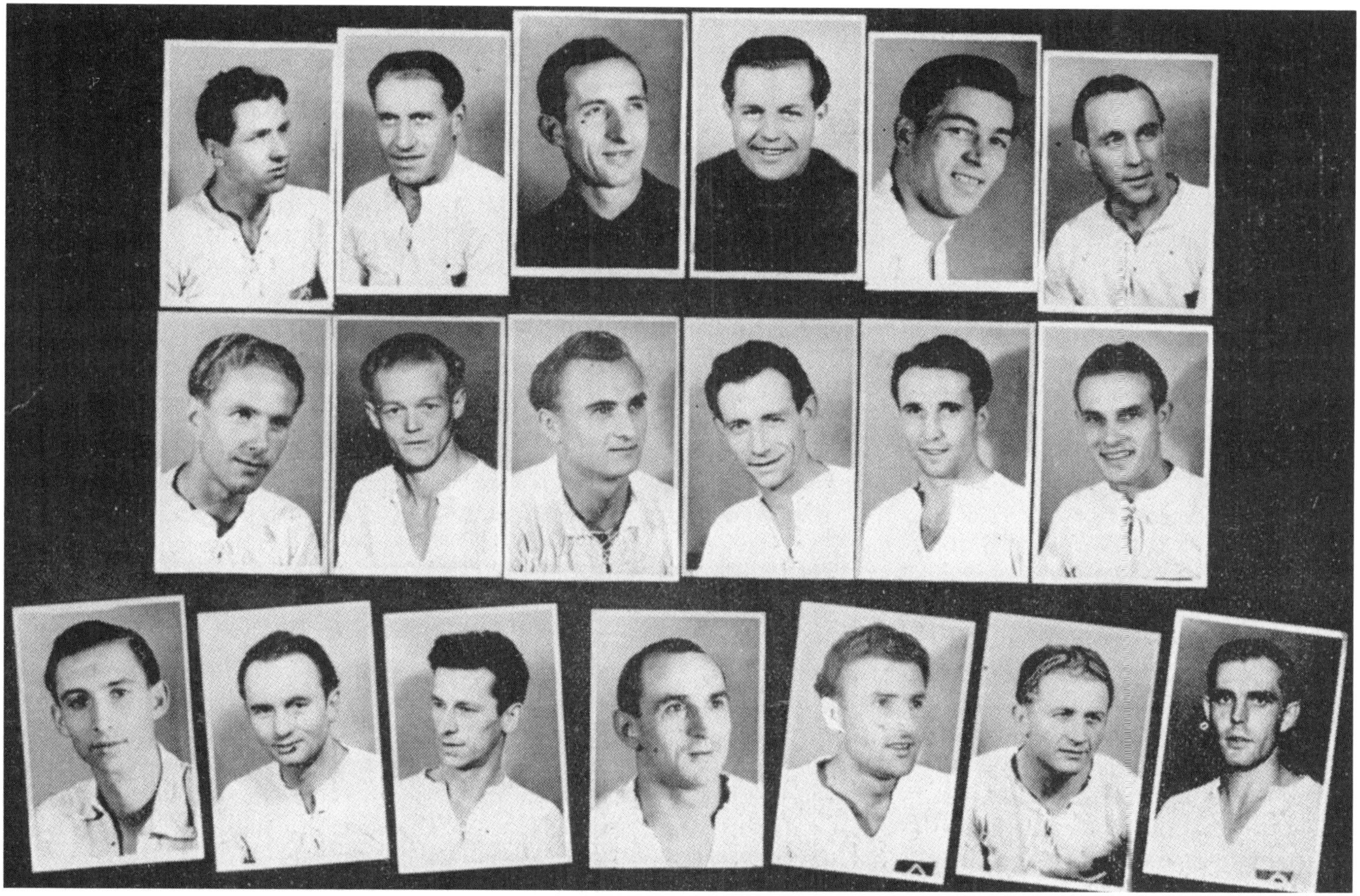

Die Mannschaft des HSV 1949: (v.l.n.r. oben) Holdt, Trenkel, Globisch, Warning, Klett, Adamczik; (Mitte) Gorka, Niemann, Posipal, Spundflasche, Kubsch, Frahm, (unten) Menke, Ebeling, Woitkowiak, Rohrberg, Harden, Krüger, Adamkiewicz

Sauerbruch bescheinigt dem Balltechniker Helmut Schön, er müsse nach Hamburg reisen, weil er dort das für die Ostzone so dringend benötigte Insulin erhalte. Mit einem DKW geht es weiter. Helmut Schön: „Es wurde eine recht abenteuerliche Fahrt. Wir hatten keine Landkarte – die wäre von den Russen sofort als Beweisstück für Spionage gewertet worden. Wegweiser gab es nur in russischer Schrift. Wir sind lange im Ungewissen umhergeirrt, bis wir den offiziellen Übergang über die Elbe bei Wittenberg fanden." Hier trennen sich dann die Teilnehmer dieser kleinen Reisegruppe.

In Hamburg trifft der spätere Bundestrainer alte Bekannte aus den großen Zeiten des Dresdner SC. Es sind Walter Dzur, Heiner Schaffer, Fritz Machate, Heinz Hempel und der Schlachter Karl Miller. Helmut Schön streift sich am nachfolgenden Sonntag das Trikot des FC St. Pauli in einem Spiel gegen den VfB Lübeck über. „Man bekniete mich, dazubleiben. Aber ich mußte ja zu meiner Frau und meinem Sohn zurück. … Freunde steckten mit allerhand zu, bevor ich wieder abfuhr. Einer schenkte mit ein Fäßchen Heringe. Von Karl Miller, dem Nationalverteidiger, gab es eine Riesenwurst." Und eine Gans bekommt der Techniker aus Dresden noch von den St. Paulianern.

Gleichzeitig für verschiedene Vereine zu spielen, ist in dieser Zeit möglich. Es gibt keine Verbände mit verbindlichen Regeln. Helmut Schön: „Von nun an begann ich einen ziemlich lebhaften Pendelverkehr nach Hamburg. Ich spielte immer wieder mal für den FC St. Pauli. Einmal gar gegen den HSV. Im organisatorischen Durcheinander jener Jahre fiel das nicht allzusehr auf."

Doch in den lokalen Blättern von Dresden wird die Frage aufgeworfen, ob Schön wisse, wohin er gehöre. Er entscheidet sich für die SG Friedrichstadt.

Bei St. Pauli spielt „Hänschen" Appel, früher Hertha Berlin. In der Hungerzeit beherrscht dieser Berliner an der Elbe den Fallrückzieher. Erst das Fernsehzeitalter macht es möglich, daß der Hamburger Uwe Seeler später damit die Massen begeistert. „Hänschen" Appel 1946 über die Akrobatik: „Die Kunst dabei ist, daß man schon wieder auf den Beinen steht, wenn die anderen meinen, man läge noch am Boden."

Am 3. November 1946 macht ein Blättchen mit dem Titel „Sportprogramm" die Fans an der Elbe heiß. Titelleiste: „Großkampftag am Rothenbaum. HSV – St. Pauli um 14.30 Uhr." Verkaufspreis: 15 Pfennig. Umfang: eine Seite. Zwischen zwei Karikaturen, die je einen Spieler zeigen – der eine verschlingt Würste und der andere hat vier Spiegeleier in der Pfanne – der Text: „Beide Mannschaften haben in den letzten 14 Tagen in Kiel gegen Holstein ihre Visitenkarten abgegeben und beide ihre Spiele gewonnen, der Club 4:3, der HSV 5:4, beide mit einem Tor Differenz. Danach müßte der heutige Kampf genau wie vor einem halben Jahr, wieder unentschieden ausgehen. Die Rothosen haben aber seit dem letzten Zusammentreffen mit den Leuten von der Reeperbahn ihre Mannschaft durch die beiden auswärtigen Spieler Joragkewitz und Abramczyk und die dadurch mögliche Rücknahme von Spundflasche in die Läuferreihe nicht unwesentlich verstärken können, während der Club außer Köpping (jetzt Teutonia/Uelzen) noch die gleiche Mannschaft zur Stelle hat. Wir glauben deshalb, daß in diesem Zusammentreffen der HSV nach härtestem Widerstand knapp die Oberhand behalten wird, es sei denn, daß es Dzur wieder gelingt, den Motor der Rothenbaumer, Adamkiwicz, kalt zu stellen, dann allerdings kann auch mit einer Überraschung gerecht werden." Unten am Fuß des Blattes sind die Mannschaftsaufstellungen gedruckt. Darüber ein hölzern gereimtes Gedicht:

Novemberstürme wehen durch's Land
Und rütteln am Tabellenstand,
Das welke Laub fällt von den Bäumen:
Lasst uns von Meisterschaften träumen.
Solang man nicht k.o. getroffen,
Sind alle Möglichkeiten offen.
Es träumt der Mensch, das Schicksal lenkt,
Und stets kommt's anders, als man denkt.

In Eckernförde hat ein beinharter Spieler aus Schlesien angeheuert – es ist Fritz Langner, der später Westfalia Herne, Schalke 04 sowie Werder Bremen trainieren wird. An die Ostsee nach Eckernförde kommt der „eiserne Fritz" weil er sich „hier an Bücklingen sattfressen" kann, und wechselt später nach Itzehoe, denn die Spieler des Vereins dort werden mit Kleidung versorgt.

Amerikaner erteilen Werder Namensverbot

Dem Turn- und Sportverein Werder v. 1945 in Bremen, einer von ehemaligen Klubmitglieder durchgedrückten getarnten Wiedergründung von Werder, wird auf Einspruch der Amerikaner der Titel genommen. Deshalb ändert man im Februar 1946 den Namen in Sportverein Grün-Weiß von 1899. Also wiederum Werder unter falscher Flagge. Der Verein eröffnet in diesem Monat eine Geschäftsstelle in dem Haus Peterswerder 7; zwei hauptamtliche Kräfte mit einem Monatssalär von 300 RM und 350 RM arbeiten darin auf den Tag hin, an dem Werder wieder Werder heißen darf.

Die führenden neuen Männer beim vorläufigen SV Grün-Weiß von 1899, die im Grunde die alten sind, möchten wieder gegen den HSV, Hannover 96 und andere berühmte Mannschaften kicken lassen, sogar gegen Schalke um die „Deutsche". Doch die amerikanische Besatzungsmacht in der Enklave Bremen, inmitten der britischen Zone, untersagt diese Höhenflüge. Es-Werder soll gegen die einzelnen alten Stadtteilklubs in der Kommune an der Weser um die Stadtmeisterschaft spielen. Der starke Mann beim SV Grün-Weiß, „Abbi“ Drewes, ist darüber so empört, daß er in einer Vorstandssitzung am 4. März 1946 das Vereinsprotokoll zerreißt. Der Geschäftsführer Wolff klebt es nachher heimlich wieder zusammen. SV Grün-Weiß startet verspätet um die Stadtmeisterschaft. Erster Gegner ist Blumenthal. Spektakulär unterliegt „Werder“ bei den Vorstädtern mit 7:0. Lothar Ulbrich und Günter Sander schildern den Platz, auf dem Werders Bauchlandung eine Sensation war: „Von hinter dem einen Tor ragten Äste eines Baumes in den Strafraum. Es gab Spieler, die schossen den Ball hoch hinein, um dann bei seinem Runterfallen für die Mannschaft eine gute Torchance zu haben. Manche Flanke dieser Art hat so zu einem Tor geführt.“

Karfreitag und Ostern 1946 sind die Mannschaften von Fortuna Düsseldorf und Schalke 04 Gäste bei „Werder“ Bremen. Die Kicker von Rhein und Ruhr nächtigen in einem Bunker an der Parkallee, der notdürftig als Hotel hergerichtet ist.

Das Vorstandsprotokoll des SV Grün-Weiß von 1899 vermerkt unter dem 25. März 1946 mit dürren Worten: „Herr Oßenkopp berichtet sodann über die Zulässigkeit, mit Genehmigung der Militärregierung den früheren Vereinsnamen wieder anzunehmen. Der Vorstand beschließt auf seinen Antrag, dem Verein seinen alten Namen S.V. Werder v. 1899 e.V. wiederzugeben. Die Genehmigung der Militärregierung zu dieser Beschlußfassung soll eingeholt werden.“

Die Idee des Breitensports hat verloren. Durchhaltefunktionäre aus der Zeit bis Mai 1945 hatten den längeren Atem.

Am 6. Juli 1946 erlauben die US-Behörden die lokale Gründung des Bremer Sportverbandes. Damit wird den Vereinen etwas mehr Selbständigkeit gestattet.

Die Mannschaft des VfL 99 Osnabrück im Jahre 1949 mit Trainer Widmayer

Stadtmeister von Bremen wird am 22. September 1946 im IKE-Stadium „Werder“ in einem Spiel gegen den Bremer SV (BSV) nach einem 2:1-Sieg. Zweiter wird der ASV Blumenthal.

Gegründet wird 1946 auch eine zweigleisige Niedersachenliga, die aber nur einen Teil des späteren Bundeslandes abdeckt. Mitglieder werden Eintracht Braunschweig, Arminia Hannover, Hannover 96, SV Wolfenbüttel, Linden 07, ATSV Nienburg, Tuspo Holzminden, Werder Hannover, MTV Braunschweig sowie der VfB Peine in der Gruppe Süd. Die beiden Göttinger Klubs, 05 und Spvgg 07, müssen sich um einen Platz in der Klasse „streiten“. Vor 1.500 Zuschauern im „neutralen“ Weende wird am 10. Februar 1946 Göttingen 05 nach einem 4:1-Sieg über den Ortsrivalen erstklassig. Die Spielvereinigung muß in die darunter angesiedelte Bezirksklasse.

Im Frühjahr 1946 kann Göttingen 05 wieder über den A-Platz des „Maschparks“ verfügen. Die 1945 hier angesiedelten Kleingärtner mußten abziehen.

In der Gruppe Nord kämpfen 1946 erstmals wieder um Punkte: Werder Bremen, ATS Bremerhaven, Bremer Sportverein, VfL Rüstringen, ASV Blumenthal, VfB Oldenburg, SV Hemelingen, VfL Osnabrück, Eintracht Osnabrück, Bremerhaven 93, SV

(TUS) Haste, Germania Leer und SV Cuxhaven. Werder-Historiker Harald Kingebiel: „Diese Liga sah viele spannende Spiele. Die oft hart geführten Bremer Lokalderbys brachten das Fußball-Bremen auf die Beine und der östlichen Vorstadt einige Beeinträchtigungen. Insbesondere die Spiele Werder gegen BSV – ‚Bonzenklub' gegen ‚Proletenverein' – erhielten zusätzlichen Zündstoff durch die unterschiedliche soziale Lage und Verankerung der Vereine und ihrer Anhängerschaft im Lebensraum Bremen. Wie traditionell beim Volkssport Fußball üblich, wurde sich in stadionnahen Gaststätten entsprechend ‚auf das Spiel eingestimmt'. In der Gaststätte ‚Zum stillen Frieden' bei Henry Oberjörg ... taten dies mehrheitlich die Anhänger des BSV und bei ‚Franzmeier' ... die des SV Werder." Auch 1946 stehen dann die Fans der Grün-Weißen in der (heutigen) Westkurve des Weser-Stadions.

Am 15. Mai 1946 treffen sich im Braunschweigischen Staatsministerium Vertreter aller sieben Sportkreise des noch immer existierenden Landes Braunschweig. Gandersheim, Goslar, Helmstedt, Seesen und die Landeshauptstadt haben Delegierte geschickt. Wolfenbüttel ist nicht vertreten. Gekommen sind die Jugendvertreter der Landkreise. Ebenfalls anwesend sind die Sportreferenten der Landräte von Gandersheim und Goslar sowie von Braunschweig-Land. Einstimmig wird beschlossen, zur Wahrung der Interessen aller Sportler im Lande Braunschweig eine Interessengemeinschaft zu gründen. Die Briten beobachten dieses Treffen sehr argwöhnisch, erheben aber keinen Einspruch.

Osnabrück: Englischer Schiri spendet Schuhe

Die Sommerpause nutzen die Osnabrücker Kicker zu Freundschaftsspielen. Der 1. FSV – VfL Osnabrück – mißt sich an der Kokschenstraße mit seinem alten Rivalen Werder Bremen. Mit 4:1 gehen die Werderaner unter. Eintracht Osnabrück verpflichtet den spielstarken VfB aus der Zigarrenstadt Lübbecke. Mit 4:2 verlieren die Westfalen an der Hase. Arminia Bielefeld gastiert beim Stadtmeister TUS Haste und kassiert ein Tor, schießt aber auch eines. Für diese Begegnungen wird ein Pfeifenmann verpflichtet, der vor seiner Einberufung in die königliche Armee als Berufsschiedsrichter tätig war. „Ein hervorragender Mann. Unsere Osnabrücker Schiedsrichter waren schwer beleidigt, weil wir den Engländer holten." So Heinrich Hüggelmeyer, eine Art Geschäftsführer des VfL. Die Kicker profitieren aber nicht nur von der ausgezeichneten Leistung des Briten. Er stiftet auch gelegentlich einen Pokal. Es fehlen Fußballschuhe. Hüggelmeyer: „ Eine Woche, nachdem ich dem mein Leid geklagt habe, fährt ein Jeep bei mir vor. In einem Sack werden 81 einzelne Schuhe abgeliefert, die der Schiri aus der Kleiderkammer zusammengepackt hat. Unser Schuster hier an der Ecke bringt dann das Kunststück fertig, davon irgendwie 32 Paar zu zaubern."

Noch einmal fordern die Männer des 1. FSV eine britische Soldatenauswahl heraus. Mit 9:1 putzen die Osnabrücker die zum Teil prominenten Kicker aus dem Mutterland des Fußball.

Eine Woche später gibt die frühere Eintracht aus Braunschweig, die zu dieser Zeit TUS heißt, bei der neuen Eintracht aus Osnabrück ihre Visitenkarte ab. Das Stadion an der Brinkstraße ist proppenvoll. Obwohl es wie aus Kübeln gießt und Regenschirme extreme Mangelware sind. Die Besetzung von „Eintracht" Braunschweig 1946 in Osnabrück: Bloemink, Wiczorek, Keil, Lachner, Fricke, Burdenski, Rohrberg, Broschat, Schemel, Naab und Ender. Die beiden Eintracht-Mannschaften trennen sich in Eintracht 2:2.

Am 27. Juli 1946 wird die Bremer Brükke in Osnabrück als alte und neue Kampfbahn wieder eröffnet. Gast in der sehr stark zerstörten Stadt sind die prominenten Bergleute der Sportfreunde Katernberg. Der VfL Osnabrück und die Essener Vorstadtmannschaft, die in diesen Tagen im Westen auf sich aufmerksam macht, trennen sich 1:1.

Aus der Bezirksklasse, der zweiten in der neuen regionalen Fußballhierarchie, zieht die TSG Osnabrück die Fußballmannschaft nach Saisonbeginn wieder zurück. Man bekommt in dieser schweren Zeit nicht mehr elf Männer zusammen.

In der Bezirksklasse Osnabrück starten 1946 Vereine, deren Heimat später Nordrhein-Westfalen wird. Furore bei den Osnabrücker Vereinen machen der SV Ibbenbüren und TUS Lengerich. Ibbenbüren ist geprägt von der nördlichsten deutschen Steinkohlenzeche. Und der Bergbau ist in dieser Zeit attraktiv. Von Zechen geförderte Mannschaften sind es auch.

Hildesheim: Regelmäßig trainieren – trotz knapper Kalorien

Beim VfV Hildesheim erscheint seit März 1946, jedoch sporadisch, eine kleine Vereinszeitung. Der VfV-Kurier informiert, welche Schwierigkeiten der neue Klub hat, wie gewünscht, in die Landesliga eingeordnet zu werden. Hinter der Mannschaftsaufstellung erscheint stets der Passus: „Regelmäßig trainieren – trotz knapper Kalorien!“ Danach folgt ein Aufruf an die Mitglieder des VfV, je ein Kilo Altpapier für die Vereinszeitung abzugeben.

Eine abenteuerliche Fahrt unternimmt die Elf des VfL Osnabrück, um bei Hannover 96 ein Gastspiel zu bestreiten. Autos dürfen nur in einem Radius von 50 Kilometern fahren. Die listigen Ballfunktionäre beantragen eine Reise von Osnabrück ins nicht weit entfernt liegende Lengerich, über Miesburg. Der Brite weiß nicht, daß es sich bei „über“ um einen Ort bei Hannover handelt, und stempelt die Papiere. Die Fahrt bestreiten die Osnabrücker in einem geschlossenen Lieferwagen. Hinten gibt es nur eine kleine Ladeklappe, durch die die Spieler ins Innere kriechen. Bei der Ankunft im zerstörten Hannover taumeln die Kicker aus dem Wagen, sie sind benommen wegen des Sauerstoffmangels. Trotzdem unterliegen sie nur 3:2.

Bei einem Spiel auf dem Land, in Dinklage im Oldenburgischen, bekommen die Fußballer in dieser Notzeit nach dem Spiel nicht nur Butter und Kartoffeln, auch Sekt. Für die meisten ein Getränk, von dem sie bisher nur gelesen haben. Eine in Dinklage arbeitende kleine Korkenfabrik läßt die begehrten Pfropfen zu einer Sektkellerei ins Rheinland transportieren, die für jeweils zwanzig Korken eine Flasche ins Oldenburgische liefert. Nicht nur wegen des hohen Sieges befinden sich die Osnabrücker nach dem Match in Dinklage im Rausch.

Der auf der abgebildeten Eintrittskarte genannte „1. F.S.V.“ war der vorübergehend umbenannte VfL Osnabrück. Die Hamburger Mannschaft bestand zum größten Teil aus Spielern des Dresdner SC.

Schon am 24. September 1946 starten die drei Osnabrücker Erstligisten zu ersten Punktspielen nach dem Krieg. Stadtmeister TUS Haste trifft es direkt schwer – bei Werder Bremen geht er mit 6:2 unter. In dem Buch „100 Jahre Sport in Osnabrück“ wird behauptet, das Bremer Publikum sei bei dieser Begegnung als besonders fanatisch aufgefallen.

Eine Woche später kommt es in Osnabrück im Rahmen der neuen Niedersachsenliga zu dem ersten Lokalkampf. Stadtmeister TUS Haste unterliegt der Eintracht mit 1:5. Über die Stimmung in der Domstadt an der Hase schreibt der lokale Sportchronist Horst Höweler: „Ein wahrer Fußballbegeisterungstaumel setzte ein. Sonntag für Sonntag strömten die Osnabrücker Fußballanhänger zu den Sportplätzen ihrer Vereine. Montag für Montag wurde in den Schulen, auf der Straße, in den Betrieben und Büros über Siege und Niederlagen diskutiert. Es gab kaum einen Osnabrücker, der nicht von der Magie des Leders eingefangen wurde. Zuerst saßen die Ehefrauen und Bräute schimpfend allein zu Hause. Das wurde jedoch anders, denn nach einigen Wochen sprach man bereits von der Modeschau an der Bremer Brücke. Es gab kalte Füße und manchen Schnupfen, aber die Begeisterung war stärker."

Am 8. Dezember 1946 treffen die Eintracht und der VfL – so heißt er inzwischen wieder – an der Brinkstraße aufeinander. Die Vereinsleitung hat vorher die Stehterrassen weiter aufschütten lassen. 12.000 Zuschauer sehen das 1:1 zwischen der Eintracht und dem VfL. Beide Tore fallen in der ersten Halbzeit.

Einen Sonntag später kocht die Osnabrücker Fußballerseele. Der VfL unterliegt im Bremer Weser-Stadion dem BSV mit 2:0. Das ist an sich keine Schande. Doch fanatische Bremer Anhänger verprügeln Osnabrücker Spieler und den Mann mit der Pfeife. Das Weser-Stadion, zu diesem Zeitpunkt heißt es exakt IKE-Stadium, wird daraufhin vom Verband kurzfristig für Ligaspiele gesperrt.

Die Brasilianer des Nordens, die Männer des FC St. Pauli, können ab dem 17. November wieder im Stadion am Millerntor spielen. Entbehrungsreiche Arbeiten der Mitglieder machten das möglich. Der immer noch ruhmreiche Schalke 04 wird zur Eröffnung des neuen alten Stadions nach Hamburg eingeladen. Über 31.000 Zuschauer kommen.

Am 12. Januar 1947 ist die erste Serie der Niedersachsenliga Gruppe Nord beendet. Sogenannter Herbstmeister 1946 wird im Januar 1947 die SG Bremerhaven.

SG Bremerhaven	20: 4
VfL Osnabrück	18: 6
Eintracht Osnabrück	17: 7
Werder Bremen	17: 7
VfB Oldenburg	16: 8
Bremer SV	15: 9
ASV Blumenthal	10:14
VfL Rüstringen	10:14
Cuxhavener SV	8:16
SG Lehe Nord	7:17
Germania Leer	7:17
SV Hemelingen	6:18
TUS Haste	5:17

Es gibt im härtesten Winter seit Jahrzehnten in der Niedersachenliga keine Verschnaufpause. Schon eine Woche später, am 19. Januar 1947, beginnt der Start in die Rückrunde. Die in Osnabrück so angefeindete Werderelf schlägt die Mannschaft von Haste auf deren Geläuf mit 0:5. Am selben Tag siegt der VfL Osnabrück gegen Blumenthal aus Bremen mit 10:0. So mancher Spieler hat vor Hunger kaum Kondition.

Der Karfreitag 1947 ist für die Osnabrücker, sofern sie Anhänger des VfL sind, ein Freudentag – die Elf schlägt die aus Cuxhaven mit 13:2 und setzt sich an die Tabellenspitze.

Am 19. April 1947 treffen zum zweiten Mal in der ersten Saison nach dem Krieg der VfL und Eintracht aufeinander. Diesmal an der Bremer Brücke. Wieder trennen sich die Rivalen 1:1.

Der 1. Mai 1947 ist ein besonderer Feiertag für Osnabrücks Fußballfreunde. Der sechsfache Deutsche Meister und zweimalige Pokalgewinner Schalke 04 kann an die Bremer Brücke verpflichtet werden. Die nicht nur sportlich ausgehungerten Osnabrücker strömen an die Bande – erstmals in der Geschichte des Vereins seit 1899 kommen mehr als 20.000 Zuschauer zu einem Spiel. Und das noch zu einem in Freundschaft. Die Knappenelf führt zur Halbzeit in Osnabrück 0:2, die Truppe des VfL kommt bis auf ein 2:2 heran. Doch „Budde" Burdenski „erschießt" den VfL mit 2:3.

Cuxhaven: Sportplatz aus Hamburger Trümmern

Die Vereinsführung der Cuxhavener Spielvereinigung erhält unter erheblichen Schwierigkeiten die Lizenz und das erforderliche Papier, um eine vereinseigene Sport-Zeitung herausgeben zu können. Es heißt darüber in den Annalen des Klubs: „Für die ständig wachsende Zahl der Mitglieder ist sie eine wichtige Bereicherung des täglichen Lebens, es gibt weder Versammlungslokale noch Tageszeitungen."

In diesem Jahr beginnt man in der Stadt an der Elbmündung mit dem Bau einer neuen Sportplatzanlage. Das ist seit 1946 beschlossene Sache. Wegen des Wasserstandes muß der Platz insgesamt höher gelegt werden. Die hungrigen Mitglieder arbeiten freiwillig. Die nötige Unterlage für den Höherbau besteht aus Bauschutt. Der wird mit Kähnen aus Hamburg elbaufwärts „angefahren". Es sind die Trümmer aus dem zerstörten Hamburg.

Die Mannschaft des VfB Lübeck im Jahre 1949: Knaack (Betreuer), Wenzel, Felgenhauer, Ilg, Hoppe, Feike, Matthews, Meinert, Kempf, Kempchen, Blechschmidt, Winter, Karlinger und Trainer Scheurer

Amerikaner geben Weser-Stadion zurück

Am 17. April 1947 verliest Werder-Geschäftsführer Hans Wolff in der Vorstandssitzung ein Schreiben der Militärregierung, die am 8. Mai das IKE-Stadium als Weser-Stadion in deutsche Hände zurückgeben will. Bei dem zu diesem Zeitpunkt knapp 48 Jahre alten Klub dürfen NSDAP-Mitglieder, die nach dem 30. Januar 1933 in die Nazipartei eingetragen wurden, wieder Mitglieder werden, aber noch keine Ämter bekleiden. In dem ruhmreichen Klub gibt es ständig Streit, aber keine klaren Fronten. zu diesem Zeitpunkt besitzt Werder lediglich eine alte Schreibmaschine. Und nach dem Angebot der Amerikaner, das Weser-Stadion freizugeben, stehen die Vertreter des Vereins auf der Matte und beanspruchen erneut das Hauptnutzungsrecht. Fieberhaft wird nach dem Vertrag gesucht, in dem dieses Recht schwarz auf weiß besiegelt wurde. Er ist nicht zu finden. Und wie Harald Klingebiel in einer Chronik 1988 schreibt, wurde er „bis heute nicht gefunden".

Am 11. Mai 1947 kommt es im Bremer Weser-Stadion zu der Begegnung Werder gegen den VfL Osnabrück. Auf Lastwagen und in klapprigen Pkw quälen sich die Anhänger – der Begriff Fan ist noch nicht gebräuchlich – von der Hase an die Weser. Zweimal führen die Männer aus der Bischofsstadt gegen die Heimelf – mit 1:2

und 2:3. Von der Mittellinie der Bremer paßt Schmidt zu dem Stürmer Gernhard und der schießt offensichtlich unhaltbar zum 4:3-Sieg für Werder ein. Im so verhaßten Bremer Weser-Stadion begraben die Osnabrücker an diesem 11. Mai 1947 ihre Hoffnung, Meister von Niedersachsen werden zu können. Diesen Titel holt sich Werder Bremen nach zwei Spielen gegen den Tabellenführer der Niedersachsenliga Gruppe Süd, „Eintracht“ Braunschweig. Bei Punktegleichheit entscheidet das Torverhältnis. Die Bremer unterliegen in Braunschweig 3:1. Am 1. Juni 1947 kommt es an der Weser bei unerträglicher Hitze zur zweiten Begegnung. Die schwitzenden Zuschauer auf den Rängen sehen im doppelten Sinne des Wortes Sommerfußball. Werder siegt 3:0 und ist mit einem Tor Vorsprung regionaler Meister.

St. Pauli: Hamburger Stadtmeister

An der Groß-Hamburger Meisterschaft beteiligen sich zwölf Vereine. Ausgespielt werden sie in einer Hin- und Rückrunde. Meister wird 1947 nicht der HSV, der Konkurrent aus St. Pauli überflügelt den Nobelklub. Wegbereiter für den Erfolg des armen HSV-Bruders ist Karl Miller. Der gebürtige Hamburger hatte eine glänzende Karriere beim Dresdner SC hinter sich und ist nach dem Krieg an die Elbe zurückgekehrt. Dort baut er eine spielstarke Elf für St. Pauli auf. Auch ehemalige Kameraden aus Dresden zieht er nach Hamburg. Einige von ihnen sind mit den Lebensverhältnissen in der sowjetischen Besatzungszone unzufrieden. Kicker des Deutschen Meisters von 1943 und 1944 jagen plötzlich für St. Pauli hinter dem geflickten Leder her. Berühmte Fußballer wie Hempel, Dzur, Schaffer oder Machate werden Hamburger.

Erwin Seeler zu Otto Tötter über die Kämpfe HSV – St. Pauli 1947: die hatten ja auch noch den ausgezeichneten Torwart aus Berlin, Thiele, und ein paar gute Hamburger. Und Karl Miller selbst war ebenfalls nicht schlecht. Zwei Spiele für St. Pauli hat sogar Helmut Schön mitgemacht, eins davon gerade gegen mich, aber wir kannten uns ja schon aus der Meisterschaft 1939, als wir das Spiel um den dritten Platz verloren. Wir waren ja auch nicht schlecht, denn zu uns kam Trenkel von Dessau 05 und auch Heinz Werner, der Nationalspieler von SV Jena. Aber die Truppe von Karl Miller war in diesem Jahr mindestens genauso gut.“

Braunschweig: Bezugsscheine für Sportschuhe

Unter welchen Bedingungen die Menschen in diesem Jahr leben, beschreibt Kurt Hoffmeister in seinem Buch „150 Jahre Sport in Braunschweig“: „Im Frühjahr 1947 hatte der Hunger in der Nachkriegszeit seinen Höhepunkt erreicht. In Braunschweig kam es zu Zusammenrottungen und Demonstrationen. Den Demonstranten wurde der Prozeß gemacht – ein Situation, alles anderes als geeignet, bei der Bevölkerung die Freude am Sport zu wecken.

Die Interessenten, die sich dem aktiven Sport zuwandten, konnten das nur unter großen Schwierigkeiten tun. Sportkleidung war Mangelware. Fahrten zu Auswärtsspielen mußten bei Wind und Wetter auf Lastkraftwagen durchgeführt werden, auf die man Bänke stellte. Für alle Vereine in der Stadt standen im Monat 480 Fahrtkilometer zur Verfügung, die mit umständlichen Antragsformulaten erkämpft werden mußten. Für die Reparatur von Bällen gab es in beschränktem Umfange Leder auf Bezugsscheine. So mußte alles recht und schlecht geflickt werden. Vereine, die die Zeitschrift Sport in Niedersachsen beziehen wollten, mußten dafür halbjährlich 3 Kilogramm Altpapier einsenden. Außer all den Schwierigkeiten mußten die Vereine für die Sportveranstaltungen auch noch Vergnügungssteuer zahlen.“

Am 12. August 1947 werden in Braunschweig folgende Fakten zu Protokoll gegeben: „Dem Kreissportbund Braunschweig stehen 38 Bezugsmarken für Lederschuhe zur Verfügung. Es entstehen große Debatten darüber, an welche Sparten die Bezugsmarken verteilt werden sollen. ... Es wird abgestimmt, an welche Sparten die Sportschuhe verteilte werden sollen. Fünf Sparten erhalten je sieben Paare, der Rest von drei Paaren wurde den Fußballern zugesprochen.“

An anderer Stelle heißt es im Protokoll: „Sportfreund Püschel liest ein Schreiben des Straßenverkehrs-Hauptamtes Braunschweig vor, aus dem ersichtlich ist, daß die 6.000 Fahrtkilometer, die dem Bezirkssportbund Braunschweig zur Verfügung standen, gekürzt werden auf 2.000 Kilometer. So stehen dem Kreis Braunschweig noch 300 Kilometer zu. Praktisch bedeutet dies, daß der ganze Spielbetrieb einge-

Die Mannschaft von Werder Bremen im Jahre 1949: v.l.n.r.) Wunderlich, Kirk, Broschat, Tünnermann, Preuße, Kraatz, Rath, Burdenski, Hagenacker, Ilic, Ackerschott

stellt werden muß."

Zug um Zug geben die Briten die Sportplätze an die Vereine zurück. In Braunschweig gelangt das Franzsche Feld mit 21 Spielfeldern wieder in deutsche Hände.

HSV wird Zonenmeister

Im Sommer 1947 wird im Machtbereich der Briten die Zonenmeisterschaft ausgespielt. Die Organisatoren dieses Kräftemessens der einzelnen Regionen haben sich darauf geeinigt, daß der Erste der Hamburger Gruppe gegen den Zeiten aus Schleswig-Holstein und der Zweite aus der Elbmetropole gegen den Ersten aus dem Land zwischen Nord- und Ostsee anzutreten hat. Die Verständler von St. Pauli weigern sich jedoch, gegen die Kieler zu kicken. „Als Hamburger Meister wollen wir ohne Zwischenspiel an der Endrunde teilnehmen." So kommt Holstein Kiel kampflos in die Runde. Der HSV schlägt den VfB Lübeck 5:2 und bleibt im Wettbewerb. St. Pauli ist schmollend draußen.

Für den Hamburger Traditionsverein kommt ein dicker Brocken: Schalke 04, zusammen mit Nürnberg Rekordmeister. Im alten Hamburger Stadion drängen sich 40.000 Menschen. Hans Klodt hält das Tor der Königsblauen sauber. Aber Warning auch das der Hamburger. Nach 120 Minuten Sommerschlacht steht es 0:0. Das heißt: neue Auflage im Kohlenpott. Erwin Seeler gibt bei Otto Tötter zu Protokoll: „Die

Schalker waren für einen neutralen Platz, in Düsseldorf oder Köln, aber wir haben gesagt: Laßt uns mal ruhig in der Glückauf-Kampfbahn spielen, wir haben keine Angst. Alles wartete nun auf unseren Untergang, aber die 45.000 haben nicht schlecht gestaunt: Wir gewannen in fürchterlicher Hitze 2:0."

Nach diesem Husarenritt muß der HSV erneut in den Westen. Gegner ist der Titelträger des Niederrheins, Rot-Weiß Oberhausen. Und da hütet jener Willi Jürissen das Tor, der zwei Jahre zuvor noch in dem des HSV stand, als es im Juni 1945 mit einem Spiel gegen Altona 93 wieder begann. Der als Pomaden-Willi bezeichnete Jürissen ist wieder an der Emscher. Und hier sehr erfolgreich.

Im Duisburger Wedau-Stadion, das proppenvoll ist, trifft der Niederrheinmeister auf den Vize von Groß-Hamburg. Otto Tötter in einem Buch zur Geschichte des HSV über Willi Jürissen: „Die Hamburger kannten ihn und seinen Jähzorn, aber sie konnten ihm die drei Tore nicht ersparen. Nach dem zweiten Treffer des HSV, der sozusagen die Entscheidung bedeutete, warf Willi wutentbrannt seine Mütze dem Ball hinterher ins Netz." Mit 3:1 siegen die Männer von der Rothenbaumchaussee an der Wedau.

Durch ein Tor von Boller wird 1947 der Hamburger Sportverein gegen den aufsteigenden Stern des Westens, Borussia Dortmund, im Düsseldorfer Rheinstadion vor 50.000 Zuschauern Meister der britischen Zone.

Ebenfalls im Sommer 1947 reist die Ligaelf von Concordia Hamburg durch die sowjetische Zone nach Berlin. Dort treffen die Hanseaten im Ostteil der Stadt bei einem Freundschaftsspiel auf den BSC 92, der jedoch in dieser Zeit offiziell so nicht heißen darf. Concordia Hamburg siegt bei BSV 92 mit 2:3 und begeistert 30.000 Berliner.

Den Sommer 1947 nutzen die Klubs an der Hase zu Begegnungen mit Vereinen aus anderen Besatzungszonen. Bei Eintracht Osnabrück gastiert der VfL Neckarau. Der süddeutsche Oberligist aus der Mannheimer Vorstadt gibt eine schlechte spielerische Vorstellung. Trotz eines 2:2. Auch in der Universitätsstadt Göttingen strömen die Massen zu Freundschaftsspielen. Aus der Festschrift von Göttingen 05: „Daß in den Nachkriegsjahren mehr als zwanzigtausend Zuschauer den Weg zum alten Maschpark fanden, mag aus heutiger Sicht mit dem Mangel an konkurrierenden Freizeitangeboten und allgemeiner Not erklärt werden, doch spricht es sicherlich auch dafür, daß bereits damals in Göttingen große Spiele gezeigt wurden. Kein Wunder, immerhin gingen damals am Maschpark die Deutschen Meister Schalke 04, 1. FC Kaiserslautern, VfB Stuttgart, Hamburger Sportverein, Hannover 96, der 1. FC Nürnberg, die Spielvereinigung Fürth ... ein und aus."

Der VfL Osnabrück lädt die Offenbacher Kickers an die Bremer Brücke. Beim Stande von 3:1 für die Osnabrücker wird das „Freundschaftsspiel" abgebrochen. Augenzeuge Horst Höweler nennt die rauhe Gangart beider Mannschaften auf dem Rasen „eine regelrechte Rugby-Schlacht".

Spielzeit 1947/48: HSV und St. Pauli am Ende punktgleich

Bei Gründung der Oberliga Nord ist von drei in der bisher höchsten Klasse gestarteten Osnabrücker Vereinen nur einer dabei – der VfL. Eintracht Osnabrück und TUS Haste werden der neuen Landesliga, Staffel Weser-Ems, zugeordnet.

Die Mannschaft des VfL Osnabrück reist zu ihren Oberligaspielen 1947 in einem komfortablen Bus. Legal sind die Reisen mit dem Gefährt nicht. Bei Osnabrück liegt eine deutsche Arbeitseinheit, die unter Aufsicht der Briten steht. Und diese Truppe verfügt über den Bus, ein Luxusgefährt für die Begriffe und Ansprüche des Jahres 1947. Der Zahlmeister der Arbeitseinheit ist bekannt mit Heinrich Hüggelmeyer, der den nie offiziell bestallten Geschäftsführer des VfL mimt. Über den Zahlmeister lernt Hüggelmeyer den Boß der Einheit kennen. Man kommt sich über Fachsimpelei um das runde Leder näher. Und über diese Schiene gelingt es dem VfL-Funktionär, den Bus für die Klub zu chartern – aber hinter dem Rücken der Briten. Eingetragen wird jeweils eine Fahrt zu einer Spielbegegnung nach Bremen, Hannover oder Hamburg, „mitfahrende Personen: 18". Diese 18 sind die Spieler und Betreuer des VfL Osnabrück. Eine Elf der Arbeitseinheit spielt gar nicht, es sind die getarnten Fahrten zu den regulären Oberligaspielen des örtlichen Spitzenvereins. Wohl als einzige Mannschaft der Oberliga Nord reist der VfL Osnabrück in einem englischen Bus, mit deren Zulassungsnummer und Sprit, bezahlt aus der Kasse der königlichen Armee.

Die Mannschaft des SV Bremerhaven 93 im Jahre 1949: (stehend) Trainer Wieser, Block, Land, Kolditz, Rieck, Naused, Fiegen, Wagenbreth; (knieend): Küchter, Bock, Lühr, Stennul

In Bremen dringt gelegentlich an die Öffentlichkeit, daß bei Werder immer öfter gegen die Amateurbestimmungen verstoßen werde. Deshalb beschließt der in der Generalversammlung am 3. Oktober 1947 gewählte neue Vorstand eine „ehrenwörtliche Schweigepflicht". Aufgabe der Geschäftsführung und des Vorstandes ist es in diesem Jahr, nicht nur für die Kicker zu sorgen, auch die Zuschauer kosten Mühe. Ihnen empfiehlt sich der Verein, indem er seine Kontakte zu Speditionen und anderen Lkw-Besitzern nutzt. Werder vermittelt Mitfahrmöglichkeiten für seine Anhänger.

Zeitgleich mit der ersten Saison der Oberliga West wird auch die des Nordens angepfiffen – das geschieht am 14. September 1947. Mit einer Elf weniger als im Westen. Zwölf renommierte Vereine Norddeutschlands stellen die Gründermannschaftenschaften: Hamburger SV, FC St. Pauli, VfB

Lübeck, VfL Osnabrück, TUS Braunschweig, die Concordia Hamburg, Victoria Hamburg, Holstein Kiel, Arminia Hannover und Hannover 96, Bremer SV und Werder Bremen.

Vertreter aus der Elbestadt sind 1947 FC St. Pauli, HSV, Concordia Hamburg und Victoria.

Schon 1946 schafft es Concordia Hamburg, die nicht über ihre eigene Platzanlage verfügen darf, weil die Ballheimat von den Briten beschlagnahmt wurde, sich gezielt zu verstärken. Malek Hinsch, Kurt Möller, Erich Burmeister, Fritz Ahlers, Günter Rutz und Justus Eccarius sind die tragenden Säulen einer aufstrebenden Elf. Der Innensturm Hinsch-Ackermann-Eccarius gehört beim Start der Oberliga Nord 1947 durchaus zur Extraklasse. Die Heimspiele trägt Concordia auf dem Gelände des FC St. Pauli oder an der Hoheluftchaussee, aber auch auf dem traditionsreichen Platz an der Rothenbaumchaussee aus. „Es spricht für die Kraft unseres Vereins, daß während dieser Heimatlosigkeit bei allen Abteilungen stets Vorwärtsdrängen herrschte", wird es 1982 in einer Festschrift von Concordia Hamburg heißen.

Das erste Tor zum Auftakt einer Klasse, die bis 1963 überleben wird, schießt der Torschützenkönig „Adi" Vetter vom VfL Osnabrück um 15.05 bei Concordia Hamburg. Der VfL hat die bekannteste Torwartpersönlichkeit der Liga – es ist Heinz Flotho. Mit Schalke 04 ist der ehemalige Nationalkeeper 1943 Deutscher Meister geworden. Von der Wehrmacht wurde er damals zu den Knappen beordert. Dann spielte der „schwarze Panther" mit dem weiteren Spitznamen „Schangel" beim Dresdner SC und bei Hessen Kassel. Osnabrücks Sportredakteur Horst Höweler: „Die Chancen, die Hamburger Fußball-Experten den VfL'lern einräumten, waren nicht gerade ermutigend. Einen besseren Mittelplatz billigte man den Osnabrückern zu – das war alles.

Die Sportjournalisten wissen bei Gründung der Oberliga Nord sehr wenig über die anderen Klubs. Viele haben seit Jahrzehnten nicht mehr gegeneinander gespielt. Die Nachrichtenlage ist dünn.

Die Elf von Concordia Hamburg ist völlig überrascht. Trotz eines guten Spiels der Heimelf siegt der Gast aus der Bischofsstadt Osnabrück mit 0:4. „Schangel" Flotho hält seinen Kasten sauber.

Mit Pauken und Trompeten eröffnen die Männer des FC St. Pauli das erste Spieljahr in neuer Umgebung – Altmeister Hannover 96 bleibt auf eigenem Rasen mit 0:10, Halbzeit 0:2, in den Startlöchern sitzen.

Hasenfüßig geht Werder Bremen auf die Punktejagd. Die Elf unterliegt als Gast des VfB Lübeck vor 11.000 Zuschauern mit einem Handballresultat: 7:4.

Am ersten Spieltag der Oberliga Nord führt der FC St. Pauli, ihm folgen der VfL Osnabrück, VfB Lübeck, HSV, Braunschweig, Arminia Hannover, Victoria 89, Holstein Kiel, Bremer SV, Werder Bremen, Concordia Hamburg, Hannover 96.

Am zweiten Spieltag kanonieren die Stürmer von St. Pauli ihren Gegner Holstein Kiel mit 5:0 nieder, so daß der Konkurrent des HSV mit 15:0 Toren und 4:0 Punkten souverän weiter führt. In das Hamburger Gespann HSV und St. Pauli mischt sich überraschend, sogar für die nächsten Jahre, der VfL Osnabrück.

Schon am 5. Oktober 1947 kommt es an der Bremer Brücke von Osnabrück zum ersten Schlagerspiel der neuen Klasse und jungen Saison. Fast 20.000 Zuschauer, etwas weniger als am 1. Mai 1947 beim Freundschaftsspiel der Schalker dort, säumen die Ränge des Stadions, um den Zonenmeister zu sehen. „Adi" Vetter, Osnabrücks gefeierter Mittelstürmer schießt die Lilaweißen aus der Bischofsstadt in Führung. Der HSV kann in der 70. Minute ausgleichen. Die kühlen Hanseaten können nur einen Punkt von der Bremer Bücke entführen.

Wochen später gibt der FC St. Pauli seine Visitenkarte in Osnabrück ab. Es sind noch mehr Zuschauer als gegen den HSV gekommen – über 20.000. Diesmal spielen die Osnabrücker ohne „Schangel" Flotho, der sich im Match gegen den HSV verletzt hat. Die Supertruppe vom Hamburger Kiez erringt in Osnabrück ein 2:2. Sportreporter Horst Höweler ist überzeugt, daß mit Flotho beide Punkte an der Hase geblieben wären.

Das Ligaspiel Victoria Hamburg gegen Hannover 96 kann am 22. Februar 1948 nicht angepfiffen werden. Die Elf aus der Niedersachsenmetropole bleibt mit einer Autopanne in jedem Sinne des Wortes auf der Strecke. Die Punkte werden Victoria Hamburg zugesprochen.

Die Oberligaspieler des Nordens beenden die Saison als Amateure, bei denen bei der Endabrechnung Tore nicht mitgezählt werden. Die punktgleichen Vereine FC St. Pauli und HSV spielen den Titel aus, der gleichzeitig auch die Stadtmeisterschaft an der Elbe bedeutet. Der HSV gewinnt 6:1. TUS (Eintracht) Braunschweig ist nach Punkten Dritter. Werder Bremen, mit dem

VfL Osnabrück gleichauf, wird am 2. Mai 1948 in einem Entscheidungsspiel in Hannover mit einem 3:1-Sieg offiziell Vierter der Oberliga Nord und ist damit zur Teilnahme an der Zonenmeisterschaft berechtigt.

Die erste Abschlußtabelle des Nordens: HSV, St. Pauli, TUS Braunschweig, VfL Osnabrück, Werder Bremen, Concordia Hamburg, Arminia Hannover, VfB Lübeck, Bremer SV, Hannover 96, Holstein Kiel und Victoria Hamburg. Bester Torschütze ist „Adi“ Vetter vom VfL Osnabrück.

Die Vorrunde um die Meisterschaft der britischen Zone wird nach dem K.-o.-System ausgetragen. In Hannover trifft Werder am 8. Mai 1946 auf den Westvertreter Borussia Dortmund. Nach einer 2:0-Führung unterliegen die Weserstädter in der Verlängerung noch 2:3. Aus der Bremer Sicht beschreibt dieses Spiel das Autorengespann Busche/Fricke: „8.000 Dortmunder Zuschauer mit Fähnchen und Lärminstrumenten übertönten die Bremer Schlachtenbummler kräftig, denn, so erinnert sich Richard Ackerschott, ‚in Bremen war so eine Krachmacherei noch nicht üblich‘. ... In der Verlängerung des Spiels passierte es dann – Borussia-Stürmer Lenz foulte den Bremer Mittelläufer Schüttners, aber der Pfiff des Schiedsrichters ging im Torschrei des Dortmunder Publikums unter. Lenz war weitergestürmt und hatte eingeschossen. 8.000 Dortmunder Schlachtenbummler erhoben sich wie ein Mann und strömten auf das Spielfeld. Denn damals bestand noch die Regel, daß die Verlängerung mit dem entscheidenden Tor beendet war.“

Bremen: Erste Schwierigkeiten mit Fußball-Rowdys

Krawalle von übereifrigen Anhängern machen Werders Funktionären Sorgen, nachzulesen im Protokoll der Vorstandssitzung vom 16. Februar 1948: „Herr Stöver erklärt sich bereit, wegen der Mitwirkung von Polizeikräften mit Polizeidirektor Noch zu verhandeln.“ Gemeint ist die Mitwirkung bei Fußballspielen. Die Polizisten sollen nicht etwa mitspielen, sondern für ein störungsfreies Spiel sorgen. Zum selben Thema in der Vorstandszusammenkunft vom 6. September 1948: „Herr Stöver beauftragt zunächst die Geschäftsstelle, wegen des Betragens der Jugendlichen bei Veranstaltungen im Weser-Stadion ein Schreiben mit der Bitte um Unterstützung an die Unterrichtsverwaltung zu richten.“

Unter der Lizenz-Nr. 63 erscheint auf grauem Papier in der niedersächsischen Bischofsstadt ein Buch mit dem Titel „100 Jahre Sport in Osnabrück“. Auf Seite 172 eine Rubrik „Wo blieben sie?“ mit Einzelheiten über ehemalige bekannte lokale Sportler. Unter anderem ist dort zu lesen: „Willi Zuback ist 1942 in Rußland gefallen. Ludwig Westerhaus ist 1943 in Rußland gefallen. Hugo Zurhausen befindet sich noch in russischer Gefangenschaft. Leo Kostellnik ist in Frankreich gefallen. Hermann Boven ist in Rußland gefallen. Franz-Karl Schulte ist schwer kriegsbeschädigt und jetzt im Spielausschuß des VfL tätig. Hansi Kovermann befindet sich noch in der russischen Zone und spielt in der Städtemannschaft Stendal.“

Heinz Flotho – der schwarze Panther

In demselben Buch, das die Sportreporter Horst Höweler und Horst Hartelt im „Verlag Nordwestdeutsche Rundschau“ vorlegen, erscheint auch ein Porträt über Heinz Flotho, den sogenannten schwarzen Panther im Tor des VfL Osnabrück: „Als Heinz Flotho am 23. Februar 1915 in Osnabrück geboren wurde, da hätte sich wohl keiner träumen lassen, daß ausgerechnet dieser neue Erdenbürger einmal im deutschen Fußball-Sport eine führende Rolle spielen sollte. Mit etwa 16 Jahren nahm Flotho die aktive Betätigung als Leichtathlet beim TV Friesen auf. Den ersten Beweis seiner Torwartveranlagung trat er an, als er beim

Heinz Flotho (STV Horst-Emscher)

Die Mannschaft von Hannover 96 im Jahre 1949: (v.l.n.r., oben) Rabem Pischel, Winkeler, Tkotz, Loth, Betreuer Burmeister; (Mitte) Trainer Fuchs, Hirschberg, Hundertmark, Meier, Uppenkamp, Schütze; (unten) Bothe, Wickel, Reckel

Reichsbahn-Sportverein das Handball-Tor hütete.

Sein großer Aufstieg begann 1933, als er zum VfL übersiedelte. Schon nach wenigen Spielen hatte es sich in ganz Niedersachsen herumgesprochen, daß Schangel, so nannten und nennen ihn noch heute alle Osnabrücker Fußballanhänger, ein Torwart von außerordentlichem Format sei. Es waren keine fünf Jahre vergangen, da stand er schon zum 20. Mal für Niedersachsen im Tor. Die damals gespannte Lage ließ es leider nicht zu, daß er als Torsteher für Deutschland gegen Bulgarien antrat.

Aber Schangel hielt sich bei anderen Anlässen schadlos. Beim Turn- und Sportfest in Breslau im Jahre 1938 jubelten ihm weit mehr als 70.000 Menschen zu, die in mehreren Auswahlspielen Deutschlands jüngstes Torwart-Genie sahen. Die Säule der VfL-Mannschaft im Kampf um die Niedersachsenmeisterschaft, Flotho, wurde zum Begriff für ganz Deutschland. Er spielte in Norwegen. Wochen später tötete er die

Bomben der west- und süddeutschen Stürmer im überfüllten Hamburger und Kölner Stadion. 1939 berief ihn Sepp Herberger in das Trainingslager der deutschen National-Elf, die gegen Luxemburg am 26. März des Jahres in Diffelingen in der Aufstellung: Flotho; Münzenberg, Immig; Rohde, Piccard, Männer; Malecki, Pöhler, Hähnel, Fiederer und Arlt 1:2 verlor. Flotho war völlig schuldlos an dieser Niederlage und wurde überall als prächtiger Torwart, der tollkühnste Paraden zeigte, gefeiert.

Der Krieg unterbrach seine glanzvolle Laufbahn. 1942 – er war inzwischen Soldat geworden – spielte er als Mittelstürmer und Torsteher bei Schalke 04, der sich trotz des Krieges in Hochform befand. 1944 wurde Flotho nach Dresden versetzt, wo er je nach Bedarf als Rechtsaußen, Halbstürmer, Verteidiger oder Läufer spielte. Die ersten Monate nach dem Zusammenbruch erlebte Flotho in Kassel, wo er als Mittelstürmer beim SV Hessen mitwirkte.

Februar 1946: Ein Lauffeuer ging durch Osnabrück: Flotho ist zum VfL zurückgekehrt! Im schwarzen Dreß erschien er nach Jahren wieder an der Bremer Brücke. Viele hatten jenen Torsteher, der vor dem Kriege zur deutschen Spitzenklasse zählte, vergessen. . . .

Unvergeßlich wird allen Osnabrücker Schlachtenbummlern und Tausenden von Hamburger Zuschauern der 18. April 1948 sein. Jener Tag, wo Flotho einfach alles hielt, und die schußgewaltigen HSV-Stürmer fast resignierten. Wagten vorher noch einzelne Fußball-Kritiker zu behaupten, Alm sei Norddeutschlands bester Torhüter – so änderte sich an diesem Tag die Situation grundlegend. Der unbestrittene Klasse-Torhüter Norddeutschlands hieß Heinz Flotho, der schwarze Panther.“ Fast jede Fußballerbiographie ist 1948 von Knicken durch den Krieg gezeichnet.

In dem Buch über den Osnabrücker Sport veröffentlichen die Autoren noch einen zweiten Lebenslauf. „Ostern 1948: Der VfL spielt in Berlin mit einem neuen Mann, so hieß es in Osnabrücker Fußballkreisen. Der Neue war Jupp Arens, ein Freund des ehemaligen Schützenkönigs der Norddeutschen Oberliga, Adi Vetter. Damals war Jupp Arens noch ein unbeschriebenes Blatt für den VfL und seine Anhänger. Doch das wurde bald anders; denn Arens überzeugte durch sein spritziges Stürmerspiel.

Der Fußball-Linksaußen Jupp Arens, der am 25. April 1921 in Essen geboren wurde, hatte, wie alle großen Fußballer, schon in jungen Jahren die Pötte an. Sein erster Verein war DJK Essen. Später wanderte er zum TUS Helene (Essen), in dem er groß wurde. Innerhalb kurzer Zeit brachte er es zum Repräsentativstürmer. 15mal spielte er mit Gottschalk zusammen für den Gau Niederrhein. Zwischendurch nahm er Unterricht bei Sepp Herberger, der dem schmächtigen Jupp die Kniffe und Schliche des Fußball-ABC beibrachte. 1943 kämpfte der Essener im Wiener Prater als Linksaußen – er hat, bevor er zum VfL kam, nie etwas anderes gespielt – für Niederrhein gegen Donau/Alpenland. Ein Jahr später war Jupp Arens in englischer Kriegsgefangenschaft. Auch dort erkannte man seine spielerischen Qualitäten. Es verstrichen nur wenige Monate, bis er in einer englischen Amateur-Mannschaft mitwirkte.“

Die Meister der norddeutschen Landesligen ermitteln die Aufsteiger für die Oberliga Nord. In dem Spiel Eintracht Osnabrück gegen MTV Braunschweig stellt der Osnabrücker Verteidiger Schön einen Nachkriegsrekord auf. Von der Mittellinie schlägt er den Ball, ohne daß ihn auch nur ein Spieler berührt, in das Braunschweiger Gehäuse. Zum 1:1. Am Ende siegt MTV Braunschweig bei Eintracht Osnabrück im ersten Aufstiegsspiel mit 2:3.

Aus der Vereinschronik der Spvgg Göttingen 07 über das Jahr 1948: „Die einzigen erfreulichen Sportereignisse waren zwei Freundschaftsspiele gegen Preußen Dellbrück (Oberliga West) mit Nationaltorhüter Herkenrath und gegen Hamborn 07 (Oberliga West), die der Spielvereinigung eine Fußball-Lektion erteilten und die 10.000 Zuschauer in Begeisterung versetzten.“

Beim Kampf um die Hamburger Stadtmeisterschaft landet der HSV wiederum hinter dem FC St. Pauli auf dem zweiten Platz – wegen des schlechteren Torverhältnisses. Und doch werden die Kicker aus der Nähe der sündigen Meile am Ende nicht die kommunalen Ballsieger – die Spieler sind immer noch Amateure. In einem Entscheidungsspiel besiegt der Zweite den Ersten und wird Hamburger Meister. Beide Klubs nehmen an der Zonenmeisterschaft teil und schlagen sich hervorragend. Am Ende treffen die beiden Mannschaften von der Elbe im Endspiel um die Meisterschaft der britischen Zone erneut aufeinander. Wieder siegt der Stadtmeister von Hamburg, der HSV. Die Rothosen von der Rothenbaumchaussee sind am Tag des Endspiels in einer Topform – sie überrennen die Mannen aus St. Pauli und siegen am Ende mit 6:1. HSV-Chronist Otto Tötter behauptet über den Sieger, daß er „in diesem Spiel wirklich eine Klasse besser war."

Fünf Mark müssen schon sein

Bereits viele Wochen vor der Währungsreform hatten Preußen Münster und der VfL Osnabrück ein Freundschaftsspiel in Westbevern vereinbart. Preußen war inzwischen am Tag vor der Währungsreform aufgestiegen, wenige Tage danach kam es nun zu dem Vergleich mit dem VfL Osnabrück. Bisher war es bei Osnabrück üblich, daß die Spieler Naturalien bekamen sowie die Siegprämie in Reichsmark und eine Schachtel Zigaretten. Für Westbevern war abgemacht worden, daß beide Mannschaften für 40 Sack Kartoffeln spielen sollten. Augenzeuge Heinrich Hüggelmeyer vom VfL Osnabrück: „Die vorher zusätzlich vereinbarte Reichsmarksumme konnten wir nicht zahlen. Ich rief nach dem Spiel gegen Münster den Spielführer zu mir und meinte, die Mannschaft müsse sich erklären, welche Forderungen oder Vorstellungen sie habe. Die Kartoffeln, das war klar. Die Spieler zogen sich zurück in den Bus, den die Engländer uns damals stellten. Es muß erwähnt werden, daß der VfL Osnabrück vor dem Krieg als Norddeutscher Meister um die Deutsche gespielt hatte. Damals gab es ei-

Jupp Posipal, ab Spielzeit 1949/50 beim HSV, hier im Dreß der Nationalmannschaft, im Hintergrund Erich Schanko von Borussia Dortmund.

ne Prämie von fünf Mark. Unser Torwart Flotho sowie einige andere wußten das noch genau. Nach der Beratung im Bus kam unser Spielführer zu mir und meinte: Fünf Mark, wie vor dem Krieg, die müßten schon sein."

Spielzeit 1948/49: Letzte Saison mit Amateurstatus

Wie im Westen startet der Norden zum letzten Mal mit „Amateuren" in die neue Saison 1948/49. Die Liga wurde um einen Teilnehmer auf 13 erhöht. Was in Werder Bremens Annalen verständlicherweise nicht zu finden ist, schreibt der Düsseldorfer Sportjournalist Hans Günter Martin: „,... einige Male brachten die verbotenen Zuwendungen den ehrgeizigen Klub auch vor die Schranken der Sportgerichtsbarkeit. 1949 hieß die Bremer Mannschaft ‚Texas-Elf', nach einer Zigarettenmarke der Tabakwarenfabrik Brinkmann, die zeitweilig neun Werder-Spieler pro forma beschäftigte." Aber auch diese finanziellen Aktivitäten bringen zunächst nichts. Werder ist noch gehobenes norddeutsches Mittelmaß.

In der Saison 1948/49 gehört nun auch der TV Eimsbüttel zu der Eliteliga. Die Mannschaft zählte zumindest in den dreißiger und vierziger Jahren zum norddeutschen Balladel; auf Anhieb erobert sich die Elf in der neuen Liga einen Mittelplatz. Vierzig Jahre nach dem Aufstieg in die Oberliga Nord hat der TV Eimsbüttel noch immer einen prominenten Anhänger – den Tübinger Rhetorikprofessor Walter Jens. „Als ich zur Schule ging, war alles ganz einfach: Das Identifikations-Objekt hieß TV Eimsbüttel; die Heroen, zu denen ich aufsah, waren Gemüsehändler (Nationalspieler Hans Rohde, ein- und ausgehend im elterlichen Geschäft), Eisverkäufer (Herbert Panse, Nationalspieler auch er, beim Füllen der Tüten: Sonntag geht der HSV baden), Lehrer ..." Aus der Jugendzeit des Walter Jens: „Die meisten waren Eimsbütteler Kinder; man kannte sie aus der Jugendmannschaft, hatte ihnen zugeschaut, Sonntag morgen in der Hoheluftchaussee oder auf einem Grandplatz, mal Martinistraße, mal Weidenallee; ein Vereinswechsel war selten. ...

Wir schauten beim Training zu, fuhren mit der Mannschaft bis nach Wilhelmsburg: Ereignisse wie der legendäre 3:2 Erfolg über Schalke, errungen im Volksparkstadion, blieben Gesprächsstoff über Jahre hinweg: Es stand schon 2:0 für Schalke, dann schoß Rohwedder zwei Tore, eins aus vollem Lauf und eins bei einem Strafstoß (Lüdeke, das war damals noch neu, hatte sich in die feindliche Mauer gedrängt), Panse, ein Müller ohne Geld, war wie immer zur Stelle, als ein Schalker – ich glaube: Nattkämper – nicht konsequent genug deckte. Die Stars, mit einem Satz, waren Menschen, die man in der Straßenbahn ansprechen konnte."

Der 18. November 1948 ist für den Deutschen Meister von 1912, Holstein Kiel, ein rabenschwarzer Tag. Die Ligaelf der Kieler Störche – so genannt wegen der roten Stutzen – wird aus dem laufenden Wettbewerb der Oberliga Nord ausgeschlossen. Unter dem Begriff „Fall Hamann" geht dieses Ereignis in die Sportgeschichte ein. Der Spieler Hamann wechselte in der Saison 1947/48 vom Lokalrivalen Kilia Kiel zu Holstein. Geholt hat ihn der Holstein-Trainer Tauchert. Es wird behauptet, der Deutsche Meister von 1912 habe bei der Einholung der Spielerlaubnis für Hamann stark manipuliert. Der Norddeutsche Fußball-Ausschuß (NFA) verbannt die Kieler für eine Saison aus der Liga. Weiter dürfen Holsteins ehemaliger Vorsitzender Fritz Weinknecht für fünf Jahre, der amtierende Boß Carl Friese drei Jahre lang und Gustav Scharlemann vom FC Kilia ebenfalls für

Hans Pöschl, Werder Bremen, im Jahr 1950

drei Jahre kein Amt im NFA bekleiden. Mit dem Einsatz des nicht spielberechtigten Kickers Hamann habe der Verein den Abstieg aus dem Vorjahr beeinflußt und verfälscht. Der Verband beschließt gleichzeitig, das Opfer der Kieler, Hannover 96, dürfe 1949 ohne jede Qualifikation wieder Mitglied der Oberliga werden.

Mit Freundschaftsspielen hält sich Holstein Kiel über Wasser. Des Nordens Oberligavereine sind überwiegend bereit, mit Gastvisiten die Verbannung zu überbrücken. Die Zuschauer halten auch zu Holstein. Über 8.000 kommen zu einem Freundschaftsspiel gegen den VfL Osnabrück, der an der Ostsee mit 1:3 gewinnt.

Torhüter Grote, VfB Oldenburg, im Jahr 1950

Nach der für die Verhältnisse der Nachkriegszeit üppigen Weihnachtsfeier 1948 erklärt Werders Torwart Karl-Heinz Höger, er verlasse den Verein in Richtung Peine. Dort trainiert sein Vater Karl Höger einen heimischen Klub. Guter Rat ist für Werder nun sehr teuer. Kurz zuvor gastierte bei der Texas-Elf eine Mannschaft mit dem Namen Weißer Adler. Diese Truppe ist nicht an Ligaspielen beteiligt, sie absolviert nur zirkusähnliche Auftritte. Ihre Wahlheimat ist die ehrwürdige Hansestadt Osnabrück. Dort halten sich seit 1945 Serben und Kroaten auf, die allesamt Gründe haben, nicht nach Jugoslawien zurückzukehren. Weil sie königstreu sind, in der deutschen Wehrmacht dienten oder sonstwie nicht zu Tito wollen. Diese Ballartisten spielen als Weißer Adler. Und Freundschaftsspiele stehen auch 1948 noch hoch im neuen DM-Kurs.

In Bremen erinnern sich Männer aus der Führungsriege, daß der Weiße Adler aus Osnabrück einen ausgezeichneten Keeper hatte, einen Dragan Ilic. Eine fieberhafte Suche beginnt. Wo ist Dragan Ilic? Die Bundesrepublik gibt es noch nicht, die Zonen sind zum Teil noch stark gegeneinander abgeschottet. Dragan Ilic setzte sich im Juni 1948 bei einer Gastspielreise der Weißen Adler im Südwesten ab und unterschrieb beim 1. FC Saarbrücken, der ohne Punktwertung in der französischen (zweiten) Profiliga kickt, einen Vertrag. Wie bekommt man diesen bunten Vogel vom Weißen Adler an die Weser? Harald Klingebiel, Historiker der Grün-Weißen: „Geschäftsführer Wolff fuhr zum 1. FC Kaiserslautern, wo er Hilfe erhoffte und auch erhielt, da die Grenzen der Besatzungszonen nach wie vor nicht ohne Genehmigung der Militärbehörden, deren Beantragung lange dauerte und nicht einfach war, passiert werden durften. Die Kaiserslauterner Freunde vermittelten einen ‚Schmugglerkönig', mit dem Wolff die Grenze passieren und nach Saarbrücken fahren konnte. Der große finanzielle und zeitliche Aufwand hatte schließlich Erfolg, Ilic hütete noch lange Jahre Werders Tor sehr erfolgreich."

In der Saison 1948/49 kommt es in der Oberliga Nord zu einem tragischen Unfall. Bei dem Meisterschaftsspiel Werder Bremen gegen Eintracht Braunschweig am 13. Februar 1949 trifft Werder-Spieler Gernhardt den Braunschweiger Torhüter Fähland so unglücklich, daß dieser der Verletzung wenig später in einem Krankenhaus erliegt.

Der HSV wird erneut Erster der Oberliga Nord. Westdeutsche Zeitungen schreiben höhnisch vom „Meister über die Lüneburger Heide". Es folgen FC St. Pauli, VfL Osnabrück, Eintracht Braunschweig, Bremer SV, TV Eimsbüttel, VfB Lübeck, Werder Bremen, Concordia Hamburg, Arminia Hannover, Göttingen 05 und Bremerhaven 93.

Bester Schütze bleibt auch im zweiten Jahr „Adi" Vetter vom VfL Osnabrück.

Spielzeit 1949/50: Profiliga mit 16 Vereinen

Für die dritte Spielzeit wird die Oberliga Nord von zwölf auf 16 Teilnehmer aufgestockt, Absteiger gibt es keine. Holstein Kiel darf wieder erstklassig sein, das Opfer Hannover 96 ist dabei, aber auch der VfB Oldenburg sowie der Harburger TB.

Die Spieler werden nun ab Herbst 1949 offiziell bezahlt. Der FC St. Pauli hält für die Nachwelt stolz fest, daß die erste Vertragself in der Geschichte des Vereins am 4. September 1949 auf der gefürchteten Lohmühle beim VfB Lübeck mit 0:1 siegt. Es sind 13.000, die zusehen. Holstein Kiels Auftaktniederlage von 1:2 zu Hause gegen den berühmten HSV hat 12.000 Zeugen. Ebenso sind 12.000 in Oldenburg dabei, wo der VfL Osnabrück mit 0:2 siegt, die gleiche Anzahl schaut zu bei dem 3:2-Sieg von Bremerhaven 93 gegen den Bremer SV. Tagesrekord mit 15.000 gibt es bei Göttingen 05. Hier siegt Werder Bremen mit 0:3. An diesem 4. September 1949 gibt es drei Heimsiege, viermal siegen die Gäste, Harburger TB und Hannover 96 trennen sich torlos und teilen sich die Punkte.

Auch im ersten Jahr mit offiziell bezahlten Kickern ist der HSV im Norden vorn. Die Abschlußtabelle 1949/50: HSV, FC. St. Pauli, VfL Osnabrück, Werder Bremen, Eintracht Braunschweig, Concordia Hamburg, Hannover 96, TV Eimsbüttel, VfB Oldenburg, Bremerhaven 93, Holstein Kiel, Arminia Hannover, Göttingen 05, Bremer SV, VfB Lübeck und Harburger TB.

Die Saison endet mit einem Hattrick: „Adi" Vetter vom VfL Osnabrück wird zum dritten Mal in Folge norddeutscher Torschützenkönig. Er traf 28mal.

Alfred Boller (FC St. Pauli) in der Begegnung mit VfL Osnabrück 1950

Trotz Blockade und Teilung – Fünf Jahre ungeteilter Fußball in Berlin

„Über 50.000 sahen das Match Hertha – Union". So überschreibt „Neues Deutschland", die „Sozialistische Tageszeitung", am 29. Januar 1990 den freundschaftlichen Vergleich der beiden zweitklassigen Mannschaften von Hertha, Berlin (West), und Union, Berlin (Ost). Fünfundvierzig Jahre vorher spielten unter den bedrückenden äußeren Bedingungen die Berliner Fußballer aus allen vier Sektoren völlig selbstverständlich auch gegeneinander, jedoch unter anderen Bezeichnungen. Die früheren Vereinsnamen waren in der Viersektorenstadt verboten. Fünf Jahre maßen sich noch die Mannschaften aus dem gesamten Berlin, bis dann 1950 abrupt die Teilung auch im Fußball vollzogen wurde.

„Neues Deutschland" vom 29. Januar 1990: „Das Spiel Hertha gegen den 1. FC Union hatte den Hauch des Besonderen. Nach 30 Jahren wieder ein Vergleich zwischen den wohl beliebtesten Vereinen beider Teile dieser Stadt. Das veranlaßte immerhin 51.270 Zuschauer, so der Sprecher, in das Westberliner Olympiastadion zu kommen. Die meisten von der anderen Seite, also aus unserem Berlin und der DDR. Und die meisten, die kamen, waren sich einig darüber, daß das Resultat zweitrangig ist. Nur die Spieler nicht, denn ein wenig ging es auch um das Prestige. Fürs erste hat das Hertha auf seiner Seite – 2:1. Aber im Sommer steht ein Rückspiel in der Wuhlheide an. So ist es zumindest geplant. Gelegenheit für Union, sich auch vom Resultat her besser darzustellen. Dann wollen aber beide Klubs nicht mehr mit dem Makel der Zweitliga behaftet sein."

Auch die westdeutsche Presse berichtet an diesem Tag ausführlich über den städtischen Vergleich. So der Sportinformations-Dienst: „Während über Europa Orkane wüteten, schien der Wettergott Berlins neue Rolle als Repräsentant des Sonnenscheins nicht gefährden zu wollen. 52.000 Zuschauer im Berliner Olympiastadion erwärmten sich an dem ersten großen Fußball-Ereignis mit Klubs aus beiden Teilen der Stadt nach Öffnung der Mauer. Jahrelang war die alte Reichshauptstadt nicht nur Fußball-Provinz – jetzt ist Berlin wieder in. Zum Berliner Ost-West-Derby zwischen Hertha BSC und dem 1. FC Union saß Polit- und Sportprominenz auf der Ehrentribüne der alten Betonschüssel."

Neben der prosaischen Beschreibung liefert der Reporter-West, im Gegensatz zum Autor des „Neuen Deutschland", auch historische Fakten: „Das Spiel selbst, vom DDR-Sender Berliner Rundfunk und dem Sender Freies Berlin (SFB) gemeinsam aus der Sprecherkabine für Rundfunkhörer kommentiert und in der ARD-Sportschau als ‚traditionelles Derby' vorgestellt, lebte in seiner Attraktivität von einer historischen Lüge. Union, als Berliner Traditionsklub vorgestellt, wurde erst 1966 gegründet, also fünf Jahre nach dem Bau der Mauer. Die eigentlichen Unioner, noch vor dem Mauerbau in den Westen der Stadt gewechselt, spielen heute in der zweiten Abteilung der Kreisliga A West-Berlins unter dem Namen Union 06. Hans-Günter Hänsel, Vorsitzender des 1. FC Union: Wir wollen keinem seine Geschichte klauen."

Die Nachkriegshistorie der Spiele um den runden Ball ist in Berlin noch facettenreicher als in den vier Zonen des besiegten Deutschlands.

Sowjets beauftragen Arbeitersportler

Berlin, 1. Mai 1945: Ein großer Teil der Stadt ist schon von sowjetischen Truppen besetzt, die am Abend schließlich die Reichskanzlei erobern. Auf der Zentrale des Hitlerregimes wird eine rote Fahne gehißt. Die Reste der Berliner Garnison ergeben sich am folgenden Tag. „Der 1. Mai

1945 war ein Tag des Triumphes für das Sowjetvolk, seine Streitkräfte, unsere Verbündeten in diesem Krieg, für die Völker der ganzen Welt", schreibt der sowjetische Marschall Georgi K. Schukow in seinen Memoiren. Im besetzten Berlin finden sich deutsche Nazigegner in der Tradition der Arbeiterbewegung zu kleinen Maifeiern zusammen.

Am 2. Mai 1945 fällt am Berliner Gesundbrunnen, der Heimat von Hertha BSC, der letzte Schuß. Auf der stark zerstörten Anlage des Traditionsvereins quartieren sich sowjetische Truppen ein. In der Nacht vom 6. zum 7. Mai brennt die Holztribüne nieder. Die Ursache des Brandes bleibt ungeklärt. Herthas Geschäftsstelle ist ausgeplündert. Die Ehrenpreise sind verschwunden, die Kluften auch.

Am 12. Mai 1945, vier Tage nach der militärischen Kapitulation, wird von den Sowjets der ehemalige Arbeitersportler Ewald Riemann beauftragt, eine Antifaschistische Aktion zu gründen, die den Aufbau des Fußballsports als Aufgabe hat. Wiederum vier Tage später, am 16. Mai 1945, findet in der zerstörten ehemaligen Reichshauptstadt Berlin, im Bezirk Spandau, das erste Fußballspiel der Nachkriegsära statt. Das Ergebnis ist nicht übermittelt.

In der Chronik des BFC Meteor 06 schreibt Werner Böse: „Mai/Juni 1945! Herrlicher Sonnenschein, aber die Sonne bescheint Grauen!" Neun Männer stehen in diesen Tagen „auf der Ruine des Hertha-Platzes". Sie kommen aus drei ehemaligen Klubs. Weiter heißt es in der Meteor-Chronik: „Die Vereine und der Sport sind tot, und trotzdem sollen sie leben. Zwei Mannschaften, aus Zurückgebliebenen und

DIE FÜHRENDEN DEUTSCHEN FUSSBALLMANNSCHAFTEN

AMERIKANISCHE ZONE
1. FC. Nürnberg (Meister)
SV. Waldhof
Eintracht Frankfurt
1860 München
Kickers Stuttgart
Kickers Offenbach
VfB. Stuttgart (Vorjahrsmeister)
Schwaben Augsburg
05 Schweinfurt

FRANZÖSISCHE ZONE
1. FC. Kaiserslautern (Meister)
1. FC. Saarbrücken
Mainz 05
Wormatia Worms
VfL. Konstanz (Bester in Gruppe Süd)

RUSSISCHE ZONE
Dresden
Leipzig-Probstheida
Chemnitz
Dessau
Zwickau

BRITISCHE ZONE
Hamburger SV. (Meister)
FC. St. Pauli (Hamburger Meister)
Holstein Kiel (Bezirksmeister)
VfB. Lübeck
Schalke 04
Borussia Dortmund (Westfalenmeister)
Fortuna Düsseldorf
Rot-Weiß Oberhausen
VfL. Köln (Rheinbezirksmeister)
TSV. Braunschweig (Niedersächs. Meister
Werder Bremen

BERLIN
Charlottenburg (Meister)
Wilmersdorf (Vorjahrsmeister)
Oberschöneweide
Mariendorf
Südring
Staaken
Reinickendorf-West
Köpenick
Prenzlauer Berg

Anschlagtafel aus dem Jahr 1947

Heimkehrern zusammengesetzt, spielen zum ersten Mal nach der Hölle des Kampfes um Berlin Fußball, wobei Meteor 06 durch Kahl und Kalautschke auf dem Platz vertreten wird. Aus diesem Improvisorium entwickelt sich der Nachkriegsfußball in Berlin, ohne Vereine, auf kommunaler Grundlage, welche von den Vertretern Meteors abgelehnt wird."

Kommunale Sportgruppen ersetzen alte Vereine

Die Alliierten verbieten nicht nur die bisher bestehenden Klubs, wie überall im ehemaligen Deutschen Reich, in Berlin wird die Gründung kommunaler Sportgruppen jeweils für den Bereich eines Stadtbezirks angeordnet, und in ihnen darf nur spielen, wer darin wohnt. Alle früheren Klubs müssen deshalb unter anderen Namen spielen. Die Grenzen zwischen den Stadtteilen werden von den militärischen Machthabern für Sportler hoch und scharf gezogen, unabhängig davon, ob sie von Briten, Franzosen, US-Amerikanern oder Sowjets besetzt sind. Im Jahr 1945 gibt es in der zerstörten ehemaligen Hauptstadt des militärisch besiegten früheren Deutschen Reiches 36 Stadtbezirksmannschaften.

Blau-Weiß 90 Berlin heißt nun Sportgruppe Mariendorf. Viele Blau-Weiße wohnen, genauer hausen in dem Stadtteil, so daß unter dem neuen Namen der alte Klub ziemlich identisch ist. Die strengen Auflagen der Alliierten haben Nachteile. Bei Blau-Weiß 90, jetzt Sportgruppe Mariendorf, wird für die Chronik festgehalten: „So konnte also ein in Kreuzberg ansässiger Spieler seinen Sport nicht in Mariendorf ausüben. Die Folge dieses Zwanges war, daß sich die Spieler, die im Sport besonders erfolgreich waren, ins Bundesgebiet absetzten. Mit Grabitz, Graf, Mauß, Reinelt, Muß, Hientz, Schröder – der spätere Nationalspieler von Werder Bremen –, um nur einige zu nennen, verlor die Sportgruppe über Nacht fast die gesamte Mannschaft. Und damit war letztlich der Niedergang vollkommen."

Hertha BSC geht auf in der kommunalen Sportgruppe (SG) Gesundbrunnen. Vereinsintern notiert man: „Weddings kommunistisch eingestellte Bezirksverwaltung ging radikal gegen die ehemaligen Herthaner vor. Vorsitzender Wernicke mußte die Leitung der Sportgruppe an Rudi Romanus abtreten, ebenfalls schon seit 1928 Mitglied bei Hertha BSC, alle Akten, Büroeinrichtungen und Preise im Geschäftszimmer wurden beschlagnahmt ... Es galt vor allem zu überleben. Und so wurden alte Verbindungen zu Freunden in der Provinz gesponnen, die Mannschaft ging oft auf Reisen und brachte nahrhafte Dinge mit – Kartoffeln, Eier und andere Lebensmittel."

Der älteste deutsche Fußballverein, Germania Berlin von 1888, muß nach den Bestimmungen der Alliierten unter dem Namen Neu-Tempelhof starten. Der von den Behörden aufgezwungene Titel wird von den Germanen mehr als „Deckname" angesehen. Wie die anderen, so wird auch die Germania enteignet, über die Anlagen des Klubs verfügt ab sofort das Bezirkssportamt Tempelhof. Der Germanen-Funktionär Emil Wernicke gibt trotz der unerträglichen Lebensbedingungen unregelmäßig schon 1945 „Vereinsnachrichten" heraus. Eine „Clubzeitung" zu verkaufen oder zu verteilen ist verboten. Die sporthistorische Dokumentensammlung des eigentlich ersten Deutschen Meisters – den Titel errang Germania 1890, bevor es den DFB gab –, bringt Wernicke im Tresor der Allianz-Versicherung in Sicherheit. Sie kann deshalb von den Behörden nicht beschlagnahmt werden.

„Zum Weinen" findet der Berliner Fußballer „Männe" Paul das Aussehen der Stadt. Im August 1945 kehrt der 1920 dort geborene Sportler zurück in seine Heimatstadt. Weil er sich in der Naziära der Hitlerjugend verweigerte, durfte er nicht in einem Verein kicken. Deshalb begann seine Laufbahn in der Mannschaft der Betriebssport-Abteilung Edeka in der Kreisklasse. Die Fußballer der Betriebe durften in der Hitlerzeit am regulären Spielbetrieb teilnehmen, wie später die Wehrmachtsmannschaften. Hermann („Männe") Paul wurde beim Feldzug gegen die Sowjetunion 1941 durch einen Kopfschuß schwer verletzt. Ein Jahr lag er in einem Lazarett. Fortan mied er jeden Kopfball. In den ersten Tagen des Jahres 1945 wurde er an der Westfront gefangengenommen. Die Briten ließen den Berliner bald wieder frei. Zu Fuß schlug er sich quer durch Deutschland bis an die Elbe bei Magdeburg durch. Mit einem Ruderboot setzte er über den Fluß. Hier geriet Paul in die sowjetische Gefangenschaft, er verbrachte bittere Wochen in einem Lager bei Brandenburg – seine Heimat war so nahe. Von den 20.000 gefangenen ehemaligen Soldaten wurden 17.000 in sowjetische Lager außerhalb Deutschlands transportiert. „Männe" Paul verdankt seine Freilassung einem russischen Arzt jüdischer Abstammung. Der Mann sprach deutsch. So gelangt er in den Bezirk Wilmersdorf, wo er auch spielen muß, einen anderen „Klub" kann er sich nicht aussuchen. Nur einmal in der Woche trainiert die SG Wilmersdorf.

Erste Stadtmeisterschaft nach dem Krieg

Die früheren Klasseneinteilungen des einst so starken Berliner Fußballs ignorieren die Alliierten. Sie lassen aber schon in der Saison 1945/46 von den 36 neuformierten Sportgruppen eine Meisterschaft in Berlin ausspielen. Die Teilnehmer werden in vier Staffeln zu je neun Mannschaften eingeteilt. Da die Saison traditionell im Herbst beginnt und im Frühjahr endet, spielen die Staffelsieger dann 1946 die kommunale Meisterschaft aus.

Im Jahr 1945 starten in der Stadtliga: Staffel A: Wilmersdorf, Tempelhof, Spandau-Altstadt, Kreuzberg-Ost, Reinickendorf-West, Schöneberg-Nord, Hohenschönhausen, Reinickendorf-Ost und Friedrichsfelde.
Staffel B: Mariendorf, Osloer Straße, Südring, Britz, Schillerpark, Stralau, Niederschönhausen, Grünau und Borsigwalde. Das Rückspiel Stralau gegen Borsigwalde wird nicht ausgetragen.
Staffel C: Staaken, Charlottenburg, Köpenick, Prenzlauer Berg-Nord, Rixdorf, Tiergarten, Gesundbrunnen, Oberschöneweide und Lichtenberg.
Staffel D: Prenzlauer Berg-West, Stadtmitte, Niederschöneweide, Lichtenberg-Nord, Adlershof, Nordbahn, Johannesthal, Neukölln und Weißensee.

Die erste Nachkriegssaison wird im Frühjahr 1946 in der Viersektorenstadt abgepfiffen. In der Stadtklasse Staffel A wird Wilmersdorf Meister. Erster der Staffel B ist Mariendorf. Dahinter folgt Osloer Straße (das ist tatsächlich 1946 ein „Vereinsname"). Primus der Staffel C ist Staaken. In der vierten Gruppe D hat sich Prenzlauer Berg-West den Staffelsieg erspielt.

„Hanne" Berndt aus Charlottenburg ist mit 53 Treffern Torschützenkönig der ersten Berliner Meisterschaft. Der nächste Stürmer traf „nur" 22mal.

1. Mai 1946: Die Stadt wird inzwischen von den vier Besatzungsmächten beherrscht; die USA, Großbritannien, Frankreich und die Sowjetunion haben die Alliierte Kommandantur gebildet. Die Gründung von Gewerkschaften wurde schon erlaubt, als die Westmächte noch nicht in Berlin waren, mit dem Befehl Nr. 2 der Sowjetischen Militär-Administration in Deutschland vom 10. Juni 1945. Eine Woche später, am 17. des Monats wird der Freie Deutsche Gewerkschaftsbund (FDGB) Groß-Berlin gegründet. Seine Eingliederung in den FDGB der sowjetisch besetzten Zone scheitert am Einspruch des französischen Kommandanten. In beiden Bünden geben Kommunisten den Ton an. Intensive Kaderarbeit, Wahlmanipulationen, Hilfe der sowjetischen Besatzungsmacht – das ist ihr Erfolgsrezept, mit dem sie sich Mehrheiten verschaffen. Durch die Zwangsvereinigung von KPD und SPD zur Sozialistischen Einheitspartei Deutschlands (SED) im April 1946 im Machtbereich der Sowjets steigern sie ihren Einfluß noch. In den Westbezirken Berlins haben sich die SPD-Mitglieder in einer Urabstimmung gegen den Zusammenschluß ausgesprochen, die Partei bleibt dort selbständig. Die Maikundgebung in der Stadt wird durch die politischen Umbrüche kaum beeinträchtigt. Eine halbe Million Frauen und Männer marschieren im Lustgarten an der Tribüne vorbei, auf der nur SED-Mitglieder reden. An den Veränderungen der Maiveranstaltungen läßt sich in den kommenden Jahren die politische Entwicklung in Berlin registrieren.

Die Staffelsieger kämpfen in einer Doppelrunde um die lokalen Lorbeeren. Am 7. Juli 1946 kommt es auf dem alten Hertha-Platz an der „Plumpe" vor 15.000 Zuschauern zu der Begegnung zwischen Wilmersdorf und Prenzlauer Berg-West. Zur Halbzeit steht es 0:0. Prenzlauer Berg hat einen 37 Jahre alten Kämpen, „Heini" Schmidt, in seinen Reihen. Beim Abpfiff steht es 6:1 für Wilmersdorf.

Am letzten Spieltag fällt die endgültige Entscheidung wiederum in der Begegnung Wilmersdorf gegen Prenzlauer Berg-West. Diesmal sehen am 28. Juli 1946, erneut auf dem Platz der Hertha, über 20.000 Zahlende dieses Match. Zuvor hatte es in der Endrunde der Berliner Meisterschaft mehrere Spielabbrüche und Entscheidungen am sogenannten grünen Tisch gegeben. Auch das Endspiel ist die Fortsetzung der Skandalrunde. Der Prenzlauer Mittelstürmer Heinz Behnke beleidigt den von Beobachtern als schwach eingestuften Schiri Lausch, der ihn vom Feld stellt. Dessen Nervenkostüm scheint zu dünn, er startet vor aller Augen einen „Lausch-Angriff" und geht dem Pfeifenmann an die Wäsche. Prügel aber verhindert Herbert Rudershausen von Wilmersdorf, der den Rasenden beschwichtigt. Plötzlich erobert ein Zuschauer das Spielfeld und schlägt auf Schiedsrichter Lausch ein. Der Skandal wird aktenkundig – die Polizei stürmt auf das Feld. Beim Stande von 1:0 wird das Endspiel vorzeitig abgepfiffen. Nun sind die Zuschauer sauer und stürmen auf den Rasen. Wilmersdorf wird erster Berliner Meister nach dem Krieg. Der Titelträger ist in etwa identisch mit dem Berliner SV 92, Vize Prenzlauer Berg-West mit Alemannia 1890.

Im Sommer 1946 wird die eingleisige Berliner Stadtliga mit zwölf Vereinen eingeführt; sie umfaßt alle vier Sektoren.

Erste Städtespiele nach dem Krieg

In der bedrückend zertrümmerten Stadt Berlin versuchen einige Unentwegte an die alte Tradition der an der Spree so belieb-

Wittke von Union 06 galt als Berlins bester Torwart.

ten Städtespiele wieder anzuknüpfen. Die Alliierten erteilen 1946 auch eine Sondergenehmigung für einen Städtevergleichskampf. Ihr folgen noch weitere. Aber zunächst sind es nur Gegner aus der Ostzone. Das erste offizielle Städtespiel einer Berliner Auswahl nach dem Zweiten Weltkrieg wird Karfreitag 1946, es ist der 19. April, im alten Hertha-Stadion am Gesundbrunnen vor 30.000 Zuschauern gegen Dessau angepfiffen. Der Berliner „Männe" Paul von BSV 92 sagt über 40 Jahre später über diese Begegnung: „Nach den weniger schönen Jahren des Krieges war das ein tolles Erlebnis in einem hervorragenden Umfeld." Der Schiedsrichter ist aus Dresden. Die Berliner Auswahl siegt 2:1. Der Gegner ist identisch mit der Vereinself von Dessau-Nord. Viele frühere Vereine existieren in der Ostzone schon nicht mehr. Zum ersten Auswärtsspiel nach dem Kriege reisen die Berliner am 25. August 1946. Sie sind Gäste bei den „Sächsischen Sporttagen“ in Dresden. Vor 36.000 begeisterten Zuschauern gehen die Spree-Athener im traditionsreichen Ostragehege mit 6:2 an der Elbe baden. In der Dresdner Elf kicken Helmut Schön, Richard Hofmann und Walter Kreisch. Namen aus der Adelsgalerie des Fußballs dieser Zeit.

In der späteren DDR darf nur der Dresdner SC, der Deutsche Meister von 1943 und 1944, zu Städtespielen reisen. Das erste in Zwickau durfte auf Befehl des dortigen sowjetischen Kommandanten nicht vor Zuschauern angepfiffen werden; der Sowjetoffizier hatte keinen „Draht“ zu diesem Sport.

Die zweite Reise führt die Berliner nach Dessau. Mit Ausnahme von Herbert Raddatz von der „Eisernen“ Union Oberschöneweide besteht die repräsentative Stadtelf nur aus Westberlinern. Die meisten berühmten Klubs der alten Reichshauptstadt liegen im Westen. Deshalb wohnen hier die bekanntesten Spieler. Talentierte Kicker wechseln, sofern das durch Tricks möglich wird, auch schon zu Vereinen in den Westsektoren. In Dessau zaubern die Spieler aus der Viersektorenstadt und siegen 0:5.

Nicht nur beim Berliner Fußball liegen Triumph und Traurigkeit zeitlich nahe beieinander. Am 21. September 1946 unterliegt Berlin Zwickau auf eigenem Geläuf vor nur 12.000 ärmlich gekleideten Besuchern mit 2:4. Die Sachsen schicken fast nur Kicker der SG Planitz auf den spätsommerlichen Rasen.

Das Vereinsleben ist im Berlin des Jahres 1946 trist und beschwerlich: Vom Bezirksamt Tempelhof erhält die SG Neu-Tempelhof, identisch mit der alten Germania von 1888, gelegentlich Papier zugeteilt, Trainingszeiten auf einem Sportplatz genehmigt oder Trikots zugewiesen. Das Begehren, einen abgewandelten Namen, Germania 1888, führen zu dürfen, wird harsch abgelehnt.

Am 9. November 1946 treffen sich die Alt-Germanen als Neu-Tempelhofer zu ihrer ersten Generalversammlung. Altfunktionär Emil Wernicke, der noch immer die Klubutensilien im Panzerschrank versteckt hält, wird zum 1. Vorsitzenden gewählt.

Charlottenburg: Erster Meister der Stadtliga

Im Jahr 1947 ziehen einige Spieler bei der SG Gesundbrunnen – eigentlich Hertha BSC – das Trikot über, obwohl sie nicht in diesem Stadtbezirk wohnen. Die US-Behörden übersehen das geflissentlich.

Zu Ostern versammelt der Ehrenvorsitzende der Hertha, Wilhelm Wernicke, die Vertreter der früheren Klubs Nordstern, Meteor, NNW 98 und andere an der „Plumpe“, und berät mit ihnen die Gründung eines (West-)Berliner Großvereins. Die Gespräche bleiben aber ohne Folgen, weil die Alliierten immer noch streng darüber wachen, daß die alten Traditionsnamen nicht wieder neu ins Sportleben eingebracht werden.

Das Sportamt von Tempelhof schlägt dagegen im selben Jahr die Gründung eines Großvereins für den Bezirk vor. Ihm sollen mindestens 300 Tempelhofer und Mariendorfer aller Disziplinen angehören. Diese Aktivität der Behörde scheitert an dem Widerstand der Sportler. Die Aktiven wollen für den Großverein den Namen Germania 1888. Behördenvertreter verteilen Fragebogen an die Mandatsträger der früheren Klubs, die viersprachig, in neun Ausfertigungen zurückzugeben seien. Neunundneunzig Fragen stufen die Sportler als „indiskret“ ein und verweigern die Antworten. Das Tempelhofer Amt akzeptiert den Namen Germania 1888 nicht, die Aktiven deshalb nicht den Vorschlag zur Gründung eines Großvereins – nichts läuft in diesem Teil des zerstörten Berlin.

Nur der Ball rollt. Handballergebnisse in der Berliner Stadtliga. Am 2. März 1947 unterliegt die SG Südring der SG Charlottenburg mit 0:11 und die SG Wilmersdorf schlägt Mariendorf mit 10:0. Im selben Monat, am 23. März, setzt die SG Charlottenburg als überlegener Gast der SG Stadtmitte neun Tore ins Netz, der Gastgeber schafft nicht eins. Die größte Resonanz für Ligaspiele verbuchen im Frühjahr 1947 SG Prenzlauer Berg-West auf dem alten Hertha-Platz am Bahnhof Gesundbrunnen gegen SG Wilmersdorf mit 12.000 Zahlenden am 20. April und nochmals SG Wilmersdorf gegen SG Charlottenburg am 11. Mai mit 13.000 Besuchern.

Mit Köpenick, Lichtenberg und Stadtmitte sind drei „Vereine“ aus dem sowjetischen Teil Berlins in der höchsten Liga. Politische Querelen gibt es unter den Sportlern zu dieser Zeit nicht. Die Ballfunktionäre in den Stadtbezirken haben ganz andere Sorgen, denn es kostet Mühe, sonntags elf Spieler an die S-Bahn zu bekommen, um zum „Auswärtsspiel“ reisen zu können.

Tennis Borussia gegen Alemannia Aachen am 3. Oktober 1949:
Torwart Schweiger hechtet in den Schuß von Hanne Berndt. – Endstand: 5:3

Von Beginn wurde die Punktehatz 1946/47 durch den Zweikampf der beiden im britischen Sektor spielenden Mannschaften von Wilmersdorf und Charlottenburg geprägt. Die Wilmersdorfer bleiben vom elften Spieltag an ungeschlagen, Charlottenburg legt einen rasanten Zwischenspurt hin: Vom achten bis zum 18. Spieltag fahren sie ein Punktergebnis von 24:0 ein. Charlottenburgs Mittelstürmer „Hanne" Berndt bringt es mit seinen 33 Jahren auf 53 Treffer. Das ergibt einen Durchschnitt von zweieinhalb Toren pro Fight. Die SG Charlottenburg, bei der einige ehemalige Cracks von Tennis Borussia kicken, wird erster Meister der Berliner Stadtliga. Ihr folgen Wilmersdorf, Reinickendorf-West, Prenzlauer Berg-West, Staaken, Osloer Straße, Mariendorf, Köpenick, Südring, Lichtenberg-Nord, Stadtmitte und Tempelhof. Die letzten Drei sind die Absteiger.

In der zweiten Liga Berlin mit drei Staffeln zu je elf Mannschaften werden Oberschöneweide, Pankow-Nord und Spandau-Altstadt die Gruppensieger. Sie sind auch die drei direkten Aufsteiger. Traditionsklub Oberschöneweide (Union 06) wird 1947 als Zweitligist Gewinner des Berliner Pokals. Er heißt RIAS-Wanderpokal.

In Spree-Athen sind weiterhin in dieser trostlosen Zeit die Städtevergleiche populär. Auf dem Platz der Hertha am Gesundbrunnen sehen 25.000 Anhänger des Fußballsports am 13. April 1947 einen 2:1-Sieg der Berliner über Chemnitz.

Vor der imposanten Kulisse von über 60.000 Menschen stehen sich am 4. Mai desselben Jahres erstmals eine westdeutsche Stadtauswahl, die aus Düsseldorf, und eine Berliner gegenüber. In der Stadtauswahl vom Rhein sind Hans Klein (VfL Benrath), ab der 60. Minute Heinz Tröster (BV 04 Düsseldorf), Hubert Francken (VfB Hilden), Ketzer (Eintracht Düsseldorf), Josef Steigleder, Kurt Borkenhagen (beide Fortuna Düsseldorf), Erich Stüwe (Turu Düsseldorf), Theodor Kirschberg, Heinrich Stoffels (beide VfL Benrath), Hans Müller, Bruno Markus (beide Fortuna), Karl Fink (Eintracht Düsseldorf), ab der 46. Minute Walter Risse (Fortuna Düsseldorf). Zur Enttäuschung der Zuschauer ist Paul Janes, der Rekordinternationale der Düsseldorfer, nicht dabei.

In der Berliner Auswahl stehen zwei Cracks aus dem Ostteil der Stadt, Günther Schulz und Erwin Wax von Oberschöneweide. Friedlich trennen sich die Kontrahenten 2:2.

Am 20. Juli, dem Jahrestag des Attentats auf Hitler, ist der Städtevergleich Brandenburg gegen Berlin angesetzt. Stunden vor dem Anpfiff erteilt die sowjetische Kommandantur in Brandenburg endgültig keine Spielerlaubnis.

Am 26. Juli sehen 15.000 Berliner im Poststadion eine 2:3-Niederlage ihrer Auswahl gegen die aus Schleswig-Holstein.

Im Spätsommer und Herbst des Jahres 1947 fährt die Elf der Viersektorenstadt, die für diese Tour mit „Freddy" Götze sogar einen Trainer verpflichtet hat, in den Westen. Vor 25.000 Zuschauern unterliegt sie, ohne Beteiligung von Kickern aus dem sowjetisch besetzten Teil der Stadt, im Städtevergleich am 21. September im Rheinstadion Düsseldorf mit 1:0, am 28. September kommt es vor 18.000 im Müngersdorfer Stadion zu einem 1:1 gegen eine Stadtelf der Narrenhochburg Köln. In der rheinischen Repräsentativelf stehen Johannes Weisweiler und Willi Weyer, beide vom BC Köln. Der eine wird als „Hennes" Weisweiler später ein international anerkannter Erfolgstrainer, der andere als FDP-Politiker Innenminister von Nordrhein-Westfalen und Präsident des Deutschen Sportbundes.

Spielzeit 1947/48: Ein Essen pro Spiel

In der Berliner Stadtliga steigen die Zuschauerzahlen. Spiele um das runde Leder sind in der politisch zerstrittenen Stadt eine willkommene Entspannung. Die Zuschauerrekorde der 50. Berliner Meisterschaft: Am 14. Februar sind 11.000 im Mommsen-Stadion bei der Begegnung Charlottenburg gegen Prenzlauer Berg-West (5:1). Am 1. März 1948 sehen 12.000

Suche Fußball,
biete elektr. Kocher (neu).
Schriftl. Angebote unter Nr. 4483
an die Geschäftsstelle dieses Blattes

auf dem Hertha-Platz am Gesundbrunnen eine 1:3-Niederlage von Wilmersdorf gegen Oberschöneweide, die „Eiserne" Union 06. Im Poststadion sind am 11. April 1948

Berlin war Austragungsort der Endspiele um die Deutsche Meisterschaft:
90.000 Zuschauer beim Finale 1950 VfB Stuttgart – Kickers Offenbach im Olympiastadion; Endstand: 2:1

über 15.000 Fans bei dem Fight Prenzlauer Berg-West gegen Oberschöneweide (2:3). Ebenfalls gut 15.000 sehen am 18. April 1948 am Hohenzollerndamm das Spiel Wilmersdorf gegen Charlottenburg, mit 1:1 endet die Auseinandersetzung der beiden Spitzenmannschaften aus dem britischen Sektor. Am 2. Mai 1948 wird im Mommsen-Stadion ein neuer Zuschauerrekord der Nachkriegsära bei einem Ligaspiel aufgestellt: 19.000 sehen die 1:2-Niederlage der Charlottenburger aus dem britischen Bereich gegen Oberschöneweide aus dem sowjetischen.

Die Saison 1947/48 wird geprägt von dem Vierkampf Oberschöneweide, Wilmersdorf, Charlottenburg und Prenzlauer Berg-West. Der Aufsteiger aus dem sowjetischen Teil der Großstadt wird als Neuling Meister. Hinter Oberschöneweide, mit nur einem Punkt weniger, kommt Wilmersdorf durchs Ziel. Gefolgt von Charlottenburg, Prenzlauer Berg-West, Reinickendorf-West, Spandau-Altstadt, Pankow-Nord, Südring, Köpenick, Staaken, Mariendorf und Osloer Straße. Die SG's Osloer Straße, Mariendorf und Staaken sind 1948 die Absteiger.

Jahre später wird Hermann („Männe") Paul, erfolgreicher Stürmer des Vize, von der Zeitschrift „Libero" nach den Aufwendungen für die Leistungen gefragt: „Was erhielten die Spieler damals für ein Honorar?" Die karge, aber wahrheitsgemäße Antwort: „Kein Geld, nur ein Essen pro Spiel."

Dieses Jahr 1948 wird das erfolgreichste der Elf aus Oberschöneweide im Ostsektor. Am 21. März sehen 30.000 begeisterte Zuschauer das Endspiel um den Berliner Pokal (RIAS-Wanderpokal) im alten Poststadion, das 2:2 nach Verlängerung endet. Bei der Finalwiederholung am 25. April 1948 erleben 25.000 am selben Ort den 3:1-Sieg der Elf aus dem sowjetischen Teil der Stadt über Charlottenburg.

Illegaler Grenzübertritt zum Spiel um die Deutsche Meisterschaft

Am 24. Juni 1948 sperrt die UdSSR „wegen technischer Störungen" die Land- und Wasserwege zwischen West-Berlin und Westdeutschland. Einen Tag danach beginnt die Versorgung dieses Teils der Stadt über die „Luftbrücke". Mehr als ein Jahr lang wird der westliche Teil der alten Reichshauptstadt nur so zu erreichen sein. Der kalte Krieg verschärft sich.

Bei der im selben Jahr erstmals ausgespielten Deutschen Meisterschaft vertritt die erfolgreiche Mannschaft von Union Oberschöneweide ganz Berlin. Sie hat „Heimrecht" im Olympiastadion. Hier kämpft sie gegen einen in Topform befindlichen FC St. Pauli, dessen Anreise jedoch alles andere als problemlos verläuft. Eine Chronik des Hamburger Vereins berichtet über die Schwierigkeiten, die vor dem Anpfiff zu überwinden sind: „Die Fahrt in das Vier-Sektoren-Berlin wurde zum Abenteuer: Der dortige Fußball-Verband hatte wohl an Reisepapieren und Stempeln alles Nötige zugesagt, jedoch dem sowjetischen Soldaten an der Zonengrenze in Herrenburg bei Lübeck genügte das alles nicht. Er sagte unmißverständlich Njet!" Die Hamburger Kicker bauen sich vor dem Schlagbaum auf, Fotografen dürfen einige Meter auf das Gebiet der sowjetisch besetzten Zone und schießen ihre Bilder. Geduldig schaut der Rotarmist in die Linsen. „Der Schlagbaum blieb unten. So mußte die ganze Truppe mit Sack und Pack durchs Niemandsland keuchen, bis der aus Berlin georderte Bus erreicht wurde. Das Spiel im teilweise zerstörten Olympia-Stadion entschädigte dann für alles. Unvergeßlich wird die Begeisterung der 80.000 Berliner bleiben. Dabei wurde ihre Elf mit 7:0 regelrecht zerpflückt."

Über die Situation zur Zeit des ersten Endspiels um die Deutsche nach dem Krieg schreibt der Biograph des Spielers Fritz Walter, der Journalist Bernhard Gnegel: „Immer noch lagen selbst in einigen westlichen Ländern deutsche Soldaten hinter Stacheldraht. In Mainz sah ich hinter bewaffneten französischen und deutschen Aufsehern einen Trupp Polizeigefangener, unter ihnen Freunde. Ihr einziges Vergehen war, daß sie versucht hatten, ohne Zonenpaß Verwandte auf dem anderen Rheinufer zu besuchen. Von den vier Besatzungszonen führte jede noch ihr seltsames, oft gespenstisches Eigenleben."

Der Kaninchendieb

Die Elf aus dem Ostsektor unternimmt nach den erfolgreichen Spielen gegen die Berliner Gegner eine Reise auf die Ostseeinsel Rügen. Hier wird der gute Teamgeist der Mannschaft gepflegt. Erwin Wax von der „Eisernen" Union unterliegt in der Freizeit seiner Neigung, zwischen dein und mein nicht so genau unterscheiden zu können – er stiehlt ein Kaninchen für den

Rückkehr von der Hamsterfahrt 1946

Mannschaftsverzehr. „Kaninchendieb“ heißt er von nun an, auch wenn ein Mitspieler eine Flanke wünscht oder auf eine aufmerksam machen will, ruft er diesen Spitznamen über den Platz. Später macht er sich als „Besorger“ von Kupferstangen noch einen (unrühmlichen) Namen.

Der Meister der Ostzone, die traditionsreiche Zwickauer Vorortelf von Planitz, darf zum Viertelfinale der Deutschen Meisterschaft gegen den 1. FC Nürnberg im Stuttgarter Neckarstadion nicht antreten, die Sowjets erteilen den Sachsen keine Reiseerlaubnis. Damit scheidet die SG Planitz kampflos aus. Die Ostzone und Berlin sind bei den weiteren Spielen um den ersten, noch gesamtdeutschen Fußballthron nach dem Kriege nicht dabei.

Die so Ausgespielten wagen hiernach einen eigenen Vergleich. In Zwickau trifft der Ostzonenmeister SG Planitz vor 30.000 Besuchern auf die SG Oberschöneweide aus Groß-Berlin. Die Westsachsen siegen 2:1. Beim Rückspiel hat Oberschöneweide vor 10.000 Fans in der Wuhlheide mit 2:0 die Nase vorn. Obwohl die beiden Leistungsträger von Oberschöneweide, „Jupp“ Zöllner und Günther Schulz, nicht eingesetzt werden können, weil sie für die Berliner Auswahl in Niedersachsen spielen.

Die besten Mannschaften aus den Ländern Mecklenburg, Brandenburg, Sachsen, Sachsen-Anhalt und Thüringen hatten im K.-o.-System den Meister der Ostzone ermittelt. In der Ausscheidungsrunde war Meerane über Babelsberg 3:1 erfolgreich, Burg schlug Sömmerda 1:0. Die Vorrunde: Planitz – Schwerin 3:1, Freiimfelde Halle – Wismar Süd 3:1, Cottbus Ost – Weimar Ost 0:1, Meerane – Burg 2:1.

In der Zwischenrunde punktete Freiimfelde Halle Meerane mit 5:2 aus, Planitz fegte Weimar Ost mit 5:0 vom Platz. Im Endspiel reichte für Planitz ein 1:0-Sieg über Halle.

Reisefreudig ist die Mannschaft der SG Gesundbrunnen, die außerhalb Berlins als Hertha BSC auftritt. Immer wieder unternimmt die Elf Eßfahrten in die Westzonen. Überrascht werden die Herthaner am 20. Juni 1948 von der Währungsreform. Die Elf befindet sich auf einer ausgedehnten Tour in der britischen Zone in Remscheid und Gütersloh, wo altgediente Hertha-Cracks besucht werden. Aber auch mit Kickern aus der sowjetischen Besatzungszone mißt sich die alte Hertha. So sind die Sowjetzonenmannschaften Freiimfelde Halle und Waggonbau Dessau Gäste.

Ein Verein, den es offiziell gar nicht gibt, feiert seinen 60. Geburtstag – Germania von 1888. Aber jeder sportlich interessierte Berliner weiß, wer unter dem Namen Neu-Tempelhof kickt. Unverblümt schreibt das auch „Der Abend“: „Germania zieht an diesem Wochenende die Bilanz des Deutschen Fußballs. Germanias Geschichte ist die des Berliner Rasensports. Die heute in der Spielgruppe Neu-Tempelhof zusammengeschlossene junge Germania-Generation kann auf große Vorbilder zurückblicken.“

Am Jubiläumsturnier nehmen teil: Marathon Remscheid, BSV 92, Union Oberschöneweide, Hertha BSC und Germania von 1888. Marathon Remscheid ist die große Überraschung. Die Elf aus dem Bergischen schlägt den BSV 92 im Mommsen-Stadion mit 3:0 und spielt gegen Union 1:1.

Publikumsliebling der Berliner wird im Herbst 1948 der VfB Pankow. Im sowjetischen Teil lockert sich die harte Hand der Kommandantur. Der Verein darf als erster wieder seinen früheren Namen führen und zieht wohl deshalb die Zuschauer an.

Spielzeit 1948/49: Zuschauerrekorde

Auch im Herbst, nach dem Anpfiff der Spielzeit 1948/49, steigen in der Berliner Stadtliga die Zuschauerzahlen. Noch immer ist Berlin für die Fußballer eine Einheit.

Am 7. November 1948 kommt es im britischen Sektor zum erneuten Duell zwischen Wilmersdorf und Charlottenburg. Über 15.000 Zahlende sehen am Hohenzollerndamm die Heimelf mit 1:0 vorn. Eine Woche später, am 14. November, sind es im Ostteil, in der Wuhlheide/Sadowa wiederum mehr als 15.000, die ein 1:1 zwischen Oberschöneweide und Wilmersdorf sehen. Am 28. desselben Monats kommen 16.500 auf den Hertha-Platz zu dem Match SG Tempelhof gegen SG Prenzlauer Berg-West; die Platzherren siegen 4:0.

Die Spielzeit 1948/49 beenden die Mannschaften noch unter den Namen, die die Alliierten ihnen aufgezwungen haben. Nach und nach dürfen sich die Westberliner Klubs wieder mit ihren alten Titeln schmücken. Der Zuschauerboom hält an. Am 13. März kommen 16.000 zum Gesundbrunnen, am 20. desselben Monats 20.000 ins Poststadion, Wochen später, es ist der 3. April, sind 23.500 im Mommsen-Stadion, wiederum ein Nachkriegsrekord für die Stadtliga. Am 10. April sind es im Poststadion 23.000. Kassenschlager im Berlin der Trümmer sind jeweils die Kämpfe zwischen Wilmersdorf und Charlottenburg, auch Oberschöneweide aus dem Ostteil lockt die Massen an die Seitenlinien.

Die Plazierungen des Jahres 1949: Wilmersdorf, Charlottenburg, Oberschöneweide, Prenzlauer Berg-West, Tempelhof, Reinickendorf-West, VfB Pankow, Südring, Köpenick, Spandau-Altstadt, Tiergarten und Lichtenberg 47.

Zug um Zug kommen die alten Klubnamen wieder. Wilmersdorf wird wieder der Berliner SV 92, Charlottenburg Tennis Borussia Berlin, SG Oberschöneweide Union Oberschöneweide, Prenzlauer Berg-West Alemannia 1890 Berlin, Tempelhof Viktoria 89 Berlin, Reinickendorf-West Wacker 04 Berlin, Pankow-Nord VfB Pankow, SG Südring SC Südring Berlin, SG Köpenick SC Köpenick, SG Spandau-Altstadt Spandauer SV und SG Tiergarten Minerva 93. Aus SG Lichtenberg 47 wird der SC.

Nach der neuen alten Schreibweise endet die Spielzeit 1948/49 der Stadtliga Berlin nach jeweils 22 Spielen mit folgender Plazierung: Berliner SV 92 (Meister), Tennis Borussia Berlin, Union Oberschöneweide, Alemannia 1890 Berlin, Viktoria 89 Berlin, Wacker 04 Berlin, VfB Pankow, SC Südring Berlin, SC Köpenick, Spandauer SV, Minerva 93 Berlin und SC Lichtenberg 47. Nach dem berühmten, in Deutschland so gern verwendeten Durchschnitt, sehen jedes Match 6.000 Zuschauer.

Die erste lokale Fußballklasse verlassen müssen SC Lichtenberg 47, Minerva 93, der Spandauer SV und SC Köpenick. Aufsteiger sind die alte Tante Hertha BSC, Tasmania 1900 Berlin, VfB Britz und VfL Nord Berlin.

Der 21. April 1949 ist der 300. Tag der Blockade Berlins. An diesem traurigen Jubiläum transportieren Frachtflugzeuge 6.393,8 Tonnen Güter in die Stadt. Am 12. Mai des Jahres, um 0.01 Uhr, endet die Blockade.

Der Erste der Stadtliga ist berechtigt, an den Spielen um die (West-)Deutsche Meisterschaft teilzunehmen. Der Fußball-Verband, den DFB gibt es noch nicht, hat nach Einschätzung der Spielstärke den Schlüssel festgelegt: Britische Zone drei Mannschaften, amerikanische ebenfalls drei, französische zwei, Groß-Berlin eine. Die Ostzone wird nicht berücksichtigt, obwohl auch dort Meisterschaften ausgespielt werden.

Im Viertelfinale trifft zu Hause, im Olympia-Stadion, der BSV 92 vor 50.000 Zuschauern auf den Meister der spielstarken Oberliga West, Borussia Dortmund. Schiedsrichter ist Gerhard Schulz aus Dresden. Mit 0:5 gehen die Berliner unter. Immerhin um zwei Tore besser als im Vorjahr die SG Oberschöneweide. Wiederum wird die Deutsche Meisterschaft schon ab der ersten Runde unter westdeutschen Klubs ausgespielt.

Später fragt die Zeitschrift „Libero“ Hermann Paul, ob bei diesem Fight ein „Leistungsunterschied offensichtlich“ wurde? Seine Antwort: „Der Unterschied lag vor allem auf dem Gebiet der Kraft, davon hatten die Dortmunder mehr.“

Den neben dem Meistertitel so begehrten Berliner Pokal holt sich am 3. Juli 1949 im Finale im Poststadion vor 25.000 Fans Tennis Borussia nach einem 2:0 über Alemannia 1890 Berlin.

In der Ostzone wurde der Meister aus den besten Mannschaften der Länder ermittelt. In der Ausscheidungsrunde 1949 besiegte Franz Mehring Marga die SG Schwerin 2:0, Eintracht Stendal schaltete Altenburg Nord 4:3 aus.

Die Vorrunde sah Eintracht Stendal mit 4:0 als Sieger über Franz Mehring Marga, Fortuna Erfurt walzte Wismar Süd mit 10:0 nieder, SG Meerane schlug Babelsberg 3:2 und die ZSG Union Halle die SG Dresden-Friedrichstadt 2:1. Hier spielte Helmut Schön, denn Friedrichstadt ist im Grunde der alte Dresdner SC, Deutscher Meister von 1944.

Der Sieger über Friedrichstadt, die ZSG Union Halle, bezwang in der Zwischenrunde Eintracht Stendal 3:0, Fortuna Erfurt rang die SG Meerane nach Verlängerung 4:3 nieder. Im Endspiel fertigte ZSG Union Halle Fortuna Erfurt 4:1 ab.

Mit Schreiben des Magistrats vom 1. August 1949, unterzeichnet „i.V.“ Louise Schröder, wird die SG Gesundbrunnen aufgelöst und die alte Berliner Fußballtante Hertha BSC offiziell und staatlich neu zugelassen.

Der älteste reine Fußballverein Deutschlands bekommt ebenfalls seinen Namen zurück – aus Neu-Tempelhof wird wieder der BFC Germania von 1888.

Der Berliner Fußball gilt inzwischen schon als stärker als der in Sachsen oder Brandenburg. Am 13. August siegt der Berliner Erste, Tennis-Borussia, beim Ostzonen-Pokalsieger Freiimfelde Halle vor 20.000 Zuschauern 2:3.

Da seit einiger Zeit die Anordnung, wonach nur Sportler für den Bezirk antreten dürfen, in dem sie auch wohnen, aufgeho-

4. September 1950: Hanne Berndt im Olympiastadion

ben ist, kommt es in der Berliner Stadtliga zu vielen Vereinswechseln. Gute Kicker wandern verstärkt in die Westzonen ab, immer mehr Talente aus dem sowjetischen Sektor spielen im Westteil von Groß-Berlin.

Abgrenzungstendenzen

Nach Gründung von Bundesrepublik und DDR kommt es auch in der Führung des Berliner Fußballs zur Spaltung. Funktionäre der SED tagen am 20. Oktober 1949 im Hause des FDGB an der Wallstraße. Danach geben sie bekannt, es werde eine Fußballsparte Ost ausgerufen. Schon fünf Tage später treffen sich Vertreter aus 69 Klubs West-Berlins im Mommsen-Stadion und fassen den Beschluß, den „Verband Berliner Ballspiel-Vereine" (VBB) zu gründen. Dennoch ziehen die Ostberliner nicht, wie einige befürchtet hatten, ihre Mannschaften aus dem laufenden Spielbetrieb der Stadtliga zurück. Der besondere Status der alten Reichshauptstadt wird von Ost-Berlin respektiert. Das letzte Jahr einer gemeinsamen Berliner Liga ist angepfiffen.

In der um Berlin liegenden DDR wird die erste Saison der dortigen Oberliga mit 14 Klubs angepfiffen – entsprechend dem Sonderstatus der alten Reichshauptstadt ohne Berliner Vereine.

Die Zuschauer strömen an den Kassenhäuschen der Klubs vorbei, die sich in der gemeinsamen Stadtliga messen: Am 25. September 1949 sehen im Poststadion 20.000 Menschen den 3:2-Sieg von Alemannia 90 gegen Hertha BSC. Schiedsrichter Reinhardt aus dem Ostsektor kommt von der dortigen BSG Glühlampe Berlin. BSG steht für Betriebssportgemeinschaft. Der Betriebssport wird von der allmächtigen SED gefördert. Auch die Begegnung Union Oberschöneweide gegen Tennis Borussia (1:2) sehen 20.000 Zahlende. Zwei andere Auseinandersetzungen ziehen 18.000 und 16.000 Zuschauer in die Stadien der Stadt Berlin.

Berlin 1950 – das Jahr der Spaltung

Im ersten Quartal 1950 werden gleich zwei Zuschauerrekorde bei Punktekämpfen der Nachkriegszeit aufgestellt. Die Berliner Liga erlebt einen Zustimmungsboom. Die letzte Saison läuft, in der die Bezahlung der Akteure heimlich unter dem Wirtshaustisch vorgenommen werden muß. Richard Strehlow von der Union Oberschöneweide in einem Gespräch mit „Libero" über die Zeit von 1948 bis 1950: Trainiert wird in der Wuhlheide lediglich zweimal in der Woche unter „Hanne" Sobeck. „Spielerspesen gab es in der ersten Zeit hauptsächlich in Form von Naturalien, sprich Essen nach Training und Spiel. Später gab es auch Geldzuwendungen, etwa 20 bis 50 Mark pro gewonnenes Spiel."

Bei den üppigen Einnahmen haben nur die Kassierer ihre helle Freude. Am 12. Februar 1950 wird bei dem Spiel Alemannia 1890 gegen den BSV 92 (5:0) mit 25.000 Teilnehmern am Gesundbrunnen ein neuer Nachkriegsrekord an Zuschauern aufgestellt, der jedoch nur gut einen Monat Bestand hat.

Mit der Unterschrift des „OB" von Berlin, Dr. Ernst Reuter, wird am 28. Februar 1950 die neue Satzung von Hertha BSC akzeptiert. Wie alle anderen auch, mußten die Vereinsneugründer 131 Fragen beantworten. Der Ehrenvorsitzende Wilhelm Wernicke füllt dazu 29 Anträge aus, 16 in Deutsch, sechs in Englisch und vier in Russisch sowie drei in Französisch. Mit 113 zu sieben Stimmen stimmt eine Versammlung dem Antrag zu, die Hertha wieder Hertha zu nennen. Unter dem Aktenzeichen 66. VR 618/NZ wird Hertha BSC ins Vereinsregister beim Amtsgericht Charlottenburg eingetragen. Der Klub hat zu diesem Zeitpunkt schon die Vorruhestandsgrenze erreicht – er ist 58 Jahre alt.

Am 19. März 1950 sehen im Mommsen-Stadion 30.000 Menschen das Ligaspiel zwischen Tennis Borussia und dem Berliner SV 92 (3:1), damit ist der Nachkriegsrekord vom 12. Februar überboten. Auch hier pfeift ein Schiri aus dem Ostteil, er kommt von Hota Berlin und heißt Drescher.

Inzwischen gibt es die Bundesrepublik und die DDR, in ihr liegt das politisch aufgewühlte Berlin, noch ohne Mauer, aber schon administrativ geteilt in Ost- und West-Berlin. Noch immer gibt es die beliebten Städtevergleiche, auch mit Auswahlmannschaften aus der benachbarten DDR. Da hat Berlin keinerlei Berührungsängste. Mit „Hanne" Sobeck, dem ehemaligen Nationalspieler und mehrfachen Torschützenkönig, Coach der Union Oberschöneweide, wird 1950 erstmals ein Trainer für die Stadtauswahl engagiert. Sein Debüt gibt er am 26. März im Poststadion gegen die Auswahl Sachsens. Die Begegnung sehen 42.000 Zuschauer. Bei den Gästen spielen Kurt Birkner (SG Friedrichstadt Dresden), Manfred Fuchs (Horch Zwickau), Fritz Gö-

Spieler Hanne Sobeck im Jahr 1950

dicke (ZSG Industrie Leipzig), Johannes Breitenstein, Helmut Schuder (beide Horch Zwickau), Hans Kreische (SG Friedrichstadt Dresden), Heinz Satrapa (Horch Zwickau), Walter Werner (SG Friedrichstadt Dresden), Werner Flehmig (SG Glauchau), Gottfried Lenk (Horch Zwickau), Rolf Drognitz (SG Friedrichstadt Dresden)

Nach einem Bericht der Zeitschrift „Libero“ befindet sich auch Helmut Schön unter den Zuschauern. Sachsen hat die Creme seiner Spieler aufgeboten, verliert aber klar mit 2:0. Der Berliner Fußball hat sich schneller entwickelt als der in der DDR. Er soll jedoch noch weit unter seiner Vorkriegsstärke liegen. Laut „Libero“ sagt der spätere saarländische Coach und Bundestrainer Helmut Schön über die Begegnung: „Der Dresdner SC von einst hätte jeder Mannschaft einige Tore vorgegeben.“

Im März kommt es aufgrund politischer Unstimmigkeiten zu einer ersten Aktion in Richtung Teilung. In Berlin soll ab der Saison 1950/51 der Vertragsspieler eingeführt werden. Die in der Stadtliga plazierten Klubs aus dem Ostteil, Oberschöneweide, Pankow und Lichtenberg, die dem Deutschen Sportbund (DS) der DDR angehören, sind an einer Lizenz für den bezahlten Fußball interessiert. Richard Strehlow von der „Eisernen“ Union: „Wir bejahten alle den Übergang zum Vertragsspielertum, da die inzwischen schon üblichen Geldzuwendungen dann nicht mehr illegal waren.“ Die SED übt Druck auf die Vereinsführungen aus. Im März widersetzt sich die Elf aus Oberschöneweide diesem, sie bestreitet ihre „Heimspiele“ ab sofort im Westberliner Poststadion, das im Bezirk Tiergarten liegt, nahe dem Ostteil. Die Fans folgen Sonntag für Sonntag ihrer Union, der Wechsel von Ost- nach West-Berlin ist, wie 40 Jahre später wieder, problemlos möglich. Die Union Oberschöneweide belegt mit 11.583 Zuschauern pro Spiel in der Zuspruchtabelle den zweiten Platz hinter Alemannia 1890, zu der kamen 12.818. Mit fast einer Million Zahlenden – es sind genau 978.400 – endet die Spielzeit 1949/50 mit einem neuen Rekord. Davor waren es 1948 445.000, im Frühjahr 1949 total 761.500 Zuschauer.

Stadtmeister von Berlin als Erster der Liga wird 1950 Tennis Borussia. Es folgen in der Abschlußtabelle der letzten gemeinsamen Meisterschaft von Berlin Union Oberschöneweide, BSV 92, Alemannia 1890 Berlin, Wacker 04, SC Südring, Tasmania 1900, VfB Pankow, Viktoria 89, Hertha BSC, VfB Britz und VfL Nord Berlin.

Nach der Regel, wonach bei Amateuren in der Endabrechnung nur Punkte zählen, nicht aber der Torestand gewertet wird, müssen sich 1950 Oberschöneweide und der BSV 92 in zwei Spielen messen. Der inzwischen wieder gegründete DFB hatte beschlossen, daß zwei Berliner Mannschaften, auch wenn ihre Heimat im Ostteil liegen sollte, um die Deutsche Meisterschaft spielen dürfen. Am 14. Mai 1950 unterliegt der BSV 92 im Mommsen-Stadion seinem Angstgegner Union mit 3:4. Das zweite Spiel – Tore zählen auch dabei in der Endabrechnung nicht – pfeift der Ostberliner Schiri Walter Reinhardt von der BSG Glühlampe am 17. Mai an der „Millionenbrücke“ an. Die „Eiserne“ Union siegt vor 23.000 Zuschauern mit 3:1 und qualifiziert sich für die Vorrunde um die „Deutsche“.

Hatte der DS der DDR vorher noch verkündet, man würde sich freuen, „wenn Oberschöneweide als würdiger Vertreter unserer demokratischen Sportbewegung im Kampf um die Deutsche Meisterschaft mit eingreifen würde,“ so will man nun nichts mehr davon wissen und baut unübersteigbare Barrieren auf. Die Union will, darf aber plötzlich nicht. Ihr wird die Teilnahme an der Endrunde um die (West-)Deutsche Meisterschaft untersagt. Erster Gegner der im K.-o.-System ausgetragenen Runde ist der HSV. Austragungsort ist Kiel. Die Spieler erhalten von der Ostberliner Administration keine Pässe. Die Wuhlheider Kämpen fliegen trotzdem nach Norddeutschland. Auf neutralem Platz in Kiel unterliegen sie dem glänzend aufgelegten HSV mit 7:0. Es ist der 28. Mai 1950. Eine Woche davor schalteten die Offenbacher Kickers den Meister von Berlin in München mit 3:1 aus.

Die deprimierende Niederlage ist es nicht, was die Cracks der Union zu einer in der Geschichte des Fußballs wohl einmaligen Aktion treibt. Richard Strehlow: „Da wir unsere Freiheit als Fußballer beschnitten sahen, entschlossen wir uns, mit der gesamten Mannschaft nach West-Berlin überzusiedeln. Zurück blieben lediglich die Spieler Brüll und Senglaub, die sich später aber in Westdeutschland ansiedelten.“

Am 9. Juni 1950 treffen sich die Aufständischen im Südost-Kasino an der Schlesischen Straße und gründen den SC Union 06 Berlin. Die „Heimat“ im Westen wird das Poststadion. Am Gründungstag hat der Verein schon 123 Mitglieder. Ohne Kluften und Geld wird die Union Mitglied der neuen Vertragsliga Berlin. Toto-Gelder und Spenden bilden das karge Startkapital.

In diesem Jahr 1950 kommt es noch zu weiteren dramatischen Veränderungen in der Nachkriegsszene des Berliner Fußballs. Die Stadtliga wird nach Einführung des Vertragsspielers auf 14 Klubs erhöht. Ostberliner Sportfunktionäre verbieten dem VfB Pankow und dem SC Lichtenberg 47 als Aufsteiger die Beteiligung am Vertragssport. Der VBB versetzt Pankow und Lichtenberg deshalb in die oberste Amateurklasse der Stadt. Daraufhin zieht der DS der DDR alle Ostberliner Mannschaften aus dem Spielverkehr – die Saison 1950/51 wird nicht mehr für Groß-Berlin angepfiffen. Auch der Fußballsport ist geteilt.

Von nun an besteht die Stadtliga nur noch aus Westberliner Vereinen. Die aus dem Osten kommende Union 06 erlebt zunächst ein sportliches Hoch und viel Zuspruch. Richard Strehlow von der „Eisernen" Union: „In den ersten Jahren hielt uns ein großer Teil der Anhänger auch im Westen die Treue, was dann aber im Laufe der Zeit nachließ."

Die restliche Union Oberschöneweide Ost-Berlin wird wie der SC Lichtenberg 47 und der VfB Pankow der Oberliga der DDR zugeordnet. Die hat ihre erste Saison 1949/50 abgeschlossen mit Horch Zwickau, Dresden-Friedrichstadt, Waggonbau Dessau, KWU Erfurt, ZSG Union Halle, Franz Mehring Marga, Märkische Volksstimme Babelsberg, Industrie Leipzig, Einheit Meerane, Hans Wendler Stendal, Gera Süd, Altenburg Nord, Anker Wismar und Vorwärts Schwerin. Neben den drei Berliner Klubs erweitern die Oberliga der DDR zur zweiten Spielzeit noch Sachsenverlag Dresden, KWU Weimar und Stahl Thale. Verlassen mußten die Eliteliga des Arbeiter- und Bauernstaates Anker Wismar und Vorwärts Schwerin.

Der DFB wird neu geboren und der Club erster Deutscher Meister

Mit der Übernahme der politischen und administrativen Macht durch die vier Sieger über das vom Faschismus befreite Deutschland hat der 1933 von den Nazis gleichgeschaltete DFB nicht etwa neu beginnen dürfen. Er und die Vereine sind zunächst durch den Kontrollratsbeschluß Nr. 23 verboten. Die Situation aus der vielleicht unpolitischen Sicht der Fußballer beschreibt der Chronist des DFB 1950: „In den Tagen des Jahres 1945, als eine Mannschaft der anschließend spielenden Elf die Trikots und Schuhe übergab, als trotz bescheidenster Ernährungs- und Materialverhältnisse sich die Spielfelder wieder bevölkerten, gab es noch keine Klasseneinteilung der Verbände, die etwa aufeinander abgestimmt gewesen wäre. Es gab keine allgemein verbindlichen Gesetze, beispielsweise des Spielerwechsels, die in ihrer Verpflichtung gegenüber allen eine gewisse Ordnung dargestellt hätten. Es gab nur mündliche, flüchtige Absprachen, die einzuhalten nicht immer das Bestreben jedes Einzelnen war – es war ja niemand da, der ihre Einhaltung etwa hätte durchsetzen können. ... Zur Benutzung von Zügen bedurfte es der Protektion. Gelder aus Verbandsabgaben und Toto zur Anschaffung eines Wagens gab es nicht."

Im bitterkalten Februar 1947, am 15. und 16. des Monats, treffen sich „auf trizonaler Grundlage" in der größten Kohlenstadt des Kontinents, in Essen, die Vertreter der bis dahin von den Alliierten genehmigten Verbände. Die Franzosen setzen durch, daß die Verbandsfunktionäre aus ihrem Bereich lediglich als „Besucher" nach Essen kommen; den selben Status haben die Berliner. Aus der sowjetischen Besatzungszone ist niemand dabei. Weil aus zwei Bereichen nur „Besucher" anwesend sind, können 1947 in Essen natürlich keine allgemeinverbindlichen Beschlüsse gefaßt werden, man arbeitet von nun an jedoch auf die Wiedergründung des DFB hin. Die Themen der Tagung sind unter anderem: „Wer gehört organisatorisch zu wem?", „Stellungnahme zum Berufsfußballsport" und „Ablehnung nicht zu verantwortender Vergnügungssteuersätze". Es wird sogar über die Einführung des Totos gesprochen. Hierzu will man aber die Stellungnahme der Behörden abwarten.

Zum Ende des Jahres, am 13. und 14. Dezember 1947, kommt es in Fellbach zu einer „Tagung der Prüfungskommission für Berufsfußballfragen". Hier werden Wartefristen bei Vereinswechseln vereinbart, die für die Landesverbände in den Westzonen verbindlich sind. Wer als Kicker einen Klub verläßt und bei einem anheuert, der in einem anderen Verbandsgebiet beheimatet ist, muß auf die neue Spielberechtigung drei Monate warten.

Unternehmer in Sachen Berufsfußball versuchen, bei dem Treffen in Fellbach Einfluß zu gewinnen. Eine Entscheidung vertagt man auf später. Der Beschluß dazu lautet: „Die Organisation und Kontrolle jeder Form des Berufsspielertums ist Aufgabe des DFB." Und den gibt es 1947 nicht.

Am 10. April 1948 – im Zeitalter der wertlosen Reichsmark – treffen sich betagte Ballfunktionäre und gründen den „Deutschen Fußball-Ausschuß" (DFA). Die westlichen Alliierten stimmen, wenn auch verhalten, dieser Gründung zu. Fast jeder ahnt, daß die Wiedergeburt des DFB bald möglich wird – zumindest im westlichen Bereich des ehemaligen Deutschen Reiches. Die ersten Rundschreiben werden verschickt. Premierenveranstaltung des DFA ist die Austragung eines Repräsentativspiels zwischen Nordwest und Süd (1:2) in Frankfurt/Main. Fritz Walter darf nach einem Einspruch der französischen Behörden nicht in der Südelf spielen. Bei dieser Veranstaltung erörtern die Kickerfunktionäre erneut die Austragung einer Deutschen

Meisterschaft. Der DFA schreibt die drei westlichen Besatzungsmächte an, um die Genehmigung zur Austragung einer „Deutschen" Meisterschaft zu erhalten. Unverzüglich antworten die US-Behörden:

„a) In den Veröffentlichungen über diese Kämpfe muß klar ersichtlich sein, daß es sich hier um eine Serie von Ausscheidungskämpfen zur Ermittlung des Deutschen Fußballmeisters handelt, und nicht um Kämpfe einer interzonalen Liga oder ähnlichen Organisation.

b) Die Teilnahme der Mannschaften aus anderen Zonen kann nur mit der Genehmigung der zuständigen Militärregierung erfolgen.

c) Genaue Einzelheiten über die beabsichtigten Spiele, d. h. Datum, Art, Zeit und Mannschaften müssen … der Dienststelle mit einer Abschrift an diese Stelle mitgeteilt werden.

d) Da es sich um eine interzonale Fußballorganisation oder eine ähnliche handelt, bestehen keine Bedenken.

Um die Angelegenheit zu vereinfachen, ist es streng befürwortet, daß alle Personen, die für die Austragung eines solchen Spieles aufgestellt sind, mit dem örtlichen Sportoffizier, oder wenn ein solcher nicht in diesem Bezirk vorhanden ist, mit dem Kommandeur des Ortes mit einer Abschrift dieses Briefes als Ausweis, Verbindung aufnehmen."

Aus der Chronik des DFB von 1950 über die erste Meisterschaft nach dem Zweiten Weltkrieg: „Wer wundert sich da, daß die deutsche Fußballmeisterschaft 1948 im Zeichen einer nicht vollendeten Organisation stand? Die Absage des Ostens erfolgte im letzten Augenblick. Unsere traditionelle Bindung zu Berlin verpflichtete dazu, nichts unversucht zu lassen, das angesetzte Vorrundenspiel unter allen Umständen in Berlin durchzuführen."

Die Schrift bewertet dementsprechend das erste Finale als symbolischen Abschluß eines wiedererstandenen Spielbetriebs. Drei Jahre brauchten die Verbände des organisierten Fußballs, um sich nach dem totalsten aller bisherigen Kriege als einigermaßen erholt zu sehen. Dennoch betont man ausdrücklich: „Nicht vergessen sei, daß schon für das Spieljahr 1946/47 der Versuch einer gemeinsamen Deutschen Fußballmeisterschaft aller Besatzungszonen unternommen wurde. Er scheiterte nicht nur an Terminen, verschiedenen Austragungsmethoden in den Zonen, dem Nein einzelner bedeutender Fußballvereine, sondern vor allem an der nicht gegebenen Zustimmung der Besatzungsbehörden."

Über das Endspiel 1948, bei dem erstmals ein Meister nur für einen Teil des ehemaligen Staatsgebietes ermittelt wurde, berichten die „Nürnberger Nachrichten" am 11. August 1948. Sportredakteur Willy Neumeier in der Einleitung: „Wenn in künftigen Tagen von erregenden, begeisternden Fußballtreffen gesprochen wird, dann darf auch das Endspiel um die Deutsche Fußballmeisterschaft 1948 … nicht mehr fehlen. Nur wenige Auseinandersetzungen können sich rühmen, an Rasanz, Technik und Wucht diesem dramatischen, tempogeladenen Kampf gleichwertig gewesen zu sein. Das Auge war oft – besonders in der ersten Hälfte – kaum in der Lage, bei den blitzschnellen Angriffen und Gegenstößen der beiden Mannschaften den raffinierten Finessen und Tricks zu folgen, die wie ein unaufhörlich sprudelnder Quell von jedem einzelnen Spieler überreich dargeboten wurden."

Das „Sport-Magazin" – aus dem später der „Kicker" wird – berichtet ebenfalls erst am 11. August über das Spiel vom 8. des Monats: „Die schier unerträgliche Spannung vor dem gewaltigsten Fußball-Fest der letzten Jahre ist gelöst: 1. FC Nürnberg, der traditionsreiche Zabo-Verein, hat es geschafft und den Titel des Deutschmeisters erfochten. Damit vollbrachte er eine Leistung, wie keine Mannschaft vorher in Deutschland. Aus zehn deutschen Endspielen kehrten die Spieler in den weltberühmten roten Trikots siebenmal als Meister in die Noris heim. Das mache mal jemand ihnen nach!"

Im hinteren Teil des 50 Pfennig teuren „Sport-Magazins" wird behauptet, der Club habe wie eine englische Profi-Elf gespielt. „Ein Schiedsrichterpfiff kann die tollste Verwirrung hervorrufen, wenn er falsch verstanden wird. So wäre es beinahe in Köln gewesen. Normal war das Spiel beendet, aber sei es, daß die Uhr von Schiedsrichter Burmester (Hamburg) um etliche Sekunden anders eingestellt war, sei es, daß er die Unterbrechungen einkalkulierte, die durch den Unfall von Kennemann hervorgerufen wurden oder durch das langsame Abschlagen der Nürnberger in den letzten 20 Minuten; kurz und gut – ein Pfiff ertönte. Gemeint war ein Freistoß und – selbst Schaffer glaubte an ein Spielende. Freudestrahlend warf er die Arme in die Luft, lief zur Mitte, die ersten Nürnberger Anhänger folgten und da erkannte er rechtzeitig seinen Irrtum, zumal Kennemann wie ein Verkehrsschutzmann in Richtung Tor

Das erste Länderspiel nach achtjähriger Pause 1950 in Stuttgart: 1:0 im Spiel gegen die Schweiz

zurück zeigte. Sekunden später brauste ein Schuß von Baßler am Club-Tor vorbei. Schaffers Panther-Sprung wäre vergebens gewesen, aber das Glück war mit ihm und seinem prachtvollen Können!" Einige Passagen weiter heißt es in dem „telefonischen Sonderbericht": „Willy Hölz wird der unglücklichste Mann bei Kaiserslautern sein. Er machte auch eine zu schwache Figur bei den Toren. Aber schließlich – der Junge ist erst 19 Jahre alt und in einem Hexenkessel von 70.000 Zuschauern zu spielen, verlangt eiserne Nerven. ... Kennemann war sehr umstritten. Wie er Fritz Walter nach fünf Minuten die Beine wegriß, in der 46. Minute Baßler so fertig machte, daß er am Spielfeldrand behandelt werden mußte, das kostete Sympathien. Und trotzdem:

man muß die Verbissenheit bewundern, mit der er austeilt, aber auch selbst einsteckt. Oder war es nicht eine Szene prachtvollen Einsatzes und unglaublicher Zähigkeit, als eine Bombe von Baßler in der 69. Minute seinen – verzeihen Sie bitte – edelsten Körperteil traf, Kennemann mit schmerzverzerrtem Gesicht erst die Gefahr bannte, indem er den Ball über die Seitenlinie beförderte und dann zusammenbrach. Minuten später war er wieder eisern dabei. ...

Einen offiziellen Siegerkranz gab es in Köln nicht, weil weder Dr. Peco Bauwens, noch Arthur Weber zur Spielfeldmitte gelangen konnten. Die Massen hatten den Weg versperrt. Auf den Schultern begeisterter Anhänger verließ der neue Meister die Kampfbahn. Die Lautsprecheranlage schien nicht ganz intakt zu sein. Ein würdiger Abschluß, wie er bei früheren Endspielen traditionell war, wäre keineswegs unangenehm gewesen. Vielleicht – im nächsten Jahr."

1. FC Nürnberg: Schaffer; Uebelein I, Knoll; Bergner, Kennemann, Gebhardt; Herbolsheimer, Morlock, Pöschl, Winterstein, Hagen.

1. FC Kaiserslautern: Hölz; Kohlmeyer, Huppert; Klee, Liebrich II, Liebrich I; Christmann, Baßler, O. Walter, F. Walter, Grewenig. Schiedsrichter: Burmester (Hamburg). Die Tore: 1:0 Winterstein (10.), 2:0 Pöschl (25.), 2:1 Uebelein I (Eigentor, 62.). Zuschauer 70.000.

Inoffizieller Betreuer der Elf des 1. FC Kaiserslautern ist Sepp Herberger. Er darf in dieser Zeit wegen seiner politischen Vergangenheit im Sport kein Amt ausüben. Augen- und Zeitzeuge Max Morlock verbürgt sich dafür noch 41 Jahre nach dem Spiel, diese heimliche Tätigkeit Herbergers steht in keiner Chronik.

Der mit Fritz Walter befreundete Bernhard Gnegel, ein Augenzeuge des Endspiels in Köln, sieht das Treffen aus der Sicht der Lauterer. Er erinnert sich: „Wenn bei einem entscheidenden Fußballkampf die Massen nicht unmittelbar durch einen Club ihrer engeren Heimat interessiert sind, geben sie ihr Herz gerne dem vermeintlich Schwächeren. Hier war nun der sechsfache Deutsche Meister 1. FC Nürnberg Favorit. Die Franken stellten an diesem Tage noch einmal eine Mannschaft mit vielen guten Namen. Dennoch blieb die Entscheidung bis zur letzten Spielminute offen. Anfänglich galten die hellen Rufe der Menschen auf den Rängen den Pfälzern nur, weil man sie zu einem tapferen Widerstand gegen den Stärkeren auffordern wollte, dann aber sah man sie unter der Regie eines Fritz Walter auch wahrhaft meisterlich spielen, und nun standen die Herzen erst recht hinter ihnen."

Sein Fazit: „Der 1. FC Kaiserslautern unterlag einem Gegner, der zwar nicht reifer, aber mit der entscheidend größeren Erfahrung und Nervenruhe spielte. In der Pfalz haderte indessen niemand mit der geschlagenen Mannschaft. Herzlich wurde der heimkehrende Meisterschaftszweite empfangen."

Über die Heimkehr der Unterlegenen heißt es in der Klubchronik des 1. FCK: „Mit Kind und Kegel waren die Lauterer unterwegs, um am Stadteingang ihre Fußball-Lieblinge in Empfang zu nehmen. Stundenlang wartete man, bis der bekannte graue Omnibus sich näherte. Hier erlebte man so richtig die Verbundenheit einer Stadt mit ihren Sportlern, die mit Stolz auf ihre Betzenberger Buben blickte, die vom Deutschen Fußballverband mit den silbernen Ehrennadeln bedacht wurden. ... Mit dem stolzen Bewußtsein, deutscher Vizefußballmeister zu sein, ging man von neuem ans Werk."

Augenzeuge der Heimkehr des Rekordmeisters 1. FC Nürnberg ist der engagierte Sozialdemokrat Robert Müller. Erst Wochen vorher ist er aus sowjetischer Gefangenschaft in die „Stadt der Reichsparteitage" zurückgekehrt. „Als ich aus dem zerstörten Bahnhof gekommen bin, habe ich fast geweint. Das Dach über der Halle war weg. Von den Stufen des einst imposanten Gebäudes konnte ich fast über die gesamte Stadt blicken. Alles war noch zerstört. Über einer Schule hing das Dach halb herunter. Die bekannten Hotels wie der Württemberger Hof, alles war weg, alles war flach. Nur das Grande-Hotel stand einsam dort. Darin saßen die Amerikaner. Wenn ich in ein Haus wollte, mußte ich meist über die Schuttberge klettern. Viele hausten noch in den Kellern. So sah Nürnberg im Meisterjahr aus.

Stolz waren wir 1948 auf den Club. Ich war draußen vor dem Bahnhof. Die Mannschaft kam mit dem Zug aus Köln heim. Vor dem Bahnhof ein riesiges Trümmerfeld, darauf standen die Menschen. Ich meine, es waren 50.000. Sie standen auf den Wällen der Trümmer- und Schuttberge fast wie auf Zuschauerrängen. Von dem Auftritt der Mannschaft war ich jedoch schockiert. Einige Spieler haben sich pöbelhaft aufgeführt und waren erkennbar besoffen. Sie haben die Kupplungsstücke der Kabel vom Mi-

Der erste DFB-Bundesvorstand 1949: Artur Weber, Carl Arpe, Hans Huber, Dr. Peco Bauwens, Kurt Müller, Dr. Karl Zimmermann, Dr. Heino Eckert (von links)

krofon zu den Lautsprechern zertreten, so daß die Übertragung der Ansprache des Vertreters des Oberbürgermeisters nicht möglich war. Sie hatten unheimlich getankt, einige Spieler hatten Weinflaschen in den Händen. Das waren unsere großen Helden.

Dann ging es vom Bahnhof in offenen Autos zum Zabo, dem Gelände des Clubs, das weit draußen vor der Stadt lag. Jeweils drei Spieler saßen in einem offenen Wagen, so hinten auf dem zurückgeklappten Oberdeck. Es ging über die Zerzabelshoferstraße. Vorne die Spieler, dann die Vorstandsschaft und da hinten dran dann der Polizeipräsident. In dessen Wagen saß ich. Deshalb habe ich das auch alles so genau gesehen. Einer der Spieler fiel plötzlich von hinten aus dem Wagen, so daß der nachkommende Fahrer sehr scharf bremsen mußte, sonst hätte er noch einen frischen Deutschen Meister totgefahren. Dann fuhr die Kolonne in das dörfliche Zabo. Dort lag damals das Clubheim. Davor standen auch noch Tausende von Menschen, um den Rekordmeister zu feiern. Das Heim hatte eine Terrasse nach vorn außen. Da sollte dann der Empfang stattfinden. Alles war recht begeistert. Trotz der schlechten Zeit gab es Blumen. Da sollten dann Begrüßungsansprachen gehalten werden. Aber da begann das Toben. In Sprechchören verlangten einige Spieler ein Bier. Jeder bekam einen Maßkrug, damit sie Ruhe gaben. Ich habe dann beobachtet, wie unser Mittelläufer, ein riesiger Kerl, von hinten an den Vorsitzenden herantrat. Er zog ihm den Hemdkragen nach hinten und schüttete ihm sein Bier dort hinein. Das Volk tobte aber trotzdem. Sie riefen immer wieder, wir sind Rekordmeister."

Die „Nürnberger Nachrichten" vom 11. August 1948: „Ankunft der Mannschaft Montagabend 18.18 Uhr. Diese Ankündigung der Ankunft des neugebackenen Fußballmeisters 1948 lockte am vorgestrigen Abend 100.000 Nürnberger auf die Straßen. Als der Kölner D-Zug in die Bahnhofshalle einlief, sprengte die geballte Wucht der Harrenden alle Fesseln. Die Polizisten wurden von den Massen buchstäblich überspült und an die Wand gedrückt, so daß alle geplanten Begrüßungszeremonien ins Wasser fielen. Weder der Vertreter der amerikanischen Militärregierung, der die Mannschaft namens des Direktors Oberst James C. Barnett zu einer Ehrung laden wollte, noch Polizeipräsident Stahl, der für das dienstlich nach auswärts gerufene Stadtoberhaupt Dr. Ziebill die Grüße der Stadt Nürnberg zu überbringen hatte, kamen zu Wort."

In der Noris kommt nach der Rückkehr der Recken das Gerücht auf, jeder Spieler habe einen Kühlschrank erhalten. Und Anzugstoffe sowie neues Geld. Genau 41 Jahre nach dem Ereignis glaubt Max Morlock, jeder Kicker habe 1.000 DM vom Verein bekommen. Willi Billmann erinnert sich nur an 400 DM. Die Saga von den Kühlschränken und den Stoffballen bezeichnen beide als Erfindung.

Max Morlock erzählt 1989 in seiner Lottoannahmestelle in der Nürnberger Südstadt über das Endspiel 1948: „Die Kaiserslauterer haben uns gewissermaßen abgelöst. Bei uns war es der Ausklang einer guten, aber alten Elf, die Pfälzer hatten die jüngere Truppe und kamen so nach uns."

Der Meister macht nach seinem Erfolg eine lukrative Tour im Geltungsbereich der D-Mark. Beim HSV ist ein Spiel vereinbart, doch später bietet der FC St. Pauli mehr. Der „in Geldfragen sehr gut eingestellte" Spieler Gebhardt (Max Morlock) setzt durch, daß der HSV eine Absage erhält. Der Polizeibeamte Kennemann unterstützt ihn bei diesem Coup. Der Club spielt beim FC St. Pauli. Eine Woche verbringen die Spieler und Ersatzleute des Meisters auf dem Segelschulschiff „Seute Deern", das im Hafen liegt. „Essen und trinken" gab es soviel die Franken wollten, erinnert sich Willi Billmann.

Ein Jahr nach dem ersten Endspiel um die Deutsche trifft sich der Bundestag des Fußballs am 8. Juli 1949 in Stuttgart. Ballhistoriker bezeichnen diese Zusammenkunft als den Tag der Neugründung des DFB. Am 10. Juli 1949 hält der Kölner Dr. Peco Bauwens im Württembergischen Staatstheater von Stuttgart eine Rede „zur Proklamation des Deutschen Fußballbundes". Auf „höheren Ratschlag", also unmißverständlichen Hinweis durch die US-Behörden, wird aber die auf der Bühne aufgestellte Fahne des DFB wieder eingerollt und stattdessen die des Württembergischen Verbandes gehißt. Sitz des Verbandes ist in diesen Tagen Stuttgart.

Bauwens in seiner Festrede: „Die Steigerung der Spitzenleistung, die zeitbedingt und unaufhaltsam ist, hat uns veranlaßt, mit der Einführung des Vertragsfußballs einer Entwicklung Rechnung zu tragen, in der uns nahezu die ganze Welt schon vorausgegangen ist.

So freimütig ich die Notwendigkeit dieser Maßnahme hier auch bejahe, so wenig Zweifel will ich daran lassen, daß der Deutsche Fußballbund ein Bund von Amateuren sein und bleiben will. Er will und wird dem Leistungssport sein Recht geben und ihn fördern. Seine Liebe aber gehört denen, die das fröhliche, charakter- und körperbildende Spiel der Erziehung der Jugend und der Entspannung und Freude der Erwachsenen dienen lassen wollen, den wirklichen Liebhabern des Fußballsports."

In aller Stille, ohne großen und feierlichen Akt, wird dann der Deutsche Fußballbund (DFB) erst am 21. Januar 1950, sieben Tage vor seinem 50. Geburtstag, offiziell wieder gegründet. Inzwischen gibt es die Bundesrepublik Deutschland als Rechtsnachfolgerin des Großdeutschen Reiches und die DDR – die Teilung Restdeutschlands ist vollzogen. Künftig werden zwei Deutsche Meisterschaften ausgespielt – eine hier, die andere in der DDR.

»Ewige Tabelle« der Oberliga Süd 1945-1963

1.	1. FC Nürnberg	560	739:381	1348: 754
2.	Kickers Offenbach	560	684:436	1236: 848
3.	VfB Stuttgart	560	661:459	1165: 824
4.	Eintracht Frankfurt	560	661:459	1117: 809
5.	Karlsruher SV	560	609:511	1136: 975
6.	Bayern München	530	554:506	1060: 922
7.	VfR Mannheim	560	546:574	1022:1066
8.	SpVgg. Fürth	530	528:532	920: 899
9.	FC. Schweinfurt	560	524:569	854: 953
10.	1860 München	470	507:433	908: 752
11.	FSV Frankfurt	530	506:554	812: 907
12.	SV Waldhof	380	369:391	646: 704
13.	Stuttgarter Kickers	406	360:452	774: 795
14.	BC Augsburg	432	353:511	737: 983
15.	Schwaben Augsburg	380	347:413	600: 711
16.	Viktoria Aschaffenburg	316	264:368	504: 720
17.	SSV Reutlingen	274	243:305	470: 508
18.	Ulm 46	256	212:300	390: 508
19.	Jahn Regensburg	210	164:256	281: 509
20.	VfL Neckarau	140	111:169	242: 344
21.	FC Bayern Hof	120	105:135	181: 262
22.	Hessen Kassel	90	70:110	140: 198
23.	Karlsruher FV	68	40: 96	81: 196
24.	FC Bamberg	38	26: 48	44: 75
25.	SV Darmstadt	34	25: 43	54: 86
26.	FC Singen 04	34	22: 46	56: 112
27.	Rot-Weiß Frankfurt	38	22: 54	50: 99
28.	Wacker München	38	21: 55	41: 89
29.	Freiburger FC	30	20: 40	43: 66
30.	FC Rödelheim	30	17: 43	40: 73
31.	Spfr. Stuttgart	38	14: 62	30: 100

»Ewige Tabelle« der Oberliga Südwest Gruppe Süd, 1946-1950

1.	SSV Reutlingen	88	108:68	185:116
2.	FC Rastatt 04	88	103:73	188:143
3.	VfL Konstanz	88	101:75	173:144
4.	Freiburger FC	74	96:52	149: 95
5.	Eintracht Singen	74	90:58	141: 77
6.	SpVgg. Offenburg	88	84:92	132:155
7.	VfR Schwenningen	88	79:97	154:169
8.	SV Friedrichshafen	88	79:97	143:176
9.	SC Freiburg	88	77:99	145:163
10.	SV Tübingen	52	72:32	115: 61
11.	ASV Villingen	52	55:49	97: 85
12.	SV Biberach Riß	58	38:78	92:144
13.	SV Kuppenheim	30	36:24	66: 62
14.	SV Ebingen	30	34:26	49: 39
15.	SV Trossingen	52	28:76	63:103
16.	FV Lahr 03	30	27:33	47: 55
17.	SV Laupheim	22	7:37	14: 77
18.	SV Hechingen	30	6:54	27:113

»Ewige Tabelle« der Oberliga Südwest Gruppe Nord, 1946-1950

1.	1.FC Kaiserslautern	112	198: 26	610:103
2.	Wormatia Worms	112	156: 68	332:151
3.	TuS Neuendorf	94	132: 56	268:117
4.	FK Pirmasens	98	118: 78	217:175
5.	Phönix Ludwigshafen	112	104:120	201:242
6.	FSV Mainz 05	112	94:130	171:267
7.	1. FC Saarbrücken	58	90: 26	170: 58
8.	VfL Neustadt	80	87: 73	152:165
9.	Borussia Neunkirchen	58	76: 40	217: 88
10.	SpVgg. Andernach	80	54:106	137:204
11.	Eintracht Trier	54	42: 66	91:133
12.	VfL Trier-Kürenz	94	41:147	99:353
13.	SG Weisenau	54	34: 74	94:184
14.	ASV Landau	30	31: 29	48: 62
15.	BC Oppau	54	31: 77	71:143
16.	VfR Kaiserslautern	30	28: 32	60: 59
17.	FV Engers	30	27: 33	62: 84
18.	Saar 05 Saarbrücken	26	25: 27	42: 64
19.	VfR Frankenthal	18	20: 16	43: 53
20.	SG Gonsenheim	50	16: 84	47:205
21.	VfR Kirn	30	13: 47	42:120
22.	1. FC Idar	18	11: 25	31: 74
23.	Hassia Bingen	18	11: 25	27: 72
24.	SV Röchling Völklingen	26	10: 42	31: 89

»Ewige Tabelle« der Oberliga West 1947-1963

1. Borussia Dortmund	468	600:336	1139:686
2. FC Schalke 04	468	555:381	986:704
3. 1. FC Köln	420	543:297	975:570
4. Alemannia Aachen	468	482:454	824:857
5. Preußen Münster	444	458:430	787:746
6. Rot-Weiß Essen	384	451:317	764:576
7. Fortuna Düsseldorf	408	405:411	763:725
8. Meidericher SV	330	343:317	546:517
9. RW Oberhausen	288	290:286	439:468
10. Westfalia Herne	270	276:264	458:431
11. Duisburger SV	300	274:326	440:552
12. Hamborn 07	318	264:372	439:589
13. Bor. M'Gladbach	330	263:397	502:757
14. SW Essen	270	252:288	463:471
15. Preußen Dellbrück	264	250:278	422:479
16. SV Sodingen	270	227:313	388:470
17. STV Horst Emscher	228	202:254	380:469
18. VfL Bochum	210	190:230	328:372
19. Bayer Leverkusen	180	175:185	298:337
20. Viktoria 04 Köln	180	166:194	366:415
21. Spvgg. Erkenschwick	168	143:193	267:343
22. Spfr. Katernberg	138	124:152	250:306
23. Wuppertaler SV	120	100:140	173:240
24. Rheydter SV	90	71:109	150:221
25. TSV Marl-Hüls	90	65:115	130:212
26. TSG Vohwinkel	78	63: 93	116:161
27. Rhenania Würselen	54	47: 61	78:100
28. VfR Köln	24	17: 31	23: 43
29. Arminia Bielefeld	30	17: 43	32: 72
30. Duisburg 08	30	14: 46	29: 66
31. VfL Witten	24	13: 35	30: 56

»Ewige Tabelle« der Oberliga Nord 1947-1963

1. Hamburger SV	466	699:233	1448:619
2. Werder Bremen	466	567:365	1163:787
3. FC St. Pauli	466	552:380	911:693
4. VfL Osnabrück	466	527:405	917:737
5. E. Braunschweig	436	470:402	829:782
6. Holstein Kiel	444	469:419	840:783
7. Hannover 96	444	464:424	799:750
8. Bremerhaven 93	444	434:454	747:830
9. Altonaer FC 93	362	353:371	654:758
10. Concordia Hamburg	376	329:423	640:742
11. Arminia Hannover	316	287:345	556:629
12. Göttingen 05	324	265:323	515:594
13. VfR Neumünster	240	239:241	351:396
14. TV Eimsbüttel	234	225:243	419:454
15. Bremer SV	256	216:296	446:552
16. VfB Lübeck	254	202:306	346:509
17. VfB Oldenburg	212	177:247	312:428
18. VFV Hildesheim	150	153:147	246:248
19. Bergedorf 85	150	129:171	215:287
20. VfL Wolfsburg	150	117:183	228:299
21. Eintr. Nordhorn	150	107:193	193:333
22. Eintr. Osnabrück	122	80:164	193:300
23. Harburger TB	120	74:166	162:310
24. Phönix Lübeck	90	67:113	113:192
25. Viktoria Hamburg	82	51:113	68:191
26. Heider SV	60	37: 83	66:118
27. Lüneburger SK	30	11: 49	40:119
28. SV Itzhoe	32	9: 55	42:118

»Ewige Tabelle« der Oberliga Berlin 1945-1963

1. Tennis Borussia	418	554:282	1016:545
2. Berliner SV 92	424	493:355	860:678
3. Spandauer SV	374	427:321	693:580
4. Viktoria 89	396	410:382	800:729
5. Herta BSC	330	398:262	739:518
6. Wacker 04	396	352:440	686:775
7. Tasmania 1990	284	347:221	545:381
8. Union 06	276	294:258	529:502
9. Alemannia 90	258	272:244	524:477
10. Blau-Weiß 90	299	263:335	457:604
11. BFC Südring	296	218:374	444:670
12. Minerva 93	208	200:216	349:408
13. Herta Zehlendorf	232	196:268	346:425
14. Nordstern 07	138	101:175	216:350
15. Union Oberschöneweide	66	98: 34	189: 80
16. VfB Pankow	66	56: 76	92:130
17. Köpenick	66	53: 79	114:140
18. SC Staaken	50	40: 60	97:161
19. VfB Britz	48	30: 66	61:114
20. Westend 01	52	28: 76	65:126
21. Kickers 1900	49	24: 74	47:131
22. Rapide Wedding	55	21: 89	60:148
23. Norden-Nordwes	30	20: 40	41: 73
24. Lichtenberger SC	22	19: 25	46: 51
25. SC Tegel	27	15: 39	39: 85
26. Stadtmitte	22	13: 31	34: 61
27. VfL Nord	48	13: 83	47:167
28. SC Südwest	24	12: 36	32: 64

Die etwas anderen Fußballbücher bei Klartext

Fußball-Geschichte von Hans Dieter Baroth

Hans Dieter Baroth

Als der Fußball laufen lernte

Tore, Triumphe, Tollheiten
134 S., zahlr. Fotos
Festeinband, Großformat
ISBN 3-88474-468-2

Als der Fußball laufen lernte, gab es noch keinen DFB. Gespielt wurde nach unterschiedlichen Regeln - manchmal auch mangels Masse auf ein Tor.

Hans Dieter Baroth

Des deutschen Fußballs wilde Jahre

128 S., zahlr. Fotos,
Festeinband, Großformat
ISBN 3-88474-458-5

"Als der Fußball ins Rollen kam - lang, lang ist's her -, da galt es für die Kicker noch nicht, nur den Gegner zu bekämpfen, sondern auch die gegenüber dieser Sportart herrschenden Vorurteile..." (aus: Der Tagesspiegel)

Hans Dieter Baroth

Anpfiff in Ruinen

Fußball in der Nachkriegszeit und die ersten Jahre der Oberligen Süd, Berlin, Südwest, West, Nord
144 S., zahlr. Fotos
Festeinband, Großformat
ISBN 3-88474-454-2

Farbig und ungemein spannend sind diese Geschichten aus einer Zeit, in der Fußballspiele von berühmten Mannschaften für eine halbe Sau auf dem Land bestritten wurden.

Hans Dieter Baroth

»Jungens, Euch gehört der Himmel!«

Die Geschichte der Oberliga West 1947-1963
144 S., zahlr. Fotos
Festeinband, Großformat
ISBN 3-88474-332-5

Ein Buch "wie aus dem Leben": In eindrucksvollen Reportagen schildert der Autor die bewegte Geschichte der alten Fußball-Oberliga West.

Klartext